AF258834

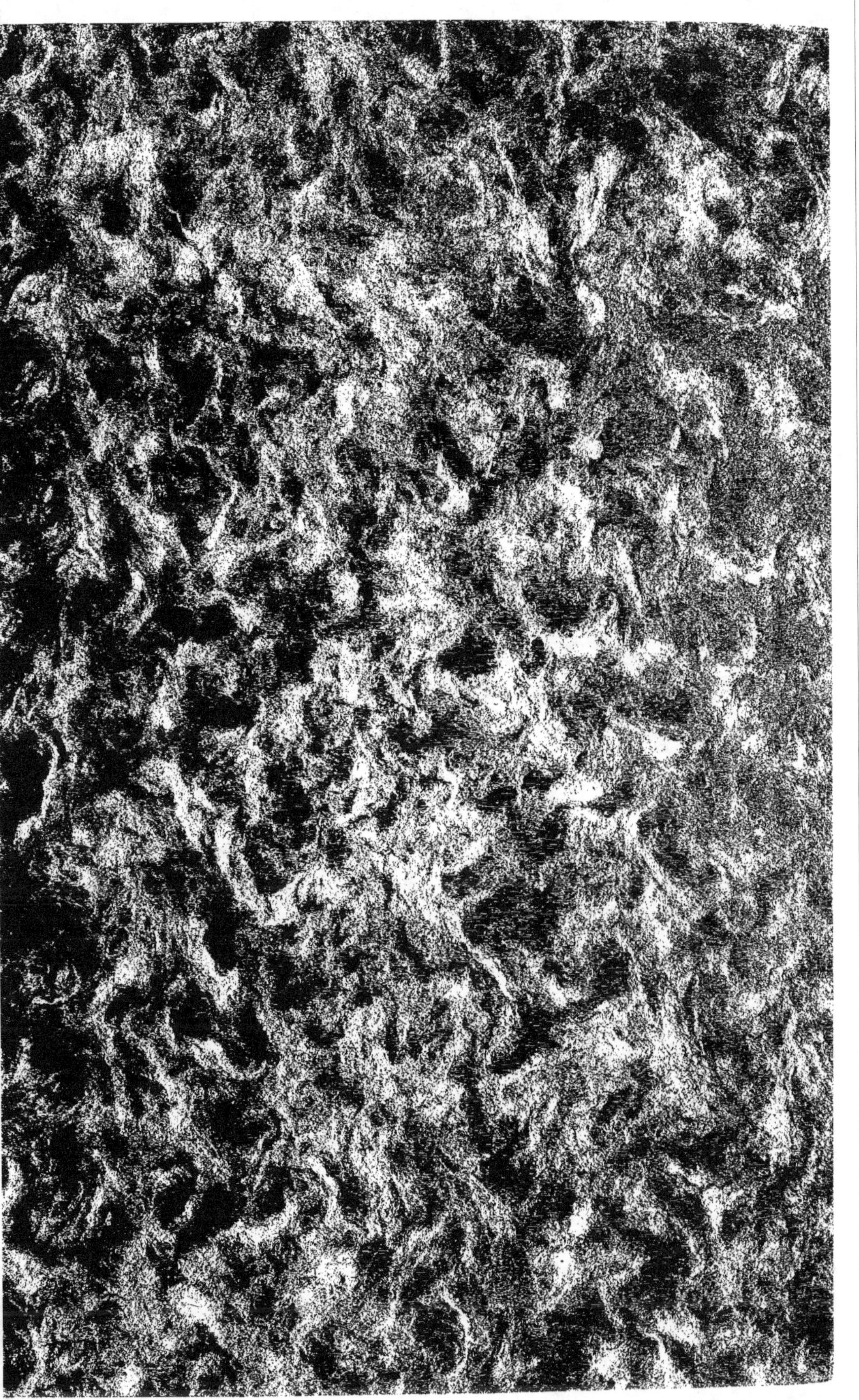

BIBLIOTHÈQUE NATIONALE

LES

Deux cents Incunables

XYLOGRAPHIQUES

DU

DÉPARTEMENT DES ESTAMPES

ORIGINES DE LA GRAVURE SUR BOIS
LES PRÉCURSEURS — LES PAPIERS — LES INDULGENCES
LES « GRANDES PIÈCES » DES CABINETS D'EUROPE
CATALOGUE RAISONNÉ DES ESTAMPES SUR BOIS ET SUR MÉTAL DU CABINET DE PARIS

PAR

HENRI BOUCHOT

CONSERVATEUR DU DÉPARTEMENT DES ESTAMPES

I — TEXTE

PARIS

LIBRAIRIE CENTRALE DES BEAUX-ARTS

ÉMILE LÉVY, ÉDITEUR

13, RUE LAFAYETTE, 13

1903

LES

DEUX CENTS INCUNABLES

DU

DÉPARTEMENT DES ESTAMPES

MACON, PROTAT FRÈRES, IMPRIMEURS.

LES
Deux cents Incunables
XYLOGRAPHIQUES

DU

DÉPARTEMENT DES ESTAMPES

ORIGINES DE LA GRAVURE SUR BOIS
LES PRÉCURSEURS — LES PAPIERS — LES INDULGENCES
LES « GRANDES PIÈCES » DES CABINETS D'EUROPE
CATALOGUE RAISONNÉ DES ESTAMPES SUR BOIS ET SUR MÉTAL DU CABINET DE PARIS

PAR

HENRI BOUCHOT

CONSERVATEUR DU DÉPARTEMENT DES ESTAMPES

I — TEXTE

PARIS

LIBRAIRIE CENTRALE DES BEAUX-ARTS

ÉMILE LÉVY, ÉDITEUR

13, RUE LAFAYETTE, 13

1903

PRÉFACE

Lorsque nous avons publié ces années dernières le Catalogue sommaire des pièces formant la Réserve du Département des Estampes, il fut convenu que rien ne serait changé au plan du regretté conservateur, M. Georges Duplessis, dont ce travail avait été l'une des grandes préoccupations. M. François Courboin, son collaborateur de près de dix années, qui pendant plus de cinq ans s'était attaché à suivre cette œuvre aux côtés de son chef, reçut la mission d'en surveiller la publication. Nous savions tous deux que les opinions de notre vénéré maître sur les pièces incunables n'étaient plus celles de la nouvelle école, que beaucoup de faits seraient à discuter. Comme nous n'avions ni la prétention de le contredire, ni surtout l'envie de détruire son œuvre, il fut décidé que les attributions, fournies par lui sur ce point, seraient conservées, et que la partie des pièces anonymes, revue et corrigée sous sa direction, demeurerait intacte. On aura peut-être lieu de s'étonner que des estampes, reconnues françaises par Passavant ou Schreiber, y soient données à l'École allemande. L'essentiel était moins de leur attribuer une origine que de les mentionner à leurs lieu et place; et d'ailleurs, entre les opinions allemandes et celles de M. Georges Duplessis, nous n'avions aucune raison d'opter; nous avons donc sciemment et volontairement maintenu des idées, — qui n'étaient pas toujours les nôtres, mais que les variations constatées dans l'érudition spéciale, rendaient défendables en soi.

Ce que nous appelons les incunables, c'est-à-dire les plus anciens essais de Gravure sur bois, n'avaient jamais beaucoup retenu l'attention chez nous. Avant 1830, le Département des Estampes en possédait quelques spécimens sans importance, lorsque, dans le courant de 1831, une circonstance particulière mit tout à coup le Cabinet à même de s'enrichir dans une large mesure. M. Michel Hennin, ci-devant attaché au prince Eugène de Beauharnais, devenu chambellan de la cour de Bavière, et depuis 1824 rentré en France, proposait soit l'acquisition, soit l'échange de plus de deux cents pièces de la xylographie primitive. Le Département des Estampes, alors administré par un ancien directeur de l'École de France à Rome, le peintre Thévenin, excellent artiste, mais savant peu éclairé, n'eût certainement donné aucune suite à la proposition, sans l'intervention du second employé, M. Duchesne ainé. M. Duchesne, comme Thévenin, se sentait davantage incliné vers l'art italien, le classique, les écoles raphaélesques, mais un travail qu'il préparait sur les Cartes à jouer lui avait permis d'acquérir certaines connaissances spéciales sur la question des incunables ; il poussa à l'achat, on entendit ses raisons, et on le chargea d'écrire le rapport succinct destiné au Ministre compétent.

Je le répète, M. Jean Duchesne n'avait pas sur ce point une érudition étendue ; on l'avait vu s'égarer un peu dans les discussions concernant le prétendu Bernard Milnet, graveur de criblé. S'il s'était trompé en 1806, lors de l'acquisition d'un Saint Christophe qui n'est qu'une copie habile, il était couvert par Joly, son chef ; du reste, en 1856, l'erreur persistait, puisque, dans le livret de l'Exposition du Cabinet des Estampes, daté de cette année, l'épreuve est encore discutée comme un original. Duchesne la reporte même à 1400, et son dédain iconographique s'exprime en une phrase sévère. « La gravure est aussi grossière que son dessin, les plis des draperies sont indiqués par de simples traits, les têtes manquent d'expression et les extrémités sont fort incorrectes ». Nous expliquerons dans un dernier chapitre les conditions de l'acquisition faite, par ses soins et d'après ses avis, au chevalier Michel Hennin, chambellan du roi de Bavière. Mais la considération un peu méprisante dont on continua d'entourer « ces curiosités » ne pouvait laisser prévoir l'intérêt historique, social et archéologique de chacune d'elles. Depuis ces trente ou quarante dernières années, l'importance des pièces incunables a grandi de ce que les érudits allemands ont écrit sur elles, et ceux-ci n'en ont parlé avec tant de respect que sur l'opinion exclusive de leur origine germanique. Dès le temps de M. Hennin et de Duchesne, ces idées s'étaient répandues, on les tenait si bien pour définitives, que ni l'un ni l'autre de ces deux hommes, savants à des titres divers, avertis de beaucoup de choses, n'admirent un instant l'hypothèse contraire. M. Hennin, fort prudent, et qui n'a rapporté de Bavière que cinq ou six estampes [1] sur les cent trente et une définitivement offertes par lui, a soin de ne donner le nom d'extraction qu'à celles-là; les autres, rencontrées un peu en tous endroits, à Lyon, en Bresse, en Dauphiné, en Bourgogne, tout en lui paraissant allemandes — Heinecken l'a trop répété sans être contredit pour qu'on ose alors s'inscrire en faux — sont néanmoins laissées par lui sans nulle mention. Il a volontiers fourni des explications orales à divers auteurs sur ce sujet; il a confirmé au bibliophile Jacob et à Duchesne que la Vierge debout, dont Passavant fera une œuvre française du XIVe siècle, a été trouvée par lui à Lyon, dans la reliure d'un livre; il fournit diverses notes écrites lors de l'acquisition. Mais telle était alors l'indifférence pour cette question spéciale, qu'on mit ces notes au panier comme inutiles; on ne conserva que les prix proposés, inscrits derrière, au crayon, par M. Hennin. La Vierge de Lyon est cotée 20 francs.

Les immédiats successeurs de M. Duchesne n'auront ni les uns ni les autres un intérêt de préférence pour les incunables venus de M. Hennin. On

---

1. Exactement les nos 145, *Christ en croix* (Cat. de la Réserve, no 262); 146 (cat. no 639); 2894, *Trahison de Judas* (cat. no 215); 2896 (cat. 650?); 2900 (cat. no 446); 2963 (cat. no 494). Ces six pièces figurent dans notre Catalogue à la fin du présent volume sous les numéros 30, 156, 13, 163, 87, 110.

les répute généralement des œuvres enfantines, sans nulle grâce, sans art. Comme on les a proclamés gothiques, et que les Allemands, à force de le dire, ont fini par nous convaincre de leur antériorité dans le gothique comme en tout, l'école classique du milieu du siècle range en bloc les incunables sous le titre d'école allemande. On a pour se fortifier dans cette conviction les travaux de Bartsch, de Passavant, de Brulliot, de Nagler, et, auparavant, de Heinecken. L'idée heureuse que ces auteurs avaient eue, pour la plupart, d'écrire en notre langue ou de se faire traduire en français, contribua pour beaucoup à la diffusion de leur doctrine. Sans cette circonstance nous l'eussions ignorée, et leur suprématie en eût subi quelque atteinte.

Le catalogue de la Réserve fut donc rédigé, pour cette partie, avec le concours de ces livres indispensables; il s'y ajouta vers la fin du travail un ouvrage considérable de M. Schreiber, aussi écrit en français, mais dont les opinions ne parurent point suffisamment assises pour être adoptées en bloc. A l'école allemande on avait donné à peu près tous les incunables du Cabinet des Estampes dont l'allure gothique et les caractères brutaux ne pouvaient se rapprocher de nulle œuvre classique reconnue. Qu'on ne soit donc point étonné de prime abord si le mot d'école allemande est indiqué dans le catalogue de la Réserve pour tous ou presque tous les documents venus de M. Hennin. Le but du présent travail est précisément de montrer quelles raisons critiques peuvent être invoquées dans un sens moins catégorique; je le ferai avec toute la déférence et le respect que m'inspirent les opinions de mes prédécesseurs, mais j'estime que, dans l'instant, certaines théories doivent être revisées ou tout au moins discutées. Je crois fermement que le temps est proche où « la France du Nord » prendra dans l'Histoire de l'Art le rang auquel elle a droit. Jean Fouquet, autrefois considéré comme un habile miniaturiste, est devenu le Maître précurseur ; ses œuvres sont peu à peu sorties et se sont imposées. C'est en Allemagne que, par une singulière anomalie, nous avons dû chercher les pièces capitales de sa carrière; une nous a échappé pour prendre place au Musée de Berlin [1]. J'aurai trop occasion de faire remarquer la passion thésaurisante de nos voisins, leur besoin atavique de réunir chez eux les modèles étrangers, pour m'attarder ici à cette constatation. Pourtant je touche là au point capital des discussions qui vont suivre. Fouquet est passé en Allemagne aussi naturellement que nos vieilles images autrefois, parce que, n'ayant rencontré chez eux ni des miniaturistes, ni des sculpteurs égaux aux nôtres, les amateurs allemands ont cherché ailleurs leur provende. Ceci assez anciennement pour que l'oubli des origines précises s'étant fait, ils en fussent arrivés très vite à considérer comme leurs tant d'objets maintenant aperçus dans leurs musées, et que l'absence d'archives condamnera à rester éternellement anonymes.

Je vais donc me borner à présenter un certain nombre d'observations contradictoires, dont les conséquences seront peut-être d'ébranler les convictions assises. L'imagerie qui sera ci-après étudiée un peu longuement, un peu solennellement, eu égard à son importance, est en réalité l'imprimerie naissante. Déterminer les précurseurs de ce mouvement n'est pas recherche vaine. Je demeure convaincu de la priorité de Gutenberg et de ses associés dans le résultat pratique, je doute beaucoup plus de leur invention au sens exact. Ils n'ont découvert ni le caractère mobile, ni la fonte, ni l'adjonction d'un corps de lettres dans un bloc. Cette dernière opération était courante avant eux en xylographie. Ce qu'ils ont fait est tout cependant : ils ont marié entre eux deux procédés, et ont substitué le métal au bois dans la manipulation des types, sans qu'on puisse assurer si le nommé Waldvogel ne les avait pas devancés à dix ans d'intervalle [2]. En réalité la forme de fer, destinée à contenir les lettres assemblées, est encore un peu la table, le moule de bois, dans lequel les premiers xylographistes inséraient un texte taillé de toutes

1. Les *Heures* d'Étienne Chevalier acquises de M. Louis Brentano à Francfort par le duc d'Aumale sont aujourd'hui à Chantilly. Le portrait peint représentant Chevalier est passé au musée de Berlin en 1896.

2. A. Claudin, *Hist. de l'Imprimerie*, t. I, p. 1.

pièces. Substituer le fer au bois et la lettre mobile à l'inscription gravée fut une opération, on peut dire nécessaire, obligée, telle cependant que, tentée chez nous, sous le contrôle terrible de l'Université, elle eût été brutalement reniée.

Je vais m'efforcer de montrer les essais des nôtres dans cette direction, tout en réservant le côté illégal, un peu frauduleux, ou plutôt contraire aux ordonnances, que ces tentatives décèlent. Aussi bien lorsque Gutenberg se cachait de ses compatriotes sous le nom de « Spiegelmacher », « fabricant de miroirs », quand il jouait sur ce mot de speculum *dont les destinées xylographiques étaient alors si brillantes dans les Flandres, il redoutait au moins autant les lois que les indiscrétions intéressées de ses complices. Ce sont toutes ces considérations que nous avons cherchées dans l'étude des incunables, en nous efforçant de rendre, sinon au légendaire Laurent de Coster, du moins aux Lorrains, aux Bourguignons, aux Flamands et aux Picards, aux Italiens d'Avignon la part qui leur paraît revenir dans la question. Concéder à l'Allemagne, non pas une supériorité, mais l'antériorité sur tous les pays d'Europe, antériorité absolue, exclusive, n'est plus guère admissible dans l'instant; les théories anciennes ne faisaient point état d'éléments, aujourd'hui produits à la discussion, et que l'érudition allemande est la première à faire entrer en ligne de compte.*

De tous les Cabinets d'Europe renfermant des incunables xylographiques (Munich, Berlin, Londres, Dresde, Vienne, Paris), Munich est seul à en avoir publié le plus grand nombre dans un album spécial. Weigel nous a laissé un choix des pièces composant sa collection au commencement du XIXe *siècle ; les plus rares en sont aujourd'hui dans le Cabinet de M. le baron Edmond de Rothschild. Ludwig Rosenthal, marchand d'antiquités à Munich, nous a donné ces années dernières la reproduction d'une centaine d'estampes de moindre qualité, offertes aux amateurs. Ni Berlin, ni Londres, ni Dresde, ni Vienne ne montrent leurs documents, sinon par fractions, en des articles séparés de revues ou de Jahrbuch. La raison qui nous a poussé à publier les* incunables de notre Département des Estampes, s'inspire d'une sincère recherche de la vérité. Les opinions émises par nous à leur sujet nous sont exclusivement personnelles ; nous n'avons reçu que des encouragements moraux ; les décisions ont été formées sur documents, jamais sur la prétendue connaissance iconographique d'où procèdent les grandes erreurs de ce temps. On a cherché à faire intervenir l'histoire, celle des faits et celle plus passionnante des individus. On a, pour asseoir une conviction relative au retard somptuaire des pays d'Outre-Rhin sur nous, étudié deux mille manuscrits flamands, français, italiens ou allemands. Tant de travail ne saurait être complètement inutile ; je souhaiterais en tout cas qu'on ne le jugeât point trop sévèrement. Je n'ai insisté sur les tendances des anciens iconographes allemands que pour mieux avertir ceux d'entre nous, encore portés à les écouter sans réflexion, combien le temps a marché depuis, et comme il est prudent de contrôler leurs affirmations. En revanche je me plais à citer ici M. Schreiber, comme l'un des esprits les plus indépendants, les plus clairvoyants qui soient. Son Manuel est le livre de chevet de quiconque s'attache à étudier les xylographies. Son extrême prudence, — impatiente du joug parfois et tout à coup égarée — l'a prémuni le plus souvent contre les entraînements d'un patriotisme inutile. Je le remercie publiquement ici de l'aide apportée par son livre ; sans lui, nos incunables n'auraient pu subir la comparaison utile, ni se présenter aussi convenablement pourvus de références.

ORIGINES

DE LA

GRAVURE SUR BOIS

CHAPITRE PREMIER

LA QUESTION DE LA PRIORITÉ

I

Si par le mot estampe ou *image* nous entendons ce qu'entendaient les gens du moyen âge français, toute reproduction, par empreinte ou impression, d'un moule ou d'une forme taillés à l'envers et en relief sur une surface malléable ou légère, l'image remonte à l'antiquité[1]. Les sceaux, les cachets, les gaufrages sur cuir, la matrice champlevée des pavements produisirent des images, de tout temps. Le langage moderne détournant, une fois de plus, le terme d'estampage, d'estampe, de son sens originel, qui s'appliquait à « l'empreinture » en général, le réserva pour l'image produite sur papier par l'impression d'une forme taillée en épargne, laquelle, préalablement enduite de couleur ou d'encre, dépose cette matière à la surface de la feuille. L'image sur papier, ainsi devenue l'estampe, ne remonte qu'à la fin du XIVe siècle.

C'est donc un peu spécieusement que les érudits, occupés de cette question des origines, affectent de dédaigner le moule, la cause créatrice, pour n'admettre dans leurs hiérarchies que la résultante, le produit, l'objet inférieur en réalité. En saine raison c'est la taille du bloc qui compte ; si le but que se propose le praticien, en dégageant dans le bois les lignes de son dessin, vise à la reproduction de figures ou d'ornements, en un mot, s'il fait œuvre d'artiste, peu nous doit importer qu'il gaufre un cuir, qu'il imprime une étoffe ou un papier.

---

1. Émeric David, *Discours historique sur la gravure*, Paris, 1808. Passavant, I, p. 1 et suiv. H. Delaborde, *La Gravure*, p. 1.

Pourtant il y a beau temps aujourd'hui des exclusives curiosités éveillées par l'estampe. Tandis que cette classe de gens du xviie siècle, nommés des « curieux », dédaignaient l'archéologie nationale et ne considéraient guère une tapisserie ni une sculpture, on les voyait se passionner pour le chiffon de papier sur lequel une figure était imprimée; cela dès le temps du roi Henri IV chez nous. Je ne dis pas qu'ils aient fait de leur manie une véritable science, ainsi que de nos jours. Je ne croirais même pas que le médecin Delorme, ami de Callot, que Maugis, que l'abbé de Marolles, démêlassent l'incunable du xve siècle de l'imagerie du xvie, et sentissent l'intérêt historique caché sous de misérables essais de gravure et d'impression embryonnaire. C'est avec Mariette chez nous, dans le xviiie siècle, que l'idée passa de demander à l'image la raison de faits inconnus ou complètement perdus dans la mémoire des hommes. Ce collectionneur génial une fois disparu, les amateurs qui le suivirent cherchèrent de préférence la pièce aimable, l'œuvre classique des disciples de Raphaël, sans prétendre rien de plus que réunir un « Cabinet » amusant pour les yeux. Ils laissaient ainsi le champ libre aux chercheurs allemands, dont les qualités spéciales de méthode et de travail s'appliquèrent à ces questions. On n'oserait dire que Christ, l'un des premiers qui se fussent donnés à ces études, guettât dans la primitive estampe le secret des arts typographiques, et soupçonnât le parti qu'on en pouvait tirer; mais son *Dictionnaire des Monogrammes*, dans lequel il amalgamait l'*Abecedario* de Gori, les idées de Marolles et celles de Florent-Lecomte, fut en réalité le point de départ de l'érudition iconographique allemande[1]. Par un zèle, aujourd'hui jugé un peu naïf, chez ses compatriotes eux-mêmes, Christ affectait de ne compter au nombre des graveurs que les Allemands ou les Flamands, c'est-à-dire ceux qu'il croyait de ces pays. La traduction de son livre en français, parue chez Jorry en 1750, ne trouva aucun contradicteur. Depuis le xve siècle, ou mieux, depuis la diffusion de l'imprimerie en Europe par les ouvriers mayençais, la légende s'était établie dans les traditions; l'Allemagne avait inventé les caractères mobiles, que les ouvriers français maniaient plus de deux cents ans auparavant! Mais hélas! les nôtres, tenus par des règlements draconiens, ne pouvaient guère tenter une aventure qui les eût fait jeter en prison. Il n'y avait pas vingt ans de la découverte de Gutenberg, qu'un moine parisien consacrait l'histoire et

---

1. Christ, *Dict. des monogrammes, chiffres, lettres initiales.* Paris, chez Jorry, 1750.

célébrait d'une façon dithyrambique les mérites de Schoiffher « a quo processit exordium omnium impressorum et impressura tocius orbis » [1]. D'ailleurs, les propagateurs de l'idée, alors installés partout, ne manquaient pas de proclamer leur supériorité et leurs mérites.

Dans un pays aussi volontiers incliné à admettre les récits merveilleux, les théories de Christ eurent un gain inespéré. Les rares amateurs d'anciennes estampes en France étaient hors d'état de discuter. Zani, que nous trouverons à la fin du xviiie siècle, mène en faveur de l'Italie une campagne aussi ingénue que celle de Christ pour l'Allemagne. Et ce dernier pays avait eu l'ouvrage célèbre du baron Heinecken, en français aussi [2], qui enchérissait sur les théories de son prédécesseur. L'abbé Zani, le rival italien, souriait un peu de ces exagérations, qu'il nommait la « vanité germanique », mais l'idée prenait corps, s'imposait, dominait les opinions contraires. Pour l'instant les classements, les rangements de Heinecken valent, en iconographie, ce que pourraient les théories d'un médecin de Molière dans la méthode Pastorienne, toutes proportions gardées. Le raisonnement employé par lui, « c'est en Allemagne que l'on rencontre le plus d'images anciennes avec légende dans la langue du pays, donc... », raisonnement qui se trouvera en suspension dans les livres de Bartsch, et dans celui autrement sérieux de Passavant, constitue la base formelle et absolue de ses discussions. Nous aurons occasion tout à l'heure de montrer, par une statistique rigoureuse, le cas à faire de cette prétention hasardée, reprise par Passavant et amplifiée dans les lignes suivantes : « On ne peut guère douter que l'art de graver sur bois et « sur métal, en Europe, n'ait été d'abord exercé en Allemagne. Ce n'est « pas seulement dans ce pays que l'on trouve la première indication sur « la gravure sur bois (formschneider) mais aussi en nombre très consi- « dérable, les plus anciennes productions de ce genre. C'est aussi en « Allemagne que cet art fut cultivé avec plus d'étendue et acquit une « supériorité, et dans le dessin et dans la partie mécanique de la gravure, « qui n'a jamais été atteinte par aucune autre nation [3]. »

Une aussi franche et sereine assurance eût amusé le fin Zani, au cas

---

1. Léopold Delisle. (Bibliothèque de l'École des Chartes, t. XLVIII, p. 633.) Les Parisiens connaissaient cependant Gutenberg, ce *Bonus montanus*, comme l'appelle Claude Fichet en 1472. Mais Schoiffher, commerçant et habile, détournait la légende à son profit.

2. Heinecken, *Idée d'une collection d'estampes*, Leipzig, 1771, in-8°.

3. Passavant, *Le Peintre graveur*, I, 20.

qu'il l'eût pu lire; mais, lorsque Passavant écrivait, Zani était mort; chez nous, l'iconographie vivait des théories italiennes préconisées par lui, et des théories allemandes venues de Christ, de Heinecken et de Bartsch; personne ne chercha donc à contredire, ou simplement à relever, dans l'affirmation du Maître, quelques allégations un peu forcées. M. le vicomte Delaborde dira bien, à propos de Heinecken, que lui « et les « autres écrivains de son pays apportent sans doute à la critique des « habitudes un peu hautaines, un zèle patriotique parfois excessif », mais, avec son urbanité habituelle, l'éminent conservateur du Département des Estampes se hâte d'ajouter que, le plus souvent, ces mêmes savants « citent, à l'appui de leurs opinions, non pas des traditions mais « des pièces ».

Nous verrons ces pièces, nous étudierons leurs origines, nous les prendrons une à une et, par la comparaison, nous chercherons à éclairer un peu leur naissance. Aussi bien Passavant, le même Passavant qui jetait la belle phrase citée plus haut, n'est-il plus aussi convaincu, ni aussi ferme lorsqu'il discute sérieusement sur le document offert. Nous le verrons accorder qu'une Vierge du Cabinet des Estampes de Paris n'est pas allemande, mais peut-être française, et que son caractère de dessin et de gravure la ferait reporter au xive siècle [1]. D'autres estampes contrarient également son siège, mais comme il est prudent, qu'il a l'esprit scientifique et une certaine pénétration, il s'abstient de conclure. D'ailleurs il manque de moyens de contrôle; il ne connaît ni l'art allemand du xive siècle qu'on exhumera postérieurement à lui, ni l'art français, ni l'art flamand, ni surtout l'art italo-venaissin des successeurs de Simone di Martino. Un certain *Jardin des Oliviers* du Cabinet de Paris lui cause des surprises, parce que Théodore de Prague, dont il parle volontiers, n'offre rien de semblable, et laisse son érudition désarmée. S'il discute de papiers, de tirages, de coloriages, de costumes, en un mot des points directeurs d'une argumentation serrée sur la question des présomptions à formuler, il laisse entendre combien son initiation est bornée, et comme il ignore totalement ce dont il disserte. Pour le papier, il s'en tient aux rares mentions relatives à l'Allemagne que lui a fournies Jansen [2]. Il écrit, au sujet des tirages, les choses les plus singulières, parce qu'il ne peut savoir encore que les encres à huile se faisaient cou-

1. Passavant, *Le Peintre graveur*, I, p. 27 (32).
2. Jansen, *Essai sur l'origine de la gravure sur bois*, 1808, 2 vol. in-8°.

ramment au XIVe siècle; quant aux coloriages prétendus germains, il y cherche une conclusion en faveur d'un travail allemand, quand les ballots d'images s'expédiaient, sans couleurs « en blanc », d'Italie, de France, ou des Flandres, là-bas, et y recevaient le bariolage allemand. Sur les costumes il erre, parce qu'il n'admet pas la loi de recul, qui fait retarder les pays d'importation somptuaire d'un bon quart de siècle sur les pays directeurs comme la France, la Bourgogne ou l'Italie.

Sans doute, en l'état des connaissances, au temps où Passavant écrivait son livre, ce qu'il apporte de remarques ingénieuses, d'aperçus nouveaux compte pour beaucoup. Il eût peut-être gagné à être moins net sur certaines opinions, entre autres lorsqu'il oppose la Flandre à l'Allemagne, et prétend que cette dernière seule peut montrer, au moins, une image gravée dans le XIIIe siècle! Nous avons dit ailleurs ce qu'est cette image, un simple gaufrage à chaud [1]. Mais ce point spécial, invoqué contre la Flandre, nous prévient des prétentions patriotiques de l'auteur et excite notre défiance pour tout le reste. Si ce sont là les pièces dont parle M. le vicomte Delaborde, on sent qu'il y a lieu de réviser le procès. De même nous nous défierons encore plus, si nous le surprenons à produire mille arguties vaines contre la date de la Vierge de Bruxelles [2]. Il s'agissait pour lui de rendre au *Saint Christophe* de 1423 le premier rang, parce que cette image, ayant été trouvée en Allemagne, lui paraît allemande. Or voici qui n'est pas tant prouvé que le jugeait Passavant, et les objections ne manqueront pas tout à l'heure pour le contredire.

En réalité les arguments déductifs et inductifs des premiers érudits germains, de ceux qui ont semé la bonne parole et établi les prémisses d'où tout procède encore, pèchent essentiellement par la base. Ce n'est pas de dire seulement : « Nous rencontrons des pièces gravées très « anciennes chez nous, même nous en possédons plus; nos abbayes « en ont conservé par centaines; quelques-unes portent des légendes « allemandes... » ce ne sont pas, dis-je, ces raisons qui peuvent convaincre. *A fortiori*, si ces pièces, comme on le constate facilement, sont de style, d'intentions, de moyens, de costumes et d'accessoires absolument différents, opposés même entre eux le plus souvent, il est un peu

---

1. Voir *Un ancêtre de la gravure sur bois*, Paris, Lévy, in-4°, 1902, p. 28.
2. Passavant, *Le Peintre graveur*, I, p. 110.

risqué d'en vouloir constituer un ensemble, comme la France peut faire de ses miniatures, de ses tapis ou de ses architectures. De cette façon légèrement fantaisiste, les premiers initiateurs, tels Heinecken, Bartsch ou Passavant ont enrôlé, sous la bannière allemande, quantité, d'artistes anciens dont les caractéristiques générales sont de complet désaccord avec la Germanie. Je ne parle pas de Forster, plus osé encore, qui, dans un livre sur la Peinture allemande, note Van Eyck au même titre que Stephan Lochner. Dans la question des incunables de la gravure, ce fut pis, parce que les tailleurs de bois modestes et inconnus n'ont guère laissé trace d'eux-mêmes, et qu'on ignorait assez d'eux pour ne pouvoir déterminer sans réplique en quel temps ils vivaient, en quel lieu ils travaillaient. On n'imaginait pas non plus que leurs images eussent beaucoup voyagé, sinon de ville à ville dans la même province ; on ne se donnait garde ni des indulgences vendues par ce moyen, ni des échanges de cloître à cloître, les grandes abbayes directrices et chefs d'ordre, telles Cîteaux, Cluny ou Clairvaux, offrant, aux réflexions, l'hypothèse si vraisemblable de relations constantes avec les monastères le plus éloignés ; or la confirmation nous en sera fournie, car ce sera bien souvent que nous surprendrons, dans les textes, l'envoi d'un mot d'ordre par la maison mère à toutes ses filles d'Europe. Cette circonstance capitale, que nous discuterons, aurait pu contribuer à débrouiller un peu les insurmontables difficultés de certaines attributions. On n'aurait plus été amené, ainsi que Passavant ou beaucoup d'autres, à supposer des installations d'Italiens ou de Flamands au cœur de la Franconie ou de la Souabe. Sans doute les moines allemands durent, à leur tour, ouvrer le bois, en vue d'images, comme le faisaient ceux des chefs d'ordre, mais sûrement ils ne commencèrent pas. Les estampes, réputées comme les plus anciennes par tout le monde, par Passavant, par M. Schreiber surtout, dont les études modérées et savantes font loi aujourd'hui dans la question des incunables, ces estampes échappent à toutes les comparaisons possibles avec les œuvres allemandes, même celles du XIVe siècle [1]. Ce n'est pas seulement le

---

1. W. L. Schreiber, *Manuel de l'Amateur de la gravure sur bois et sur métal au XVe siècle,* 3 tomes. Les deux premiers consacrés aux xylographes, le troisième aux interrasiles, et aux suppléments des t. I et II. Berlin, Cohn, 1892-1893, 3 vol. in-8. (2978 pièces incunables sont décrites et analysées dans ce travail magnifique, dont les erreurs de détail sont amplement compensées par les services rendus aux travailleurs). 3 vol. de planches sont joints aux 3 vol. de texte.

dessin, ou l'allure, l'esthétique nous dirions, ce sont les faits plus précis demandés aux costumes, aux coiffures, aux objets, et surtout à je ne sais quelle supérieure et souple manière de draper une étoffe en plis étranges, arrondis, formant de lourds sinus, de jolies cascades, à la fois participant d'un Beauneveu ou d'un Simone di Martino. Or, si quelques-unes des images gravées dans ce style se sont retrouvées à Tegernsee, la grande abbaye bavaroise, si nous en savons à Vienne, à Berlin, à Londres aussi, le Cabinet de Paris en a sa part, et non des moindres. Celles-ci, recherchées par M. Hennin en Bavière, à Lyon et dans la Bourgogne, ont passé au Département des Estampes en 1832 et en 1839. Pourquoi en ferait-on des œuvres allemandes quand, justement, Passavant hésite à leur sujet, et que M. Schreiber ne se prononce que très timidement ? On pourrait tout aussi bien les estimer françaises, puisque, d'abord, aucune d'entre elles n'a de lettre, que pas une n'offre *un objet ni un costume* de caractère germain, et que le fait de se retrouver en des abbayes cisterciennes, allemandes ou françaises, inscrit une présomption d'origine en faveur de Cîteaux. En réalité, ce qui donnait confiance à Passavant, c'était, en regard des incunables rencontrés en Allemagne, tel le *Saint Christophe* avec date, provenant de Buxheim, diverses mentions un peu vagues concernant des estampilleurs ou des graveurs sur bois du xiie au xive siècle. La note concernant le moine Frowin d'Einsielden a été discutée par nous dans un autre ouvrage [1], mais ceci avait donné à Passavant l'excuse de mettre le gaufrage de Weigel au nombre des gravures sur bois. Ensuite on lui avait signalé certaines notules nécrologiques où le mot de *formschneider* apparaît pour la première fois [2]. Certes, voilà qui avait dans l'espèce une importance considérable, car si nos moines de Cluny de Cîteaux ou de Clairvaux gravèrent dans les premiers, ils manquèrent de l'expression propre à caractériser leur œuvre. Chez nous, ils resteront « tailleurs d'images », et, sous ce titre, nous pourrons entendre tout aussi bien des sculpteurs, des huchiers, des charpentiers ouvrant le bois à figures, que non pas des graveurs. Là est la véritable supériorité de l'Allemagne, sauf que, pour avoir façonné ce vocable singulier, par moitié latin et germain, *form-schneider*, les gens de là-bas constatent peut-être l'apport roman fait par les étrangers à leur langage. S'ils disent *form* pour *forme*, moule, matrice, c'est que ceux qui en ont taillé les pre-

---

1. *Un ancêtre de la gravure sur bois*, p. 18 (note).
2. Passavant, I, 21, 37.

miers, les romans, Italiens ou Français, le leur ont imposé, encore que ne s'en servant guère eux-mêmes. Au temps où les Allemands fabriquent le « formschneider » hybride, leurs rivaux français sont des imagiers ; fabriquassent-ils des *formes*, ils se garderaient de l'avouer à cause des défenses rigoureuses. Mais le mot forme veut si bien dire le cliché ou le moule, chez nous, dès le xive siècle, que nous avons, à Orléans, en 1350, un marché de tuilier, où il est écrit cette phrase typique : « Item quod statuantur in dicta villa certæ *formæ*, vel *mollæ* de tegulis magnis et parvis [1]. » Moule ou forme, le terme y est, il est de quarante ans antérieur au « formschneider » cité par Passavant ; ceci est à retenir [2].

Peut-être, dans le même ordre d'idées, pourrions-nous ajouter à « formschneider » le *brief-maler*, peintre de brefs, qui n'est pas sans rappeler quelque peu le graveur d'indulgences papales, dont le commerce en Allemagne provoquera les tempêtes des Hussites au commencement du xve siècle ? [3] Cette expression encore ne paraît pas sonner le pur germanisme, et il serait inconsidéré de méconnaître l'enseignement philologique qu'il nous apporte. Je ne parlerai même pas de *legenweiss*, dont le primitif *lagena*, de *Kartenmaler*, dont le mot type *carta*, sont de latin indiscutable. Tout ceci pour montrer simplement que la célèbre mention du formschneider allemand de 1398 va contre la prétention de Passavant, et exprime à peu près le contraire de ce qu'il souhaite. Sans doute il ne fournit ces éléments de discussion qu'à titre de curiosité, mais si nous cherchions une réciprocité en France, nous ne la trouverions pas. Comment, si les Allemands ont été les premiers tailleurs de moules, s'ils sont venus apprendre aux autres les secrets de leur invention, n'ont-ils pas, d'ouvrier à ouvrier, imposé leurs termes techniques ? A part le mot truc, truquer, plus récent, et dont l'acceptation populaire est singulière dans la question, pas un seul mot n'est passé, ni à nos graveurs ni à nos imprimeurs. Les expressions si sou-

---

1. Du Cange au mot *molla*.

2. Joseph Baader, *Beiträge zur Kunstgeschichte Nürnbergs*, a fourni des indications sur les cartiers, formschneiders, briefmalers de Nuremberg. Le premier cité est un certain Pömer. en 1428, le second est un nommé Hans en 1449, qu'on retrouve jusqu'en 1496 ! Il y en a un troisième en 1459. D'autres sont des cartiers, d'après Murr, *Journal fur Kunstgeschichte und zur Allgemeine literatur*, I, 129. Mais pas un n'est antérieur à 1433. Et *pas une œuvre* ne peut être raisonnablement attribuée à aucun d'eux.

3. Une remarque à faire à ce propos c'est la persistance, comme ornement iconographique, de la *double clé* papale sur les images allemandes. Les graveurs allemands en mettaient à des pièces où les clés n'avaient rien à faire, jusque dans le xvie s. par tradition.

vent empruntées aux étrangers en d'autres circonstances, *troussequins, lambrequins, blason,* le métier de graveur en France n'en a gardé aucune trace ! Lorsque nous parlons des graveurs en creux ou en relief, aux plus anciens temps, quand nous sommes censés prendre à nos voisins la méthode installée par eux, rien ne demeure de leur passage. Nous disons *graver, tailler en molles,* en *fourmes,* en *tables,* et si nous parlons d'un livre à impression xylographique nous le réputons *jeté en moule.* Il ne nous apparaît pas qu'un terme d'argot, même postérieur au temps qui nous occupe, ait passé aux imprimeurs ou aux tailleurs de formes. André Thevet nous a gardé les mots d'atelier du xvie siècle dans une notice sur Gutenberg; il n'en note pas un d'importation germaine [1]. On dira que le Français était réfractaire à ce langage dur; non, puisque nous en avons admis d'autres par les Flamands et les Néerlandais, *mannequin* entre cent. Nous avons accommodé, à nos moyens de diction, bien des noms d'origine ripuaire : Guy, Guillaume, Clovis, Louis, Wogan ou Wougan, guerre, guêpe. Si donc nous ne demandons rien aux formschneiders allemands, soi-disant propagateurs d'une idée, c'est que nous serions simplement obligés de leur reprendre les mots qu'ils nous avaient préalablement empruntés. Formschneider, c'est tailleur de forme, traduit littéralement en allemand ; nous avons *forme* avant eux, nous n'avons nul besoin de le leur demander; de même pour *carte,* pour *bref,* pour tout ce qui touche en général à la terminologie spéciale de l'art d'empreinture et d'entaillure.

Le Formschneider de Passavant est donc la constatation irrémédiable d'une infériorité, car « qui dit emprunteur dit soubmis », expriment les vieux. Je sais que ni Passavant ni d'autres n'ont fait de ce mot un argument sans réplique, en apparence; ils le traitent en singularité, sauf à l'invoquer formellement s'il s'agit de discuter la priorité contre les Pays-Bas ou la France.

Au fond, le principal argument des prétentions allemandes, c'est le *Saint Christophe* de 1423 ; virtuellement tout repose sur cette image; l'endroit, où elle fut découverte, le style, les caractères de la légende, sûrement allemands, en font la base la plus solide des inductions ultérieures.

1. André Thevet, *Vie des Hommes illustres,* VI, 516. *Garnitures, balles, tympan, blanchet, frisquette, train, platine, barreau* sont les termes français dans les ateliers de Paris, dès le xve siècle. Cf. *Annales internat. d'Histoire, Congrès de Paris, 1900, 7e sect.,* p. 143 (article de G. Dehio).

Ce qu'il fallait, dès l'abord, c'était ruiner la légende établie en faveur de la Vierge de Bruxelles. Celle-ci est une pièce datée de 1418 par des lettres gothiques à la façon du temps, avec un petit o intermédiaire entre le MCCCCᵒ et le XVIII. Cet o fournit à Passavant, dont les connaissances paléographiques avaient quelques brèches, un argument contre la date. Il estima que cet o tronqué était une L et que, cette L précédant le chiffre XVIII formait le millésime complet MCCCCLXVIII (1468). A mon sens, et de l'avis de beaucoup d'autres personnes, il y a parfaitement 1418 ; tout le prouve d'ailleurs, l'absence de tailles d'ombre, les plis cassés des Van Eyck, certains détails de costumes absolument probants [1]. Mais le coup était porté, et le *Saint Christophe* demeurait seul.

La circonstance d'avoir été découvert à Buxheim ne préjuge rien, si nous voulons bien admettre le voyage possible d'une image d'Italie, de Flandre ou de France jusqu'en Allemagne. Tout au plus pourrions-nous conclure de la plus grande quantité de pièces rencontrées dans les couvents de là-bas, que ces objets, plus précieux à cause de leur origine étrangère, se traitaient avec plus de respect à l'endroit où on n'en fabriquait pas. Liège, qui en a produit des milliers, n'en possède qu'un spécimen, quatre autres ont été enfouis dans un bréviaire de Béthune et sont à la Bibliothèque de Paris ; le reste a disparu, ou se cache en Allemagne sous un nom d'emprunt : Augsbourg ou Ulm, la Souabe ou la Bavière [2]. Donc je n'inférerais rien, en l'honneur de l'Allemagne, de ce que le *Saint Christophe* fut collé dans un manuscrit de Buxheim ; j'en tirerais plutôt la conviction contraire. De même la lettre latine placée au bas de la figure avec un millésime, ne me convainc pas. Je sais, au moins par deux exemples, que ces lettres taillées sur des morceaux de bois indépendants, s'ajoutaient facilement à l'image dans des circonstances déterminées.

---

1. La Vierge assise, aujourd'hui conservée au Cabinet de Bruxelles, est une image fort vénérable, bariolée à l'extrême, et dans un état de conservation assez précaire. Elle a été maintes fois reproduite, entre autres dans l'ouvrage intitulé : *Documents iconographiques et typographiques de la Bibliothèque royale de Belgique*, Bruxelles, 1877, in-fol., p. 23. Cette pièce a été étudiée par Passavant, I, p. 110, et par divers auteurs. On la nomme la Vierge de Malines, parce qu'elle fut trouvée à Malines dans la couverture d'un livre. Elle fut payée 500 fr. Voir Schreiber, nᵒ 1160 (t. I, p. 348). Elle répond comme date et comme style à certaines éditions flamandes de livres incunables, entre autres la 1ʳᵉ édit. de l'*Oraison dominicale*.

2. Ce doit être le cas du nᵒ 74 du *Katalog* 90 de L. Rosenthal, à Munich. Un saint Antoine avec une *hospitalière de Louvain*, tenant un coq, et un petit personnage à genoux. Je signale cette pièce qui n'a pas été remarquée et qui doit être liégeoise.

Certaines pièces, ornées d'une lettre française, sont probablement allemandes, comme nombre de pièces allemandes par leur légende, sont, en réalité, originaires de France ou des Pays-Bas. Ni la lettre, ni la date ne prouveraient donc, sinon dans le cas où nous serions en possession du bloc original. Le principal instrument de critique invoqué par l'ingénieux Passavant et ses copistes manque de sûreté, puisque le moule a disparu. Mais bien d'autres raisons achèvent de mettre en péril les convictions échafaudées sur le *Saint Christophe*. Des questions de bon sens, par exemple, comme la singularité du palmier, du vrai palmier, très bien dessiné, pourvu de ses fruits, et que sûrement le dessinateur n'a pas rencontré à Buxheim ni dans les environs [1] ; les montagnes qui, malgré tout, ne rappellent que très vaguement les monts de Souabe. On a parlé de l'écriture, sans remarquer combien elle est voisine de l'écriture italienne courante au XIVe-XVe siècle, de l'écriture française aussi. Enfin si nous sommes en Allemagne, vers 1420, au moment où les plis flamands brisés, pénètrent par Cologne et se répandent dans les œuvres de peinture, pourquoi le *Saint Christophe* n'a-t-il que des plis ronds, souples, à l'italienne ou à la française? On objecterait la barbe du saint, cette barbe de reître, que les lansquenets du XVIe siècle populariseront dans le monde, mais oublions-nous que les saints de l'Italie, du Comtat-Venaissin, ceux de la Bourgogne aussi, la conservent dès la venue des maîtres flamands installés en Bourgogne, Claux Sluter, Malouel, comme auparavant Beauneveu ou Jean de Bruges l'avaient répandue en France?

J'ai déjà parlé de M. Schreiber, son nom reviendra souvent et avec grand honneur dans ce travail [2]. Sans doute, il n'abdique pas, lui non plus, toute prétention allemande, mais il voudrait étayer son dire de preuves assurées et indiscutables, et ne pas risquer l'à peu près. Or, il n'a pour le *Saint Christophe*, pour la clé de voûte de toute une théorie, que le respect très limité. Il n'en dit pas long; en trois mots il le remet à un plan inférieur. Il ne sait pourquoi la date de 1423, mais, comparée au travail, elle

---

1. M. Jean Masson exposait en mai 1902 à l'École des Beaux-Arts à Paris, un *Saint Christophe* identique à celui de 1423, où le palmier a des dégénérescences (n° 947 du catal.). Cette pièce est attribuée à l'Allemagne, ce qui est possible. En tout cas elle serait de 1480. (Elle est dans le même sens que le *Saint Christophe* de 1423, ce qui semblerait indiquer une transcription, à une époque ultérieure, d'un même original.)

2. Schreiber, *Manuel de l'amateur d'estampes en bois*. Ces trois volumes se continuant en une numérotation de pièces suivie, les chiffres nous serviront de références, sans indications oiseuses de volume ni de pages.

lui paraît inacceptable. De plus, les montagnes alpestres lui semblent
indiquer un lieu de naissance plus rapproché du Jura, et de ces deux
éléments hypothétiques, la taille d'ombre et la montagne, il conclut à
une « réalisation » non loin du lac de Constance, aux environs de 1440.
Voilà qui est singulièrement indépendant et, sincèrement, M. Schreiber
ne pouvait guère aller plus loin. Sur la date et les traits d'ombre je ne
croirais pas aussi résolument que lui à une disconvenance formelle. J'ai
des exemples de ces ombres portées anciennes, obtenues il est vrai par un
procédé de taille en teinte que ni M. Schreiber, ni ses prédécesseurs n'ont
pu étudier, puisqu'ils n'ont pas eu les épreuves sous les yeux [1]. Quant à
la montagne, j'ai toutes raisons d'être de son avis, puisque, dans l'esthétique des graveurs jurassiens, cette façon d'entendre l'orographie est
constante. Et comme j'ai voulu savoir qui le premier, dans les arts du
dessin, avait consacré cette notation naïve, j'ai remonté de proche en
proche ; je me suis convaincu qu'à une époque où il n'y a pas d'art
allemand, mais où il y a déjà un art italien et un art français, la montagne s'indique en embryon par ce schéma tourmenté. Puis j'ai pris
les vieux italiens, ceux de la Lombardie qui voyaient les Alpes, ceux
d'Avignon qui les voyaient aussi, et j'ai, dans un manuscrit de Pétrarque,
exposé à la Bibliothèque nationale de Paris, aperçu, dans un dessin
de la main de Pétrarque lui-même, la Fontaine de Vaucluse traduite dans
l'iconographie à la mode alors [2]. C'est juste la montagne du *Saint Chris-*
tophe, juste aussi l'eau dans laquelle il est plongé, c'est son arbre, la
même manière de dire la montée d'une côte escarpée, avec le petit édicule campé au faîte. Sans doute nous sommes, en compagnie de Pétrarque,
à plus de soixante ans du *Saint Christophe*, mais l'œuvre italo-venaissine
se trahit; le palmier, les Alpes, l'eau se sont retrouvés probablement dans
un dessin primitif qui a servi bien plus tard au graveur du *Saint*
Christophe, peut-être à un graveur provençal, car il y en a, nous le verrons,
ou tout au moins à un dauphinois, ou à un lyonnais. D'Avignon
ou de la contrée, par les abbayes mères, par les voyageurs, la pièce est
allée à Buxheim où elle a été pieusement recueillie et conservée jusqu'à

---

1. Cependant M. Schreiber a publié, pl. XIV de son tome VI, une œuvre de Liège
qu'il donne à un cartier, et qui est d'une date bien antérieure à celle qu'il indique.

2. Cette pièce a été plusieurs fois reproduite ; elle a été signalée par M. P. de Nolhac,
dans ses *Études sur Pétrarque*, et tout récemment MM. le Prince d'Essling et Müntz la
donnaient dans le livre intitulé *Pétrarque*, 1902. Le ms. qui contient ce croquis est le ms.
latin 6802, fol. 266 verso, à la Bibliothèque Nationale.

nous en la compagnie d'une Vierge qui doit avoir la même extraction [1].

Jointes aux hésitations avisées de M. Schreiber, ces constatations ne peuvent que détruire la légende du *Saint Christophe,* dont l'infériorité d'âge sur la Vierge de Bruxelles, éclate aux yeux. « Tout porte à croire « s'écriait autrefois le savant Duchesne, qu'il est de l'Allemagne centrale, « sa gravure est aussi grossière que son dessin ! » [2] Je ne dirais pas cela, au contraire, je dirais seulement que l'Allemagne centrale, si elle a un art importé des Flandres et d'Italie, n'a pas de palmiers et peu de montagnes alpestres, et que tout, dans cette pièce, démontre la faiblesse des raisonnememts de Passavant et des autres. Quant au dessin et à la gravure, si nous les voyons en notable décadence sur les anciennes estampes que Schreiber nomme « précoces » et qu'il dit posséder des « plis en yeux », ils expriment cependant une différence énorme avec les vraies estampes allemandes de la fin du xvᵉ siècle, les seules que l'on puisse laisser, sans opposition, aux ouvriers allemands. La grossièreté et la brutalité, notées par Duchesne, sont les naïvetés du procédé de taille, celles des graveurs jurassiens de Saint-Claude, des moines de La Ferté-sur-Grosne, peut-être même celles de Jean Malouel, peintre du duc Philippe de Bourgogne, que nous surprendrons à graver en relief des planches de cuivre en 1398.

On comprend que, faute d'avoir guetté, dans les pratiques artistiques des diverses contrées d'Europe, les éléments de son argumentation, Passavant se soit laissé entraîner à des considérations que Heinecken n'eût pas désavouées. L'art allemand qu'il voit partout, qu'il s'est fabriqué à son usage personnel, deviendra, par des apports successifs de ses disciples, une sorte d'*Iliade* avec les interpolations des aèdes. Il aura contribué à fausser les jugements, à détourner de la bonne voie les gens confiants. Trouve-t-il chez Weigel une *messe de saint Grégoire* très particulière, avec longue prière en flamand et promesse d'indulgence, il ne se dit pas que le texte et l'image sont en désaccord, que sûrement la lettre est rapportée, que les figures sont de la même main et du même art de dessin que celles de la première édition de l'*Apocalypse,* quand la lettre parle d'indulgences

---

1. Passavant, I, 26 et note. — Schreiber, n° 1349. Le n° 28 est celui de la Vierge.

2. *Description des Estampes exposées dans la Galerie de la Bibliothèque impériale...,* par J. Duchesne aîné, 1855, in-8°, p. I. Duchesne donne à cette pièce la date de 1400, en dépit du millésime, preuve que lui non plus ne croyait pas à l'authenticité de ce chiffre, ou qu'il lui paraissait improbable que le graveur eût voulu dater expressément de 1423.

de l'année 1458. Au fait il ne connaît l'Apocalypse xylographique que par les inénarrables classifications d'Heinecken, il ne paraît pas goûter Sotheby, meilleur juge pourtant. Qu'arrive-t-il ? C'est que de cette *messe de saint Grégoire* flamande, venue directement de l'art de Jean de Bruges, pourvue d'un texte néerlandais, il fait une pièce allemande. « Si nous considérons « du reste la gravure, écrit-il, p. 110, de son tome I, sur la lettre d'indul- « gence de M. Weigel, nous trouvons qu'elle s'accorde parfaitement avec « le style des autres feuilles du même genre, imprimées en Allemagne, « dans la deuxième moitié du xve siècle[1]. »

L'absence de bases solides étonnait Passavant, mais ne le déroutait pas ; il y a le moine Frowin qui estampillait les manuscrits d'Ensielden, le frère lai de Nordlingen « optimus incisor lignorum » (ce qui, entre paren- thèse, peut s'entendre aussi bien d'un imagier tailleur de crucifix sur bois, de ceux que nos comptes nomment tailleurs d'images), il y a un certain Ulrich d'Ulm en 1398, qu'on nomme le Formschneider. Cependant les Archives de Cologne sont muettes à cette date, Cologne « cette ville si « renommée par la pratique de l'art dans le xve siècle ! » Et non seulement les Archives de Cologne, mais celles d'ailleurs aussi, celles de Bavière, celles de Franconie, celles de Bohême ou de Saxe. Quelques mentions de cartiers sont faites dans des règlements de Nuremberg entre 1380 et 1384 ; à Ulm les cartiers sont nommés, en 1397, mais le nom même de *Karten* marque formellement l'importation romane de la fabrication cartière en Alle- magne. La philologie, dont on abuse un peu là-bas, continue à n'être point favorable aux théories de Passavant sur la priorité germaine.

On comprend ce que les déductions appuyées sur des prémisses aussi branlantes réservent de déceptions à leurs auteurs. Lorsque Weigel et Zestermann partent de là, lorsque M. Essenwein, dans son livre sur les Incunables de Nüremberg[2], ou le continuateur de M. W. Schmidt chez Soldan[3] proposent des dates extraordinaires à

---

1. La pièce en question a été publiée par Weigel et Zestermann sous le n° 113. Il suffit de la comparer à l'Apocalypse classée première par Sotheby, pour se convaincre de l'identité absolue dans le travail et dans l'art. Passavant la discute dans son tome I, p. 110. Comme j'ai tout lieu de croire que ces Apocalypses sont d'origine franco-flamande, et que le type des bêtes a été fourni par quelque peintre de Charles V, l'opinion de Passavant n'est que plus singulière encore.

2. Essenwein, *Die holzschnitte des* xiv *und* xv *Jahrunderts zu Nürnberg*, in-4°.

3. W. Schmidt, *Die frühesten und seltensten Druckdenkmale...* chez Soldan, in-fol. M. Schmidt n'a pas terminé l'ouvrage, il répudie les opinions qui s'y formulent en dates précises, dans *Interessante formschnitte*, Munich, 1886, in-4°.

des pièces, sans nous fournir les raisons de leur opinion, d'autorité simplement, on se prend de défiance et de réserve. M. Schmidt s'est dégagé
de toute solidarité avec d'aussi étranges façons d'argumenter dans les
Interessante formschnitte des XV Jahrunderts (1886) mais les autres, s'autorisant de Passavant, sont allés au plus loin. Non que leur vision manque de justesse, quant à l'époque probable des dessins originaux ayant
servi à la gravure, ils ne se trompent guère que sur le lieu d'exécution,
qu'ils estiment l'Allemagne à cause du « laycus optimus incisor », et du
formschneider d'Ulm. Aucun d'eux ne s'avise de regarder un manuscrit
de Beauneveu, de Malouel, ou de Simone di Martino, pour y chercher
une explication ; pas un ne dira comme récemment M. Jaro Springer, à
propos d'une miniature du Cabinet de Berlin : « Le mouvement imprimé
« à la miniature vers la fin du moyen âge n'est pas d'origine allemande ;
« aussi bien dans l'enluminure que dans l'architecture, la France était le
« pays dirigeant, et la nouvelle manière de peindre en est venue... » [1] Au
temps où ils placent l'exécution de certaines pièces, soit 1370-1380, il n'y
avait que les cloîtres français Bourguignons qui les pussent tailler dans
cette esthétique particulière, et qui, bien mieux, pussent les répandre dans
le monde, à cause des Papes français d'Avignon, et de leur qualité de
chefs d'ordre, directeurs de la foi, des consciences et des arts pieux.

Outre les méprises causées par les motifs que nous venons de dire,
la théorie de la priorité allemande dans la gravure sur bois s'est engluée
dans des considérations savantes de coloriages d'épreuves, de filigranes
de papiers, et, surtout de costumes, dont les conséquences ont été particulièrement désastreuses. Le fait de considérer comme coloriage allemand tout bariolage de pièce retrouvée en Allemagne est un peu caduque
dans l'hypothèse de l'importation. D'ailleurs, à quoi reconnaît-on le

1. *Jahrbuch des Kön. Preuss. Kunstsammlungen*, Berlin, 1890, p. 62. Dans un article sur
un manuscrit à miniatures du Cabinet de Berlin que je crois de la même main lorraine que
le ms. de la *Vie de saint Clément*, n° 5227 de la Bibliothèque de l'Arsenal, M. Jaro Springer reconnaît judicieusement l'influence française. Le manuscrit en question est cependant
allemand ; c'est la *Bible* dite *de Toggenburg*, du nom de celui qui la fit exécuter en 1411.
Je constate, dans le personnage reproduit par M. Springer, une coiffure identique à celle
du saint Joseph de la *Fuite en Égypte* du Cabinet de Vienne, et d'un autre saint Joseph de
Beauneveu (?) dans le ms. 166 de la Bibliothèque nationale. Le passage des Flandres et de la
France à l'Allemagne fut ménagé par le lorrain de la vie de saint Clément. Et ce sera vers
1430 que nous reverrons le bonnet à un pharmacien de Nuremberg sur une tombe extraordinaire publiée par Hefner-Alteneck, t. IV ; ce pharmacien pousse l'amour de nos usages
jusqu'à mettre des fleurs de lis dans son blason !

coloriage allemand? A-t-on fait la juxtaposition des couleurs, mises sur les estampes, avec celles des manuscrits? A-t-on pu déterminer, sans crainte d'erreurs, la corrélation entre les unes et les autres? Ce coloris même fût-il prouvé allemand, il ne s'ensuivrait pas que les pièces ainsi enluminées fussent allemandes. Une image, venue *en blanc* de Cîteaux ou de Cluny, put recevoir dans le couvent où on la recueillait un ornement polychrome accommodé aux goûts des nouveaux possesseurs. Ceci me fait, à priori, proscrire le coloriage comme terme assuré de contrôle. N'avons-nous pas, d'ailleurs, plusieurs exemples de couleurs différentes données à la même pièce, suivant que nous le rencontrerons ci-après? Cette seule constatation suffit à éveiller le doute, et à faire rejeter d'emblée ce moyen comme périlleux et de très minime importance. Passavant fait, des coloriages, un gros élément de discussion [1]. M. Schreiber, lui-même, les note religieusement; leurs remarques auront au moins le bon côté de prouver les importations d'images en Allemagne. Ce n'est pas ce qu'on eût cherché certes, pas plus qu'on n'eût voulu, dans les filigranes de papier, produire la constatation de fabrication génoise, italienne, dauphinoise, ou champenoise. Le papier encore ne prouve guère. Si je n'avais pour témoignage de l'origine française des *Apocalypses* de la première édition que le filigrane, aux armes de Champagne, aperçu dans le papier, je n'en tirerais aucune conclusion serrée [2]. Au contraire, si cette circonstance s'ajoute à d'autres présomptions, nous pourrons plus sûrement alléguer des inductions plausibles. L'Allemagne s'est facilement trompée sur les filigranes, empruntés par elle à d'autres contrées; la *tête de bœuf*, les *clés*, les *aigles*, qu'on trouve partout à la même date, ne préjugent rien en sa faveur. Aussi bien les clés seraient-elles plutôt de Cluny ou d'Avignon que de toute autre région. Toutes ces thèses seront reprises ci-après et précisées sur documents; on n'en déduira peut-être rien en faveur de l'Italie ni de la France, en tout cas rien, non plus, pour la priorité germanique.

La question des costumes a été aussi des plus rudes pour les raisonnements de nos voisins. A part M. Jaro Springer, et d'autres excellents esprits, plus documentés, moins férus de patriotisme inutile, l'habil-

---

1. Passavant, I, 24-26.

2. Le papier aux armes de Champagne est d'une marque trop spéciale pour ne pas se reconnaître. Les *potences* ou *contrepotences* de ce blason n'ont jamais été portées ailleurs. On les retrouve sur la cotte d'armes du maréchal de Sancerre à l'abbaye de Saint-Denis. Le maréchal mourut en 1403.

lement rencontré sur les images a fourni aux premiers iconographes allemands, jusqu'à nous, les considérations les plus exceptionnelles qui se voient. Tout procède du manque d'information préalable. Il ne fait plus doute aujourd'hui que, sur la question des modes et des recherches somptuaires, la cour de Bourgogne, favorisée par les ateliers des Flandres et de Picardie, que la France de Paris, que la Touraine et le Berry, où vit au XIVᵉ siècle le plus magnifique des princes français, n'eussent tenu le pas, même sur les Italiens, même sur l'Empereur. On avait pu juger, lors de la réception de celui-ci par le roi Charles V, quelle distance séparait les deux rois, dans l'ostentation et le faste. Les inventaires, après décès, de nos rois, ou de nos princes, témoignent d'une prodigalité somptuaire dont la simple énumération stupéfie. C'est sur leurs habits que, depuis le XIIᵉ siècle déjà, les cours d'Europe façonnent les leurs ; mais, eu égard aux communications plus lentes, à la moindre diffusion des patrons, à la froideur que les étrangers apportent dans l'adoption d'un accoutrement inédit, vingt ou vingt-cinq ans séparent toujours le peuple qui reçoit de celui qui fournit les modèles. Il est donc arrivé à nos voisins ce mécompte que, rencontrant des images où les costumes bien écrits se pouvaient dater formellement, ils les jugeaient, d'après les spécimens retrouvés sur leurs tombeaux ou leurs sceaux, sans pouvoir démêler si ces pièces étaient allemandes ou étrangères [1].

Un fait très spécial sert à éclairer la discussion, c'est, par exemple, le chapeau pointu des Juifs et la rouelle d'identité. La rouelle est d'origine française, le chapeau pointu, que les Allemands nomment le « Judenhut » d'importation flamande ; dès le XIVᵉ siècle, nos miniatures montrent des rouelles, et les ordonnances qui les pres-crivent sont fort nombreuses [2], mais c'est seulement vers la fin du même

---

1. Ils sont en présence de très grosses difficultés. Voici par exemple le Maître Berthold qu'on dit de l'école de Nuremberg. Ce produit lointain des Flandres, qui a conservé les errements de ses maîtres, qui n'est pas si éloigné de Broderlam, opère en Allemagne dans la première moitié du XVᵉ siècle. Or, s'il représente des personnages du XVᵉ siècle, ces figures sont plus voisines de notre XIVᵉ siècle, des Français du temps de Charles V, que de ceux du temps de Charles VII. Voir à ce propos la *Madonne Imhof* à Saint-Laurent de Nuremberg. La Vierge est flamande avec un retard de vingt ans, mais les petits figurants germains, de la tablette du bas, ont un retard somptuaire plus considérable encore. La coiffure des femmes, très spéciale, qui deviendra celle de Wolgemut, ne se *retrouve jamais sur aucun incunable* digne de ce nom.

2. Ulysse Robert, *Les signes d'infamie au Moyen âge*, dans les Mémoires de la Société

siècle que les chapeaux pointus sont importés chez nous par les miniaturistes du Nord. Metz et Strasbourg ont en ce temps des Juifs ainsi coiffés ;
peut-être l'Allemagne les connaissait-elle, dès le concile de Vienne
datant de 1267, puisque l'usage en était prescrit aux Israélites de ces
contrées [1] ; cependant on ne les rencontre guère dans les monuments
figurés. Quand les artistes allemands les adopteront, c'est lorsque les
Flamands du duc de Berry, ou les peintres français, en auront fourni le
thème. Dans le *Parement de Narbonne* au Louvre, le centurion porte le
chapeau pointu ; il a, de plus, une natte sur le dos, à la façon des Juifs de
Francfort. La rouelle, au contraire, reste française jusqu'au milieu du
xve siècle, à l'époque où l'empereur Sigismond nous l'emprunte pour
l'appliquer aux Juifs de ses domaines [2]. Ce sont là des dates précises, car
avec le *Parement de Narbonne*, nous sommes en 1380 au plus tard, avec
les artistes du duc de Berry nous ne descendons pas plus bas que 1416.
Si, partant du fait que la rouelle d'infamie ne peut être antérieure à 1434
chez eux, — pour Nuremberg, c'est 1451, — les iconographes allemands
la rencontrent sur une pièce, comme dans la *crucifixion* de Munich [3], ils
ne manquent pas de rejeter l'exécution de l'estampe après 1450. Comment
expliquer alors le manque de tailles d'ombre, les plis doux, mille signes
qui dénoncent une époque plus haute? Nous le ferons en rapprochant
cette crucifixion d'œuvres franco-flamandes de 1400-15, et nous aurons
une explication toute naturelle ; les Allemands ne pourront s'y reconnaître, faute d'avoir précisé cette histoire de la rouelle, et s'être rendu
compte de l'importation de ce signe. Il en sera de même pour les poulaines que nos seigneurs portent dans le milieu du xvie siècle, de nos
boutons d'habit, de nos chapeaux. Tous ces objets seront retrouvés
dans l'Allemagne centrale, ou dans la Bavière, après une initiation
somptuaire d'un quart de siècle, parfois même de cinquante ans. Il s'ensuit que les dates, appliquées par les savants allemands, n'ont de valeur
que dans la supposition d'œuvres exécutées là-bas ; elles sont en retard
d'un quart de siècle par contre, si ces mêmes œuvres sont françaises ou
bourguignonnes ; or, comme ils sont partis de la donnée que, *toutes*,
ou *presque toutes* les images incunables sont allemandes, ils en arrivent

---

ces Antiquaires de France, 5e série, t. IX, pp. 57-172. Ce remarquable travail n'a jamais
été utilisé pour ces questions.

1. Pertz, *Monumenta*, IX, 702.
2. Gengler, *Codex juris municipalis Germaniae*, I, 89, cité par Ulysse Robert.
3. Voir ci-après chap. V, no xxxvi.

fatalement aux imbroglios du baron Heinecken. Sans doute les récents
travaux se sont un peu affranchis de ces erreurs initiales, j'ai nommé
M. Jaro Springer, je pourrais citer M. Schreiber aussi. Cependant M. Schreiber, plus excellent iconographe qu'il n'est fort sur les costumes ou la
paléographie, se place, le plus ordinairement, dans l'hypothèse allemande.
Hefner-Alteneck lui fournit des éléments de contrôle, et ces éléments étant
en retard, le contraignent à des évaluations de dates toujours un peu
tardives. Prenons les cheveux ondulés des hommes, aperçus par
M. Schreiber sur de très anciennes pièces ; en France cette mode
est de 1370, en Italie de 1380, en Allemagne c'est bien plus de 1420
lorsqu'on l'admet sans conteste. Toute exception à cette loi provient
d'œuvres exécutées en Allemagne par des Italiens ou des Français, on
ne saurait rien en tirer de concluant.

Je compterais aussi parmi les plus fréquentes causes d'erreurs pour
nos voisins, même dans les travaux les plus modernes, les armoiries,
d'ailleurs fort rares, gravées sur de très vieilles pièces. L'aigle de l'Empire, qu'on voit au fronton de bâtiments gothiques, où le Christ est
amené devant Pilate ; le même aigle, jeté en semis sur des bordures ou
des fonds, est généralement compté par eux à l'actif de la production
germanique. Je ne ferai pas même remarquer combien la Franche-
Comté et le Jura, pays d'imagerie, combien la France aussi peuvent
montrer d'aigles non allemands. Mais la question est plus simple, elle
est admise aujourd'hui. Les Français, ayant à caractériser les Romains
bourreaux du Christ, les enrôlaient, par anachronisme, sous l'aigle du roi
des Romains de leur temps, c'est-à-dire de l'Empereur. Le *Parement de
Narbonne*, œuvre française s'il en est, exécutée pour le roi Charles V par
un de ses plus grands artistes, porte sur un fronton le fameux aigle
d'Empire [1]. Un manuscrit, provenant de l'abbaye de Saint-Claude dans
le Jura, — aujourd'hui conservé à la Chambre des députés, — a l'aigle
noir sur des fonds d'or, parce que, suivant la tradition pieuse, ces
armoiries étaient celles de saint Romain, fondateur de la célèbre abbaye [2].
Dans la représentation des *neuf Preux* qu'on trouvera décrits ci-après au
n° 184 de notre catalogue, Jules César, considéré comme Empereur des

---

1. Le Parement de Narbonne dont nous nous occuperons plus longuement est au Musée
du Louvre, salle des dessins de l'École française, xive siècle.

2. Cf. Castan, article paru dans les *Mémoires de la Société d'Émulation du Doubs* (année
1879, p. 129). Répétons aussi que Duguesclin avait pour armes un aigle *à deux têtes*.

Romains, porte un aigle à deux têtes sur son bouclier. Or ces *neuf Preux*
sont français, ils ont été gravés en Picardie sous le règne de Louis XI,
vers 1465 ou 1470. On a mieux encore, et cette fois, la méprise a permis à M. Schreiber d'échafauder tout un classement. Une pièce gravée
représentant saint Bernard, embrassé par le Christ, porte un écusson
assez rare, *à la bande échiquetée*. Par fortune un possesseur, qu'on a cru un
graveur, a estampillé, son nom sur la bordure inférieure; il se nomme *ierg
Haspel zu Bibrach* [1]. Contre ceci rien à dire en apparence, sauf que
l'absence du bloc original nous permet d'admettre l'addition ultérieure.
Quant aux armoiries, M. Shreiber les identifie à celles de l'abbaye
d'Ébrach non loin de Bibrach, une fille Cistercienne de Clairvaux. Or,
avant d'être celles de l'abbaye d'Ébrach, ces armes furent justement
celles de Clairvaux, le chef d'ordre, et pas un seul portrait de saint
Bernard ne sera désormais peint sans cette adjonction [2]. On aura beau
faire, du saint, un *saint François* dans de récents ouvrages allemands,
Bernard conservera son blason, celui de la maison qu'il a fondée, et qui

1. Un possesseur ou un marchand, car je rapproche cette mention d'une autre presque
pareille *Iorg Schapff Zu Augsburg* qui a signé la *Ciromancia* d'Hartlieb. On a démontré que
la date 1448 attribuée à ce dernier ouvrage était celle de la composition du livre et non
celle de l'impression qui est postérieure à 1472. Aucune signature ne se rencontre avant
cette date, le Jerg Haspel de Bibrach serait donc une curiosité comme le saint Christophe, si nous possédions le bois original pour constater l'état de cette signature. A défaut
du bois nous ne pouvons l'admettre.

2. M. Schreiber a donné à l'abbaye d'Ebrach toutes les images représentant saint Bernard. Celle qui nous occupe est étudiée par lui dans le n° 1271 de son *Manuel*; il en a
publié une reproduction t. VI, pl. VII. Le *Ierg Haspel zu Bibrach* est un simple cachet de
propriétaire, imprimé après coup, et sûrement après 1472 comme nous disions.

Un saint Bernard de W. Pleydenwurf, emprunté à un ouvrage de M. Thode sur les
anciennes écoles allemandes, est donné pour un *Miracle de saint François* dans la *Gazette
des Beaux-Arts* (3e série, t. VI, p. 513). Or le prétendu saint François a, derrière lui, les
armes de Clairvaux, suivant l'habitude. Pleydenwurff est un peintre graveur nürember-
geois de 1490 environ, déjà autrefois cité par Heinecken et Janssen (t. I, p. 108). Il est
donc bien certain que la première image d'où sortirent les autres venait de Clairvaux, et
non d'Ebrach. Pleydenwurff est considéré comme le graveur du *Schatzbehalter* de 1491,
d'après Wolgemut. D'ailleurs les bévues des copistes allemands se poursuivirent jusque
très tard ; sans parler des clés pontificales qu'ils ajoutent, sans raison, à des estampes, ils
conservent aussi les armoiries de saint Bernard à des pièces profanes, témoin le *canard*
populaire où sont représentées deux sœurs phénomènes, nées à Ertingen en Wurtemberg vers 1507. Les armes de Clairvaux accompagnent celles de Tubingen sur la pièce ;
et les armes de Tubingen sont aussi d'importation française, elles ont été les armes d'Auvergne, de Pierre l'Ermite, avant de servir à l'Université allemande. La pièce était exposée
en mai 1902 à l'exposition du Bois à Paris sous le n° 954.

est le plus grand centre intellectuel et industriel de la France au moyen âge. La question sera reprise ci-après, je ne m'y attarde pas ; je voulais simplement indiquer combien les plus scrupuleux auteurs, faute d'avoir entendu à tout ce que comportent ces études, risquent d'errer et de paraître à tort solliciter le document dans un sens utile à leurs propositions.

Remarquons, à propos du précieux et immense travail de M. Schreiber, que, pour les incunables les plus notoirement anciens de la série, ceux provenant d'un artiste (ou d'un groupe d'artistes) que je nommerai « le Maître aux plis en boucles » faute de mieux, jamais il ne se prononce franchement sur le lieu probable ou possible d'exécution. On sent que rien, dans les œuvres allemandes du xve siècle, ne peut se rapprocher de cet art élégant, précis, et, eu égard aux voisinages médiocres, presque chef-d'œuvre. Alors que nous verrons Schreiber appliquer Ulm ou Augsbourg, avec une date, à des imageries secondaires, l'estampe du *Maître aux boucles* lui cause un respect. Il a vu de ces œuvres à Munich, à Berlin, à Paris surtout où certain *saint Cassien* l'a un peu troublé, où le *Jardin des Oliviers* a été proclamé par lui l'une des belles estampes de son genre en Europe. Aussi n'est-il plus question de l'Allemagne centrale cette fois, mais d'Alsace, de Rhin, haut et bas, de Franche-Comté, de Bourgogne, ou aussi d'Italie. S'il risque la Bavière c'est que ce pays a été en relations constantes avec la France, au commencement du xve siècle ; malgré ses scrupules louables, et très scientifiques, M. Schreiber est obligé de reconnaître « une haute antiquité » à ces pièces, et, pour lui, c'est l'année 1410, peut-être même 1400 ! Passavant, plus audacieux, disait le xive siècle ; pour ceci il n'avait probablement point tort ; mais l'attribution de la plupart de ces œuvres, à l'Allemagne, contrebalance le mérite de son jugement. M. Schreiber a, d'ailleurs, certains scrupules de conscience allemande, il ne voudrait pas laisser à d'autres l'honneur de ces travaux définitifs. Il se ressaisit par le détail. Les caractéristiques des saints sont généralement interprétées par lui en faveur de son pays. Le *Saint Cassien* du Cabinet de Paris, la plus magistrale de ces œuvres, présentée sous la forme hiératique et noble d'un vitrail, a été baptisée, lors de l'acquisition de 1832, saint Cassien par M. Duchesne, qui n'avait point alors la ressource du P. Cahier. On savait saint Cassien mort de piqûres d'alènes, et le saint du Cabinet des Estampes élevait ses deux mains, où chaque doigt portait une alène enfoncée. Timidement M. Schreiber nomme saint Bénigne, mais saint Cassien vaut mieux pour lui, parce que l'évêque d'Imola est enterré dans le Tyrol, à Brixen. Malgré tout, c'est bien de saint Bénigne qu'il s'agit ici, car il est le seul dont les mains aient été torturées de cette manière, et la statuette du musée de Dijon le prouve. De même un *saint Léger* d'Autun dont on fait saint *Wolfgang*, n'est devenu saint Wolfgang, chez Weigel, que par patriotisme [1].

Il reste donc implicitement convenu que les plus anciens incunables n'ont pu être donnés à l'Allemagne sans hésitation, que ni Passavant ni Schreiber n'ont, à leur sujet, proclamé l'indiscutable origine. Bien mieux, à propos de l'une des pièces du « Maître aux boucles », la *Fuite en Égypte* de Vienne, M. Schreiber a parlé de l'Italie du Nord. Il n'a pas connu le ms. fr. 166 de la Bibliothèque nationale, sans quoi il se fût montré moins affirmatif. Mais cette indécision, ce trouble dans les jugements nous montrent à quel point l'œuvre « précoce » du maître graveur, c'est-à-dire son ancienneté, son mérite, son esthétique déroutante et hors des thèmes banals, constituent aux yeux de Schreiber une supériorité écrasante comme date et comme valeur propre. Je l'ai dit, aucune épreuve connue, provenant de l'artiste ou des siens n'a d'écriture gravée; quelques-unes en ont de tracée à la main, à Tegernsee par exemple, où le moine qui l'a recueillie, prend soin d'inscrire la possession : *Attinet monasterio Tegernsee*. Il fait mieux encore, le moine, il imprime deux fois le cachet de l'abbaye sur la pièce, de peur de vol [2]. Nous verrons plus loin à élucider cette particularité étrange [3]; dans l'instant nous constaterons l'importance que le monastère donnait à cette propriété. S'il eût fabriqué de ces gravures, pourquoi donc aurait-on noté la possession avec tant de soin? Le corollaire admissible, c'est qu'on ne gravait pas couramment à Tegernsee, et que, sauf pour les cachets, les frères lais n'eussent point osé tenter l'aventure.

---

1. Cette pièce autrefois dans la Collection Weigel appartient maintenant à M. le baron Edmond de Rothschild ; c'est en diminutif, une œuvre comparable au *Saint Bénigne* du Cabinet des Estampes, c'est-à-dire un des plus rares et précieux spécimens de la xylographie (Voir ci-après chap. V, n° III.) Quant à la mître que porte le saint, et qui n'existe pas dans les représentations sculptées du xv⁰ siècle, elle avait été indifféremment imposée à tous les saints par certains artistes. Voir ci-après n⁰ˢ 76 et 87 de notre catalogue ce qui sera dit de cette particularité.

2. C'est par la superposition des cachets l'un sur l'autre, et par la constatation d'une identité absolue, que nous sommes arrivé à établir cette singulière façon d'ex-libris au commencement du xv⁰ siècle. Voir ci-après p. 30.

3. Ci-après, chap. V, n° xxvi.

II

En dernier lieu, et afin de ne rien omettre des points sur lesquels l'érudition allemande a établi ses prétentions, nous devons faire état des légendes, en langue germanique de dialectes divers, gravées sur les incunables de la gravure. On sait que ceci est l'argument péremptoire de Heinecken; ce fut celui de Bartsch, de Passavant et aussi de tous les Français qui ont daigné s'occuper des origines. A première vue la multiplicité des œuvres, agrémentées de phrases allemandes, déconcerte et émeut. On se prend à entendre les opinions formulées à ce sujet, sans oser aborder la question à fond. Pourtant là encore, la priorité est de façade, et très spécieuse. Certes nos voisins ont prodigué leurs prières, leurs légendes, leurs accords d'indulgences, leurs satires même sur les images venues chez eux; mais il ne s'ensuit pas, d'abord, que toutes aient été gravées en Allemagne. Les producteurs malins laissaient, sur leurs épreuves importées en bloc, des tablettes blanches, où les revendeurs germains avaient loisir d'ajouter une lettre intelligible à leurs clients. La preuve en est que très souvent, au revers, la lettre offre une saillie de foulage plus forte que n'en produit l'image, que celle-ci, tirée au frotton, est accompagnée d'un texte à la presse; bref, les deux opérations successives se décèlent par d'incontestables traces [1].

Non que je veuille insinuer que les Allemands ne taillèrent jamais d'images, ce serait une sottise [2], mais j'estime que la majorité des produits de ce genre leur venait des Flandres, de Liège, de la Lorraine, de la Picardie et de la Bourgogne, au moins jusque dans le milieu du xve siècle. Une statistique à laquelle je me suis livré m'a d'ailleurs montré, d'une façon péremptoire, qu'avant 1450, une seule pièce, porte une inscription allemande,

---

1. Cette double opération est très sensible sur la pièce n° 1467 de M. Schreiber, n° 488 du *Catalogue de la Réserve* du Cabinet de Paris. Par l'examen du verso on se rend compte que, en dépit de la couleur grise de l'encre, la lettre a été imprimée après coup sur une planche xylographique plus vigoureusement entaillée, n° 106 de notre catalogue.

2. Ils taillaient, mais mal, témoins les planches des *Meditationes* de Torquemada, livre imprimé à Rome par Ulrich Hahn, et qui passe pour le premier livre à gravures connu. Passavant rapporte qu'une légende attribuait l'original de ces images grossières à Fra Angelico. Tout a donc été écrit!

et encore est-elle si isolée, si peu dans le style allemand, qu'on a peur de la citer, c'est le *Saint Sébastien* de Vienne daté de 1437. Il est vrai que, ni en Italie ni en France, on n'en trouve non plus, comme on rencontre plus rarement des pièces annotées, parce que, la production s'en faisant sur les lieux, les clients étaient plus familiarisés avec les sujets et les reconnaissaient sans explication. La langue allemande, prodiguée après 1450, montre donc, jusqu'à l'évidence, qu'avant ce temps l'imagerie avait été moins répandue dans les provinces germaines ; le respect dont on entourait ces figures venues de loin, témoigne du petit nombre qu'on en rencontrait. Le fait de ne les guère retrouver que dans les manuscrits d'abbayes s'ajoute à l'appui de notre théorie, basée sur la direction artistique, à la fois, et religieuse des Chefs d'ordre.

Le *Manuel* de M. Schreiber, si consciencieusement rédigé, où les moindres indications ont été relevées, m'a permis de mettre en évidence ce fait capital. Il est vrai, comme je l'ai dit, que certaines attributions de dates retardent un peu chez cet iconographe scrupuleux et plein du désir de n'avancer rien que de plausible ; mais, si l'on s'en tient à ses opinions, il semblerait bien que, avant la découverte de l'imprimerie, on n'eût pas tenté la langue vulgaire sur des estampes. Cette considération n'est pas seulement pour l'Allemagne, elle est générale pour l'image séparée, sinon pour les livres xylographiques. Dans ceux-ci encore, il y a toujours lieu de craindre l'insinuation postérieure d'un texte au bas des figures plus anciennes, ce qui doit être la loi ordinaire. Nous sommes assez désarmés pour en parler, parce que les bois originaux ne nous sont point parvenus ; cependant nous avons des exemples de livres de ce genre, tel un *Miroir du salut humain,* dont une partie est obtenue en texte gravé et certains feuillets en caractères mobiles [1]. L'hypothèse prend quelque fondement sérieux ; l'image était donc indépendante de la légende qu'on lui imposait ici ou là, et partant se pouvait colporter de lieu à autre.

La statistique nous montre d'ailleurs que l'allemand est relativement rare sur les images incunables. Sur mille pièces du nouveau Testament — c'est-à-dire dans la catégorie des œuvres de grand enseignement gra-

---

1. Cf. le *Speculum humanæ salvationis* de la 1re édition de Heinecken, de la 3e de Sotheby. Dutuit, *Manuel,* I, 210. Publié par Berjeau, en entier, Londres, 1863 in-fol. (133 exemplaires). Cette édition contient 20 pages xylographiques sur 63 pages. Les lettres xylographiques sont imprimées à l'encre grise, les autres à l'encre noire. Un exemplaire est exposé à la Bibliothèque Nationale (imprimés), n° 33.

phique par les yeux, plutôt réservée aux moines, aux prédicateurs qui
y puisent les éléments de leurs prônes, — la proportion est infime, à peine
un pour cent. Et, dans le nombre, trois des pièces pourvues de langue
allemande sont de 1470, huit sont postérieures à 1480, c'est-à-dire à
l'époque où l'impression moderne devient courante, et où la xylographie
ne se maintient que par son prix minime et le colportage. Sur mille pièces
de l'imagerie symbolique, les *Christ portant la Croix*, les *enfants Jésus*
(souhaits de bon an) les *saintes faces*, les *Christ au pressoir*, les *hommes de
douleur*, une seule pièce paraît dater de 1450, et encore; quatre sont
d'une date plus voisine de 1460; onze dépassent vraisemblablement 1470;
vingt-deux sont postérieures à 1480 et antérieures (?) à 1500. Si l'on tient
compte de l'objet populaire de cette imagerie spéciale qui va, et doit
aller, par son caractère même, en toutes mains, trente-six pièces sur
mille est un peu plus de trois pour cent, c'est-à-dire le pourcentage
le plus faible qu'on ait pu attendre.

L'imagerie des saints dont le débit était plus assuré encore, grâce aux
préservations qu'on attendait d'eux, où l'on comptait les Saints
Christophes contre la mort violente, les Saints Sébastiens contre la peste,
d'autres contre les maladies des yeux, les fièvres, etc., il s'en faut que la
proportion croisse en raison directe du débit. Sur huit cents pièces, quarante contiennent de la langue allemande, ce qui nous ramène au 5 pour
100. De celles-ci, cinq sont à la date de 1450; deux à 1460; onze à 1470;
vingt-cinq dépassent 1480. Dans le nombre de ces dernières il faut
compter les *Messes de saint Grégoire*, qui sont le principal moyen du
trafic d'indulgences. Onze Messes de saint Grégoire portent de l'allemand, mais pas une de ces onze images ne pourrait être réputée homo-
gène, c'est-à-dire taillée de figure et de lettre *conjointement* [1].

Il y a mieux, et pour expliquer ce qui va suivre, il est nécessaire de
dire un mot des « interrasiles », comme on les nomme en Allemagne, des
criblés comme nous disons en France. Le criblé qu'on a si facilement
réputé œuvre d'origine allemande, dont l'écriture anguleuse a égaré
beaucoup d'iconographes, n'est en réalité qu'une gravure de *teinte*
suivant notre appellation moderne. Je l'étudierai dans sa technique,
ci-après, en un chapitre spécial; pour l'instant, nous dirons que ces
œuvres, ordinairement réservées à des gaufrages de cuir, ou à des niel-

---

1. Voir les théories de Passavant à ce sujet, I, p. 44. Il parle d'école d'Ulm, de Franconie, comme s'il pouvait nous citer une seule pièce venant indiscutablement de ces villes.

lures, furent également tirées en façon de taille de bois, au frotton ou à la presse. Eh bien ! pour ces criblés encore, tenus pour germains par essence, sur sept cents spécimens divers, 23 juste portent une lettre allemande. Et — fait beaucoup plus capital — pas une seule de celles-là ne peut être rapprochée de 1458, alors que le latin y paraît sur des types de 1440 à peine ; six pièces sont postérieures à 1460 ; onze postérieures à 1470 ; cinq dépassent 1480 et deux 1490 [1]. En vérité il me paraît difficile de tirer de ces constatations mathématiques, basées sur des ouvrages allemands, remarquons-le bien, les conclusions un peu hautaines et naïves d'Heinecken ou de Passavant. Sincèrement si nous rencontrons, sur près de 3.000 estampes, 120 types allemands avérés, reconnus, mais non *pas indiscutables*, nous aurions mauvaise grâce à vouloir considérer la partie comme perdue pour les autres contrées d'Europe où l'on tailla le bois.

On dira que nous en montrons bien moins ; les Flamands et les Néerlandais de même. Ceci est juste en apparence, mais voudra-t-on sérieusement dire que les arts graphiques fussent, dans les Pays-Bas, ou chez nous, en retard sur les Allemands ? Dira-t-on que nos tombiers, nos tailleurs de sceaux, nos imagiers, nos émailleurs, nos enlumineurs ne pussent tenir la comparaison ? En vérité le renversement de la proposition serait facile [2]. Mais comptons bien que si nous avons moins de pièces avec français que nos voisins avec allemand, la cause est sociale. Le Français n'entoura jamais de tant de respect ces choses usuelles ; il les voyait autour de lui par milliers, il les cousait dans ses habits, les suspendait à ses murs ; les abbayes productrices oubliaient de se conserver le spécimen de l'objet de vente. Ce que nous voyons aujourd'hui de pièces flamandes ou françaises, ce sont les Allemands serrés, honnêtes, religieux, superstitieux même, qui nous les ont gardées. Ils ont été souvent contraints d'y ajouter leur dialecte pour en mieux établir le sens, parce que les arts graphiques étaient moins répandus, moins populaires chez eux. Comme ils étaient industrieux, à la façon des simples, ils tentèrent des imitations, mais celles-là nous sont venues en moins

1. Voir ci-après, chapitre VI.
2. Je me borne à citer ici les mentions produites par les *Archives de l'Art français*, les 3 vol. de L. de Laborde sur les ducs de Bourgogne, et les 3 vol. in-4° du chanoine Dehaisnes. M. Bernard Prost, inspecteur général des Archives, a, de son côté, pour l'art flamand Bourguignon, fourni une série de plusieurs milliers d'articles. Comparés aux notes éparses dans le Journal de Murr, dans Baader ou dans Waagen, cette supériorité numérique n'est pas discutable.

grand nombre, par la raison qu'on les faisait servir aux œuvres de la vie courante et journalière.

A ce sujet, je voudrais parler de certains manuscrits encore rencontrés là-bas et qui ont fourni matière à revendications allemandes au sujet de la priorité. L'antiquariat Ludwig Rosenthal possédait, en 1892, un *Speculum humanæ salvationis* manuscrit [1] qu'on disait exécuté par un moine du cloître Saint-Blaise à Ratisbonne, entre 1380 et 1420; il possédait un autre manuscrit du même ouvrage écrit par le prêtre Ulrich Wideman, en 1447 [2]. Les figures de ces deux livres, assez rapprochées comme date, nous offrent quelques ressemblances avec les xylographes du milieu du xve siècle, notamment avec une pièce du Cabinet de Paris [3]. On y peut ajouter un livre d'esquisses par un artiste de la seconde moitié du xve siècle, qu'on s'est peut-être un peu hâté de confondre avec Wolgemut [4]. Sans doute les uns et les autres offrent des analogies de facture avec certains xylographes du Haut-Rhin ou de la Suisse, mais bien peu avec les œuvres prétendues nurembergeoises ou franconiennes du xve siècle. Nous nous trouvons simplement, pour le premier manuscrit (d'ailleurs très flamand dans les plis, les nimbes bombés), en présence d'un cahier de moine destiné à la prédication. Je ne serais même nullement étonné que le prétendu dominicain de Saint-Blaise se fût procuré un album de figures sur lequel il se serait borné à écrire les légendes utiles. Je me contente de signaler ici les très grands rapports de style, d'anthropométrie, d'étoffes, et de nimbe surtout, entre les figures et la tombe picarde récemment donnée au Louvre par M. Adolphe de Rothschild. Le dominicain n'était-il pas un simple voyageur comme ceux dont nous raconterons ci-après les odyssées? En ce qui concerne l'album, soi-disant imputable à Wolgemut, le fait, avoué par les possesseurs, d'y rencontrer des mains très différentes, exprime formellement les interpolations après coup, les apports successifs de voyageurs dessinant, chacun une image, suivant son talent. *Le Christ sous le pressoir* nous inspire de très

---

1. *Incunabula xylographica et chalcographica* (Katalog 90) von Ludwig Rosenthal. Munich, 1892, in-fol., n° 1.

2. *Ibid.*, n° 2.

3. Voir *Cat. de la Réserve*, n° 243. Ci-après, n° 23 de notre catalogue.

4. En vérité je ne puis comprendre quels rapports peuvent exister entre ces petites images et les peintures de la Pinacothèque de Munich, ou de l'autel d'Hersbrück, non plus qu'avec les planches du *Schatzbehalter*. Le nimbe, les nuages sont flamands, les terrains de même. Je souhaiterais qu'on étudiât de près ce livre. (N° 4 du cat. Rosenthal.)

grands doutes sur l'origine purement allemande ; quant au texte *en patois de Nuremberg*, il s'explique par le séjour du livre au même lieu, et à l'écriture mise par un même écrivain sur des enluminures de provenances diverses. Mais ceci n'est rien encore. L'autre *Speculum humanæ salvationis*, écrit d'après les possesseurs, par Ulrich Wideman *curé* à Augsbourg, n'est pas du tout écrit par un *curé* d'Augsbourg ; il suffit de lire la mention textuelle fournie par le catalogue pour se complètement édifier. Il y est dit ceci : « Anno Domini millesimo quadringentesimo quadragesimo septimo, in vigilia sancti Ehrardi episcopi, confinitus est iste liber, per me, Ulricum Wideman, *presbyterum* ; tunc temporis habitavi in Augusta. » Deux choses : d'abord Wideman n'est pas *curé* à Augsbourg, c'est-à-dire remplissant des fonctions qui obligent à la résidence ; il est *presbyter*, c'est-à-dire prêtre, prêtre quelconque ; de plus il est prêtre voyageur, puisqu'il prend la peine de nous dire, que, au temps où il fit le livre, *il habita Augsbourg*. Ceci ne peut prêter à la discussion ; Wideman voyage, il dessine pour le châtelain de Hägenberg l'ouvrage en question ; il vient de Suisse ou de Colmar, car son art le montre, son prénom d'Ulrich le confirme ; ses bonshommes sont un démarquage des Bourguignons, le doute n'est pas possible. Ce qu'il fait, d'ailleurs, un Français Jean Faivre (Johannes Fabri) le fera au xvɪᵉ siècle à Saint-Urban, dans la ville de Lucerne. Jean Faivre offre au monastère un bréviaire ordinaire, pour remercier les frères de l'avoir bien reçu (bene. tractari); les usages anciens se poursuivent donc très longtemps, et les nôtres n'avaient point désappris le voyage en Allemagne [1].

Voyons donc maintenant si les estampes incunables réputées allemandes sont toujours restées pures d'interpolations, d'ajoutages, de remaniements, de ce que la langue vulgaire nomme chez nous le « tripatouillage », et que, faute de meilleur, nous devons prendre. Je ne parle même pas des sophistications modernes dont la Bavière a eu le privilège dès longtemps, de cette quantité de faux répandus à travers le monde, et qui paraissent encore, de temps à autre, dans les ventes dites de conséquence [2]. Passavant et M. Schreiber, avec l'honnêteté professionnelle

---

1. Ce ms. de Jean Faivre est à Lucerne à la Bibl. cantonale ; il fut exposé sous le nº 624 à Genève en 1896.

. 2. Je me borne à citer ici, sans en vouloir rien inférer, parce que les faussaires sont de tous temps et de tous lieux, les célèbres faux de Munich déjà signalés par Passavant, ensuite par Schreiber (t. II, préface). Une officine a fabriqué des feuillets d'Apocalypse dont quelques spécimens courent l'Europe, et dont nous avons eu une page sous les yeux.

que nous proclamons tous, nous autres qui les avons suivis pas à pas,
ont dénoncé ces impostures et les ont flétries. Nous y reviendrons
d'ailleurs; pour le moment il ne s'agit que d'autres opérations fort
anciennes, sans nul dessein délictueux en soi, que les marchands allemands, les moines, les possesseurs d'images pratiquaient assez couramment sur l'épreuve achetée pour s'en assurer la possession, ou en favoriser le trafic. Il est à peu près démontré aujourd'hui, par certaines
conditions de planches, gravées sur leurs deux faces, par beaucoup
d'exemples autres, que les clichés eux-mêmes servaient à des ouvriers
ambulants, parcourant les campagnes, et fournissant les épreuves, tirées,
au gré des demandes, sur la pacotille qu'ils portaient avec eux. Les
Allemands ont donc pu posséder ainsi des bois gravés ailleurs qu'en
Allemagne, et en produire, par interpolations ou encochages de texte,
une édition allemande. Nous soupçonnons dans plusieurs spécimens de
livres xylographiques des manipulations de cette très spéciale qualité.
Mais il est certain aussi que les épreuves, acquises en nombre, et réservées
pour la revente en un pays déterminé, reçurent une lettre, une bordure,
un ornement quelconque d'armoiries, qui servaient à leur donner une
physionomie plus indigène, aux yeux des clients. M. Schreiber cite, sous
les numéros 700, 1397, 1466 et 1681 de son *Manuel*, des estampes conservées à Munich, probablement sorties de la Bibliothèque du monastère
fameux de Tegernsee, lesquelles portent toutes un encadrement identique,
bien que dissemblables entre elles par le travail des figures principales.
M. Schreiber cherche à expliquer le cas par une transformation dans
la manière d'un graveur unique, ce qui est spécieux. Il est certain que
Tegernsee, et toutes les abbayes ou tous les couvents du moyen âge, non
seulement recueillaient les images pour la Communauté, mais s'en
servaient au dehors pour s'attirer les bonnes grâces, pour augmenter les
revenus. Une pièce portant les armoiries de Bavière, d'Autriche et de
Luxembourg, comme celles dont nous parlons, avait plus chance d'être
acceptée là-bas. Or, il suffit d'examiner les quatre pièces en question pour
se convaincre de l'apport ultérieur des bordures, bordures semblables,
composées de passe-partout aboutés et rejoints, où les armoiries pouvaient être changées au gré des besoins; on s'apercevra aussi bien vite

Les collections particulières formées depuis vingt ans doivent recéler une certaine quantité de ces produits. Les planches de quelques-uns ont été acquises par M. F. X. Zettler,
qui en a débarrassé le marché (Schreiber, t. II, 374).

que, sous le rapport du style décoratif, de la manière d'ouvrer le bois, et
surtout des époques présumées, la figure du milieu est en désaccord
formel avec sa bordure.

Je ne vois pas qu'il soit très possible de nier ces faits précis; si l'on
objectait que, vraisemblablement, ces pièces ont pu être tirées après l'invention de la presse, et munies d'une bordure banale qu'on eût enfermée
dans la forme d'impression, comme feront ultérieurement les imprimeurs
de France ou d'Allemagne, je répondrais que non pas, puisque les œuvres
dont il s'agit paraissent provenir d'un frotton. On s'est donc tout simplement procuré les figures isolées au milieu de leurs marges blanches, et sur
ces marges on a apposé une bordure, comme un véritable cachet. Un peu
de couleur sur le tout masquait suffisamment l'opération pour que rien
ne détonnât de trop, et le but cherché était atteint. Aussi bien l'abbaye
de Tegernsee n'en était pas à son coup d'essai; ces procédés étaient
courants chez elle comme je vais le montrer par une constatation de
M. Schreiber, qui se garde pourtant d'en tirer l'enseignement utile.

Sous le n° 1466, M. Schreiber explique qu'il a trouvé deux exemplaires
de la légende de saint Meinrad, l'un à la Bibliothèque de Munich, l'autre
au couvent d'Ensielden. Le dialecte germain du livre est sûrement suisse,
disons la Souabe ou le lac de Constance. L'exemplaire de Munich a sa
dernière page en blanc; celui d'Ensielden a, sur cette même page, une
Messe de saint Grégoire, et cette même *Messe de saint Grégoire*, ornée d'une
bordure bavaroise, est justement celle que M. Schreiber étudie, comme
image séparée, dans son numéro 1466. Voilà donc une image, tirée à
Constance ou en Suisse, qui est allée en Bavière, est arrivée à Tegernsee,
où elle a reçu la bordure habituelle imposée par le monastère. M. Schreiber
note le cas sans conclure.

Il y a mieux, et pour ceci, je souhaiterais qu'une enquête sérieuse me
mît dans mon tort, parce que, à la façon de M. Schreiber, de Lehrs, de
Lippmann, de Kristeller, je recherche surtout le vrai dans cette étude, sans
préoccupation de frontières. J'ai constaté sur un grand Christ en croix,
provenant de Tegernsee et conservé à Munich, publié dans le livre de
M. Schmidt sous le n° 44, une particularité curieuse. Les deux blasons
de Tegernsee placés de chaque côté de la croix, et gravés, on croirait,
dans l'esprit et le style de l'estampe, n'ont pas été gravés sur le bois
original, mais imprimés après coup sur l'épreuve [1]. La constatation est

1. M. Schmitt dans les *Interessante formschnitte*. Munich, 1886, in-4°, p. 9, n° 9, se
borne à donner les couleurs de cette pièce. Voir ci-après ch. V, n° xxvi.

facile. Si l'on relève un calque de l'un des blasons, aussi précis que possible, avec toutes les échancrures tourmentées de la forme, des lignes, même les manques dans les lignes, et qu'on l'applique sur son voisin, l'identité est absolue. Tout concorde, tout se recouvre exactement, sans l'ombre d'erreur ni de divergences. La précaution, dont je parlais plus haut, d'ajouter, à cette estampille de possession, une mention manuscrite qui la précise davantage : *Attinet monasterio Tegernsee*, démontre, jusqu'à l'évidence, combien on tient à cette figure du Christ. Je le répète encore, on y tiendrait moins si on en possédait le cliché, la matrice sur laquelle on pourrait en tirer cent épreuves à volonté. Donc Tegernsee se procure des images et les accommode à sa façon, les amplifie de bordures, les estampille, les peint, les dore, mais vraisemblablement n'en fabrique pas pour son compte, au moins à l'origine. Car ce Christ est très ancien, sa filiation le fait remonter au « Maître aux boucles », c'est-à-dire presqu'au XIVe siècle, à l'art par moitié bourguignon et italien dont nous aurons tant à dire.

D'ailleurs les exemples de pareilles *toilettes* faites aux pièces de Tegernsee sont constantes. Dans les suppléments de son *Manuel*, sous le n° 2919, M. Schreiber cite une *Sainte Affre* collée dans le manuscrit 19802, provenant de l'Abbaye. Il s'aperçoit que les fonds de l'image, originairement nus, ont été bariolés et couverts de fleurs noires obtenues par un timbre. Il remarque que ces timbres sont identiques à ceux très anciens dont se servaient les gaufreurs de cuir. De ceci, je ne puis rien inférer. J'ai constaté des fonds ainsi gravés sur un bois original, le *bois Protat*, dont je me suis occupé dans un travail spécial ; comme j'ai vu et tenu une pièce indiscutable avec fonds taillés, je puis toujours penser que l'original de la *Sainte Affre* était bourguignon comme le bois Protat, et portait la décoration quattrocentiste des plus anciens graveurs de la région des Chefs d'ordre, de Cîteaux, Clairvaux ou Cluny. Pourtant les pratiques ordinaires des moines bavarois donnent un grand crédit à l'opinion de M. Schreiber, et nous semblent apporter un argument de plus [1].

Ce n'est pas, aussi bien, que les moines bavarois aient eu le privilège de pareilles adjonctions car, en Allemagne, ces moyens se sont davantage généralisés. Le Musée de Berlin possède une planche copiée sur le n° 1528

---

1. S'il s'agit réellement de sainte Affre, sainte allemande ; mais si, comme je le suppose, nous avons affaire à sainte Benoîte de Picardie, où les graveurs étaient nombreux au XVe s. et où ils taillaient volontiers des fonds, l'objection perd de sa valeur.

de M. Schreiber. Or on a ajouté des cadres sur les épreuves de l'original et sur celles de la copie! Ces cadres bordures étaient la seule fantaisie graphique que se permissent les graveurs allemands à l'origine; comme leur pratique était plutôt orientée dans le sens de la décoration d'armures, de la fabrication des émaux, les motifs d'ornements leur étaient plus familiers. Et puis, comme je le disais, ils trouvaient dans cette décoration une utilité et une incitation à l'achat. Une *Sainte Brigitte*, dont on a deux épreuves, une à Berlin, l'autre à Maihingen, porte une bordure différente dans les deux états; les acquéreurs de l'un n'étaient plus acquéreurs de l'autre.

Reste un point capital des truquages allemands, c'est l'arrangement des planches originales, l'insinuation après coup d'un texte ou d'une signature, même d'une date, dont on a parlé déjà à propos du *Saint Christophe*, mais dont on possède des témoignages irréfutables [1]. J'ai dit combien les textes français ou allemands sur une image notaient peu en faveur de l'origine. J'ai placé la France au premier rang, parce que je ne fais pas de patriotisme à faux, et ce que je cherche à prouver n'a rien à voir avec le chauvinisme. Les *douze apôtres* de Paris, les *neuf preux* du même endroit ne sont pas jugés français par leur légende; la taille de ces planches tient beaucoup plus à la Flandre qu'à Paris, et la Flandre alors ce serait l'Allemagne pour Forster, qui met Van Eyck parmi les peintres allemands. Les exemples déjà invoqués à propos d'une *Messe de saint Grégoire*, d'un *Speculum humanæ salvationis*, du *Saint Sébastien* de Vienne et du *Saint Bernard* de Bibrach, nous doivent donner à réfléchir que ces opérations de remplacement étaient journalières, et généralement produites. Voici par exemple une *Sainte Gertrude* de Nivelles, fille de Pépin d'Héristal, patronne de Nivelles et de Bréda, qui n'a rien d'allemand, ni dans son culte, ni dans ses origines, telles au moins que les concevait le moyen âge. Or, nous retrouvons la sainte, en une image aujourd'hui à Breslau, en la possession de M. Heinrich Lesser, dûment pourvue d'un texte de l'Allemagne centrale, comme le dit M. Schreiber au numéro 1454. Or, le fait d'être montrée avec des plis, en forme d'yeux et de crochets, à sa robe, atteste formellement l'origine italo-flamande de la pièce; mille exemples nous le démontreront ci-après; d'ailleurs la légende n'est point

---

1. Ce sont, en réalité, ces adjonctions de texte, qui amèneront Gutenberg, ou tout autre inventeur, à substituer le caractère mobile aux lettres xylographiques dans une *forme*.

intérieurement liée à la figure, pas une lettre ne mord sur la bordure, ou ne vient se marier à une partie du travail de gravure ; le texte de « l'Allemagne centrale » a donc été insinué dans la planche, s'il est de même tirage au revers, ou simplement appliqué sur la feuille, postérieurement, si ce tirage diffère de foulage.

Ces circonstances me font donc douter de la mention dont M. Schreiber a tiré des inductions importantes : IERG HASPEL ZU BIBRACH. Je crois fermement à un estampillage de nom mis après 1470, car il n'y a pas d'exemples authentiques de signatures avant cette date, ou mieux, avant celle de 1472, qui est celle du *Jorg Schapff zu Augsburg* de la *Ciromancia* de Hartlieb [1]. Je suis d'ailleurs frappé de l'étrange ressemblance entre les deux mentions, de leur allure graphique même [2]. M. Schreiber ne parle pas de la *Ciromancia* d'abord, parce qu'il ne l'a probablement pas connue ; il la cite dans une note à la fin de son ouvrage. Ne l'a-t-elle pas un peu troublé ? A mon sens, l'épreuve du *Saint Bernard* de Vienne est une pièce arrangée, habillée, et si l'on en sait l'origine, qu'on la suive, le truquage doit remonter à quelque éditeur allemand de la fin du XVIe siècle, assurant sa vente par ce moyen, et opérant soit directement sur le bois, par encochage, soit sur les épreuves, par estampilles. N'avons-nous pas vu une autre épreuve citée par M. Schreiber sous le nº 854, et dûment munie d'un monogramme allemand L. K., séparé par une petite cruche à bière ? Schreiber l'identifiait à Ludwig Krug, quand M. Kristeller, un des plus avisés et indépendants, esprits de toute la glorieuse pléiade contemporaine des érudits allemands, a démontré que cette signature était une simple sophistication de collectionneur [3]. Ajoutons à ces exemples un plus probant encore, la signature *Peter de Wale*, qu'on voit sur des pièces allant de 1480 à 1536, indiquée par Schreiber, t. III, p. 316 ; il y a invraisemblance que, pendant soixante ans, le même graveur ait opéré et signé.

Originairement donc ces apports nouveaux s'expliquaient par un inté-

---

1. La *Kunst Ciromancia* de Hartlieb est un xylographe *imprimé à la presse*, en deux volumes. L'exposition de la Bibliothèque nationale en montre un exemplaire sous les numéros 30-31.

2. Cette façon d'insinuer un nom dut être en usage à une certaine époque, car c'est ainsi que nous voyons inscrits les noms de *Bernardinus Milnet* et du *Peter maler zu Ulme* cité par M. Schmidt, *Interessante* nº 31. Le même interpolateur a dû opérer pour toutes les pièces en question. D'ailleurs cette dernière estampe avec des plis et des tailles d'ombre date de la fin du XVe s. Voir ce qui sera dit ci-après de Gumpeltzheim, p. 34.

3. *Archivio storico dell'arte V. fascicolo I.*

rêt direct de vente ou de possession, sans plus de malice. Ce fut le cas de
Tegernsee et d'autres cloîtres. Mais avec la pièce signée Ludwig Krug, et
certaine autre datée de 1497, aujourd'hui à Nuremberg, nous entrons
dans la falsification moderne des marchands de curiosités, des ven-
deurs de choses frelatées, préalablement pourvues d'un viatique. Un
sieur Gumpeltzheim, de Ratisbonne, lequel vivait en 1780, au temps de
Heinecken, et qui, vraisemblablement, tenait pour la priorité allemande,
possédait une planche de bois représentant saint Grégoire. Cette planche
sans date, et peut-être d'origine étrangère, lui parut peu convaincante, il
y fit ajouter la date 1497, et en fit faire un tirage en 1780. Nuremberg
possède un de ces tirages, mais à en croire Schreiber, qui dénonce le
faussaire, celui-ci en devait posséder bien d'autres! On voit combien ces
exemples contribuent à inspirer de la défiance, lorsqu'on n'a pas le bois
original pour servir de base. Eussé-je rencontré une épreuve du bois Protat,
avec son inscription *unique* en onciale du XIVe siècle, il m'était bien difficile
de formellement conclure, parce que la crainte d'une interpolation aurait
toujours gêné la discussion. Sans doute, il est rare de rencontrer des *moules*
en bois; il y en a à Berlin, il y en a un à Aix-la-Chapelle, chez le vicaire
Hoffmann, quelques autres sont disséminés dans le monde. Mais *ceux qui ser-*
viraient à établir formellement la priorité allemande ont disparu. Comme, d'une
part, ces témoins manquent à la preuve indiscutable, que, d'autre part, bien
des faits concourent à en démontrer le peu de solidité originelle, ne suis-je
pas fondé à dire que les théories de Passavant et celles de Heinecken, l'évan-
gile sur lequel nous vivons depuis plus d'un siècle, qui a servi de repère
à tous les livres iconographiques, n'a pas de fondement scientique ni
critique; que tout est à reprendre, à examiner, à discuter. C'est presque
la table rase de Descartes; en tout cas, c'est un retour à de plus sérieuses
méthodes d'investigation, et, dans l'époque présente, avec le nouvel
enseignement, les Allemands de la nouvelle génération seront les premiers
à vouloir la vérité entière

III

La part réservée aux Français dans les livres que nous avons cités est
nécessairement fort petite; je ne la discute pas pour l'instant. Dans les trois
mille pièces relevées par lui, M. Schreiber en donne une trentaine à nos con-

trées. Passavant avait reconnu la *Vierge debout* du Cabinet des Estampes [1],
comme pouvant remonter au commencement du xɪvᵉ siècle ; encore
était-il déterminé à cette opinion par l'histoire de la trouvaille à Lyon.
M. Schreiber a généralement rapporté à notre art, ou à l'art voisin, du Bas-
Rhin, de la Champagne ou de la Lorraine, des pièces touchant au xvɪᵉ
siècle par leur date. Comme ces opinions ne sont basées que sur une
impression personnelle, sans nulle discussion technique ou esthétique,
je n'en ferai pas compte. J'ai déjà dit combien l'inscription française
retrouvée sur une estampe pouvait malaisément incliner les présomptions
en faveur de notre pays, il a pu se faire chez nous ce qui s'est pratiqué en
Allemagne. L'*alphabet en lettres* de 1464, depuis copié par le « Maître aux
banderoles » est dit français parce qu'à la lettre K on lit cette mention
figurée : *Mon* ♡ *aués* (vous avez mon cœur). Mais ce qui en fait une
œuvre bourguignonne et qui fait, du copiste, le Maître aux Banderoles,
un Bourguignon aussi, ce sont les costumes, les termes généraux du
dessin, des conditions aussi éloignées de l'art allemand de l'époque que
possible. La Bibliothèque de Bâle possède un exemplaire complet, où
sous la lettre A, figure une date, 1464. Nul doute que ce millésime ne
soit vrai, les costumes bourguignons le confirment absolument, cependant, eu égard aux nombreux apports de cette espèce nous n'en ferons
pas état.

Nous ne parlerons pas plus des célèbres almanachs bretons, avec noms,
qui portent des dates 1458, 1459, 1460, etc., des figures, des rosaces, des vues
de villes françaises, et des marques de fabricant ; ils ont été longuement
décrits par Dutuit [2]. Le nom du prétendu graveur Brouscon du Conquet,
peut être aussi une habile insinuation, à la façon du *Jerg Haspel*. Quant
aux *Neuf Preux* de la Bibliothèque nationale, ils sont vraisemblablement
du milieu du xvᵉ siècle, les armures le démontrent, et le style l'accuse,
mais la lettre ne me détermine pas [3]. Une seule image xylographique

1. Cette vierge trouvée à Lyon dans un ms. par M. Hennin fut cédée à la Bibliothèque
royale en 1832. Elle figure au *Catalogue de la Réserve des Estampes* dirigé, pour cette
partie, par M. G. Duplessis, sous une attribution à l'École allemande. C'était aussi l'opinion de M. H. Delaborde (voir *Catal. de la Réserve*, nᵒ 360 et nᵒ 64 du nôtre).

2. Dutuit, *Manuel de l'Amateur d'estampes*, I, 293 et suiv. On connaît plusieurs exemplaires différents de ces almanachs.

3. Ces figures sont imprimées au frotton à l'encre grise sur 3 feuilles in-folio. Les
Preux sont à cheval, trois par trois. Au-dessous 6 vers français. Collés dans l'armorial du
Héraut Berry, au Dᵗ des mss. de la Bibliothèque nationale, f. français 4985. On les date
généralement de 1450 à 1460 (Exposition des mss. nᵒ 235). Voir ci-après nᵒ 184 de notre
catalogue.

nous paraît posséder une lettre française qu'on ne lui peut dénier, c'est
la Ballade des *Hauts bonnets* retrouvée à la Bibliothèque nationale dans
la reliure d'un manuscrit et dont mon cher ami et maître, Anatole de
Montaiglon, a publié une notice [1]. Comme date et, eu égard à la mode des
hauts bonnets bourguignons, passée à Paris au commencement du règne
de Louis XI, ce serait environ 1460-70. Les Allemands n'auraient parlé de
hauts bonnets que plus de vingt ans après. Un autre placard xylographique
ou frotton en encre grise, et également de texte français, se daterait plus
difficilement, la gravure de tête ne permettant pas l'approximation précise.
Par le style ce serait encore une pièce voisine de 1470 [2].

En réalité nos légendes françaises apparaissent sur les planches incunables concurremment avec les allemandes ; elles sont moins nombreuses
chez nous, parce que notre culture générale est plus avancée, que
nous n'avons pas les mêmes hésitations graphiques en présence d'une
image, mais surtout parce que nous les avons gaspillées davantage. Au
xve siècle nos églises regorgent d'œuvres de toute sorte, peintures,
pailes d'autel imprimés et coloriés, tapisseries à figures avec légendes,
bas-reliefs de bois ou de marbre; et puis je le répète, nous conservons
moins nos images, parce que les abbayes n'ont pas la coutume de les insinuer dans leurs manuscrits. Les particuliers, qui en possèdent, les
mettent aux murailles, collées à plein, et quand la muraille se décré-
pit l'image disparaît. C'est tout le secret de notre infériorité numérique.
Quant à notre infériorité de production, nous ne l'admettons pas, mais
nous la voulons contredire autrement que par une lettre ou des millé-
simes.

Je ne m'aviserai point ici de grouper, en un chapitre, toutes les mentions
d'artistes du Bois, éparses dans nos recueils provinciaux, j'en montrerais
plus que n'ont pu faire Baader [3] ou Murr [4], surtout nos indications seraient
moins sommaires. M. Natalis Rondot a, pour la contrée qui nous
retiendra le plus longtemps, recueilli de curieuses indications [5] dans les

1. Recueil de poésies françaises. Bibl. elzévirienne, t. IV, p. 326-332 (Schreiber,
n° 1973).

2. Donné à la Bibliothèque nationale par les héritiers Didot (Schreiber, n° 1972).
Exposé, sans numéro, armoire IX. La ballade des *Hauts Bonnets* est sous le n° 25.

3. Joseph Baader, *Beiträge zur Kunstgeschichte, Nürnbergs*, 1860-1862.

4. C. Got. Von Murr, *Journal zur Kunstgeschichte*, 1775-99, vol. XV.

5. Natalis Rondot, *Les graveurs sur bois et les imprimeurs à Lyon au* xve *siècle*. Lyon,
Paris, 1896.

registres de la ville de Lyon dits *Nommées*. Il a trouvé des cartiers lyonnais,
dès 1444, des *tailleurs de molles* dès la même époque. L'un de ces ouvriers,
est Jamet du Bois qui demeure près le Palais, du côté du Royaume ; il y
eut aussi Pierre de Laon, venu du pays Picard probablement, et un certain Perrier, faiseur de moules de cartes. Vers la fin du xv⁰ siècle, un
nommé André Perroset taille des moules et fait probablement des
empreintes sur étoffe, car il façonnera en *peinture* des toiles, moitié fleurs
de lis et moitié hermine, pour l'entrée de Charles VIII et d'Anne de Bretagne à Lyon [1]. A cette époque glorieuse de l'art des cartiers lyonnais se
rapporte un autre artiste, mentionné par M. Natalis Rondot, Jean de Dale,
dont les œuvres inconnues jusqu'à ces derniers temps ont été récemment
acquises par le Cabinet des Estampes. C'est un jeu de cinquante-deux
pièces, portant la signature répétée du maître en cinq ou six endroits, et
montrant des preux ou des preuses de 1480 environ. Jean de Dale est à
Lyon un gros personnage, il commande une compagnie de la Garde
civique ; il est Bressan, il a travaillé à Lyon de 1450 à 1480, les archives
citées par Rondot nous renseignent pleinement à cet égard [2]. Les œuvres
qu'il nous a laissées se rattachent, à la fois, à la tapisserie de M. d'Odet
par un certain bourreau maure, et aux danses macabres par un paysan
très exactement retrouvé dans celle de de Marnef datée de 1490 (fol.
b. III.) Voilà des faits décisifs en faveur de la région du Rhône ; car
si le pays renferme des artistes de cette valeur en 1450, ils ne sont
pas le produit d'une génération spontanée, surtout ils ne viennent pas
d'Allemagne, mais vraisemblablement de Saint-Claude dans le Jura, du
Dijonnais ou du pays des chefs d'ordre. Ils opèrent depuis longtemps
par là, ils sont fils et petit-fils de tailleurs d'histoires, car j'imaginerais
volontiers que sous le nom de charpentiers, chapuis, ouvriers de bois,
à petits fers, se cachaient, dès le xiv⁰ siècle, bon nombre de façonneurs
de formes, non reconnus, travaillant pour l'imagerie pauvre. D'ailleurs
comme je le disais, notre infériorité apparente vient du manque
d'expression nette comme formschneider. « Tailleurs d'imaiges »
remonte chez nous au xiii⁰ siècle, et sous ce terme générique se sont
dissimulés bien longtemps nos véritables formschneiders français. Une

---

1. Nat. Rondot, p. 13.

2. Nat. Rondot, *Les graveurs sur bois à Lyon*, p. 133. Ces cartes sont au Départ. des
Estampes, Kh. 30 d. (Réserve). Elles ont été acquises de M. Leclerc, et ont été trouvées
dans une reliure. Dalles, en Bresse, arrondissement de Bourg, est le lieu de naissance du
cartier.

chose reste certaine, c'est que les cartiers lyonnais se servaient de *moules* et non de poncifs, la preuve en est la trouvaille de certains de ces moules dans le Dauphiné (probablement exécutés en 1450) *portant lettre française*, et montrant une suite de *Preuses*, dans la forme des *Preux* du Département des Manuscrits de Paris [1] ; ces artisans étaient d'ailleurs désignés le plus souvent sous le nom de « tailleurs de molles de cartes », tel Gillet le Riche cité par M. Rondot. Ce fut chez l'un d'eux que, dans l'année 1454, on prit un jeu pour l'offrir au roi Charles VII, et comme le remarque M. Rondot, il fallait, pour un tel honneur, que le renom des lyonnais ne fût pas ordinaire en France [2]. Je parlais plus haut des *chapuis*, c'est-à-dire des charpentiers de menus fers, nous dirions des menuisiers ; nous en surprendrons au moins un, Jean Baudet, de Dijon, taillant des figures sur le bois et des molles à la fin du xive siècle [3]. Sincèrement pourquoi notre pays d'art, où le moindre scribe du xive siècle ornemente ses registres, n'aurait-il pas ce que possède l'Allemagne à partir de 1428, des formschneiders aussi [4] ? La découverte d'une date sur une estampe n'est donc pas ce que nous chercherons ; il y a longtemps, Renouvier écrivait une phrase qui excuse bien des erreurs de sa part, car elle est pleine de justesse et de sens : « L'histoire de l'art, écrit-il, « n'est plus à dépendre d'une date plus ou moins réelle apposée sur « une pièce. Les auteurs qui, à défaut de critique, se sont attachés « exclusivement à des découvertes de dates ont commis de singulières « erreurs. » Hélas ! lui-même commettra de ces erreurs, parce qu'au lieu de la *table rase* après la lecture de Passavant ou de Bartsch, il a pris à la lettre leurs théories générales et s'en est assez imprégné pour voir comme eux.

1. Voir le n° 184 de notre Catalogue ci-après. Il y a fort à croire que ces cartes sont de Jean de Dale.

2. N. Rondot, p. 11.

3. Voir ci-après, ch. II, § 1.

4. On peut dire Pays d'art, car dans un autre livre : *Les graveurs sur bois à Lyon au* xvie *s.*, M. Rondot écrit : « L'art a été exercé à Lyon dans toutes ses formes, et l'on ne « compte pas en cette ville moins de 3.000 maîtres d'art ou de métier dans les deux « siècles et demi, qui commencent au milieu du xive s. pour finir aux dernières années « du xvie ». Voir du même auteur : *L'ancien régime du travail à Lyon du* xive *au* xviie *s.* (1897). Voir aussi l'*Art en Touraine* de Ch. de Grandmaison, les livres de M. de Laborde sur les *Arts à la Cour de Bourgogne*. Dijon, Bourg, Salins, Besançon, renfermaient des artistes en grand nombre dès le xive s., surtout des orfèvres graveurs.

CHAPITRE II

LES PRÉCURSEURS

I

Comment l'estampe a-t-elle fini par se produire en Europe, et quelles œuvres la préparèrent ? En effet, s'il paraît un peu enfantin d'admettre une petite histoire de Papillon qui la ferait remonter au xiiie siècle en Italie[1], on se doit garder de proscrire d'emblée comme certaines gens, toute pièce que ses caractères extrinsèques pourrait faire placer avant le *Saint Christophe* ou la *Vierge de Bruxelles*. Un mouvement précurseur, précède toujours les découvertes de ce genre, et, dans l'espèce, il ne s'agit de rien moins que de l'imprimerie, c'est-à-dire de la plus grande, de la plus énorme et plus splendide manifestation du génie humain. Donc, chercher d'où vient l'image qui nous donnera le xylographe, qui nous donnera l'impression en caractères mobiles, c'est démêler quels hommes, inconsciemment sans doute, firent que cette œuvre magnifique se pût produire.

Le fait de tailler en épargne, en relief par lignes ou par plans, est un acte presque naturel ; on le voit dans tous les temps, mais ce sont les émailleurs champlevés qui en exprimèrent nettement les premiers principes. En l'espèce, il s'agissait de réserver sur un bloc de métal, telles lignes, préalablement esquissées à la pointe, entre lesquelles on coulait une matière, vitrifiable à la cuisson. Les arêtes champlevées surnageant au milieu de cet émail cuit fournissaient les contours des figures et le dessin des formes. Que cette pratique extraordinairement ancienne ait

---

1. Voir ci-après p. 44. Tous les auteurs sauf Passavant ont dédaigné l'anecdote contée par Papillon.

suggéré l'idée des moules à estampiller et à gaufrer, des sceaux à empreindre des fers à estamper les cuirs, rien n'est plus vraisemblable. Une chose certaine c'est que, deux cents ans au moins, avant la première impression sur papier, les graveurs de sceaux taillent des figures et des lettres à l'envers dans un métal, que les orfèvres burinent le cuivre, en creux ou en relief, que les tombiers y creusent ou y champlèvent des lettres et des figures [1]. Quant au bois, on en façonne, en relief, des formes pour empreindre la terre des carreaux de pavage, pour servir au repoussage du métal léger; on en fait même des lettres à l'envers, des caractères mobiles pour constituer la légende d'une fonte, reproduite à l'endroit après la coulée. Même l'impression existe, au moins en·France dès le xiiie siècle, sur le parchemin, et à Avignon ou en Italie, dès le xive siècle, sur étoffe. Les preuves matérielles sont là, elles se joignent à des textes pour éclairer la question ; elles valent plus, nous l'espérons, que les mentions un peu hypothétiques de formschneiders d'Ulm, et de moines estampilleurs d'Einsielden.

La question n'est donc pas de discerner quels émailleurs, ceux du Rhin, de Verdun de Lorraine, ou ceux de Limoges furent les premiers ; on s'accorde à donner au Rhin l'antériorité. Le point important c'est de trouver le premier passage d'un relief gravé à un tirage indiscutable, soit sur étoffe, soit sur parchemin. L'estampille-poncif, découpée à jour, comme sont encore les lettres apposées sur les caisses d'emballage, sont peut-être contemporaines de Charlemagne. Ceci, je ne le discute pas, c'était le cas du moine Frowin d'Einsielden, ce fut la pratique de bien d'autres, dans les abbayes ; ce fut, à l'origine, le plus expéditif système des cartiers. Mais la lettre taillée à l'envers, dans un relief assez profond pour produire un foulage au verso, le véritable caractère mobile typographique moderne, commença-t-il de bonne heure? Les Allemands se sont-ils découvert une trace de pareille manipulation, dans ces contrées Rhénanes, où les arts atteignent leur plus grand éclat dès le légendaire empereur Charles? Ont-ils, même dans un texte, la moindre indication de types servant à une impression quelconque? Je ne le crois pas, sans quoi nous en eussions été avertis dès longtemps.

La première manifestation réelle d'impression sur gravure en relief,

1. Les lettres ciselées en relief sur la bordure des tombes, avec fond criblé, se rencontrent dès le xiiie siècle. Ces champlevages ont parfois un ou deux centimètres de hauteur.

autre que l'empreinte des gaigniers, a été constatée pour le commencement du XIIIᵉ siècle, à l'abbaye de Vauclerc en Picardie. Dans un manuscrit provenant de ce monastère, et depuis passé à la Bibliothèque de Laon,
M. Édouard Fleury, dessinateur, imprimeur, savant très averti, a constaté
la trace de foulage de lettres initiales. Il a longuement décrit sa découverte, dans un ouvrage par malheur un peu trop spécial à sa province pour
avoir pu intéresser Passavant. Ce dernier, qui mentionne avec minutie les
plus minimes indications relatives à la Germanie, qui nous donne le
moine Frowin, et nous décrit des cachets de notaires, n'a pas connu le
livre de M. Édouard Fleury, antérieur à son dernier volume, daté de
1864 [1]. Il n'a d'ailleurs point remarqué non plus certains passages de
Séroux d'Agincourt dans son *Histoire de l'Art*, tome III, p. 85, qui note
des estampilles sur les pages d'un *Sénèque* de la Bibliothèque du Vatican.
Quoi qu'il en soit M. Édouard Fleury, qui imprime lui-même, qui grave en
relief, qui fabrique, pour sa satisfaction personnelle, des moules de
carreaux de pavage, a été un peu surpris de sa trouvaille. La constatation
du foulage n'est pas douteuse, elle se reproduit, pour la même lettre, à
diverses fois, au même endroit, celui probablement où la saillie avait
plus de coupant. Avec une circonspection, et une critique dont nous
avons lieu d'être fiers, M. Édouard Fleury cherche à établir la date des
manuscrits; les opinions les plus déterminantes disent la fin du XIIᵉ siècle,
il adopte le commencement du XIIIᵉ siècle. Puis il se trouve en face de
l'hypothèse très vraisemblable d'un rubricage après coup, peut-être postérieur de plusieurs siècles. C'est l'objection qu'on n'eût pas manqué
de lui faire dès l'abord, il se la fit. Mais en rapprochant les fameuses
lettres, exactement pareilles quant aux gros travaux et aux dimensions,
l'une de l'autre, il remarqua que les fioritures mises au pinceau, à la
main, pour donner le change, rentraient absolument dans le mode
de décoration en honneur au temps de Philippe-Auguste chez nous.
D'ailleurs le manuscrit est un peu traité sans conséquence; il n'est pas
des plus somptueux; le moine estampilleur n'y a point mis beaucoup
de façons. Après examen, je déclare me ranger absolument à l'opinion
de M. Édouard Fleury; le foulage au verso atteint plus d'un millimètre,

---

1. Édouard Fleury, *Les manuscrits de Laon*, IIᵉ partie, p. 5. Le ms. en question est un
Commentaire d'Origène sur l'épitre de saint Paul aux Romains, il a été exécuté à Vauclerc.
M. Fleury a d'ailleurs constaté des estampilleurs antérieurs au moine Frowin d'Einsielden, et des impressions de lettres sur un autre manuscrit. Son livre écrit et publié en
1863 eût pu être cité par Passavant dont le livre est de 1860-64.

ce que jamais la gaufrure, produite par l'or ou la gouache épaisse, n'arrive à atteindre. Dans le cas présent ni gouache, ni or. L'encre à la détrempe a dû être distribuée, au pinceau, sur la matrice des lettres; comme elle est liquide, elle produit, sous la pression, ces grumèlements que les imprimeurs connaissent bien, et qui ont nécessité, de bonne heure, l'adjonction de l'huile aux encres, pour pouvoir « empreindre ». Mieux encore il y a le bavochage, la décharge de couleur sur les bords. Toutes ces remarques combinées, le foulage, le bavochage écrivent si formellement l'acte d'impression ordinaire, qu'on aurait mauvaise grâce à le vouloir combattre.

Aussi bien n'est-il point singulier que Vauclerc, abbaye picarde, où les arts flamands pénètrent dès le xie siècle, où les frères industrieux produisent d'admirables carreaux ornementés et décorés dans le style des lettres du manuscrit en question, renfermât le tailleur d'images capable de graver un relief utile à ces travaux. Sans doute, le même avait, à la fois, gravé les lettres et gravé les moules de carreaux; supposez ce moine fils d'un orfèvre, ceci est pour lui un jeu. Et dans l'abbaye, hors des regards indiscrets, il peut tailler le bois et s'en servir, parce qu'il échappe aux statuts des imagiers de profession, dont les privilèges un peu draconiens prohibent toute incursion de l'un des métiers en l'autre. Or, ne fait lettre que l'écrivain, ne sculpte ni ne peint que l'imagier; quant aux lettres mobiles « chascune par li » les ordonnances d'Étienne Boileau les réservent aux fondeurs. Pour ceux-ci fondre, en certains cas, une inscription entière constitue un délit, qui met corps et biens du coupable à la disposition du Roi [1]. Au contraire les lettres séparées (disons le caractère mobile) sont admises; elles servent à empreindre, lettre à lettre, dans la terre et le sable, l'inscription d'une épitaphe en plomb ou celle d'une cloche. Un exemple de ce genre a été conservé dans la légende funéraire de Girard de Courlandon, archidiacre, mort en 1320, et conservée à Notre-Dame de Paris. M. de Guilhermy estimait cette épitaphe repoussée lettre à lettre par des caractères gravés en creux comme des sceaux, qu'on eût appliqués à la surface à coups de marteau. J'ai démontré ailleurs qu'il s'agissait d'un simple coulage de métal en fusion [2].

1. « Nus moleres (mouleur) ne puet moler ne fondre chose là où il i ait lettres, et se il le fesoit, il seroit en la merci le Roi, de cors et d'avoir, *hormis letres chascune par li*; mes en sel, ne en deniers, ne en chose qui porte soppeçon, ne puent-il moler ne fondre. » Statuts de 1260.

2. Voir *Un ancêtre de la gravure sur bois*, p. 15, note 2. Voir aussi Guilhermy, *Ins-*

Nous sommes donc, dès le xiiie siècle en France, au plein des travaux
d'épargne ; nous avons les sceaux qui deviennent des œuvres d'art admirables, des tombes qui témoignent d'une habileté consommée dans la
pratique de la taille en creux ou en relief, des carreaux de pavage qui
montrent à quelle perfection les façonneurs de matrices en relief peuvent
atteindre. Nos enlumineurs sont les premiers du monde; Dante les
célèbre dans ses vers ; nous avons les tailleurs de lettres pour fondeurs,
et ces caractères mobiles, en bois ou en métal, s'impriment sur des manuscrits dès les premières années du xiiie siècle. En vérité, quel pays d'Europe
prépare si formellement l'estampe et présage l'imprimerie comme nous le
faisons? Oserait-on prétendre, comme on le dit encore, et comme on l'a
écrit et répété, que l'art allemand vaut le nôtre à ces époques lointaines ?
La démonstration du contraire serait facile, et nous y reviendrons. Quant
à présent, c'est-à-dire au milieu du xiiie siècle, dès le commencement du
règne de saint Louis, nos imagiers occupent la première place, non pas
seulement dans les abbayes qui ont gardé les traditions antiques et ont
établi l'esthétique générale, mais déjà chez les praticiens séculiers, ces
orfèvres parisiens dont les produits ne connaissent plus de rivaux pour
l'élégance, et qui, dans la technique des procédés, se peuvent comparer aux
Rhénans dont ils sont les maîtres par le goût. « Les orfèvres du Moyen
« Age, exprime M. Demay ¹, fabriquaient la matrice des sceaux et pré-
« sentaient en germe dans leurs œuvres les qualités que nous admire-
« rons plus tard chez les orfèvres italiens... ils dessinaient, composaient,
« étaient fondeurs, ciseleurs, repousseurs, ils gravaient aussi. Dédaigneux
« de s'affubler de la qualité d'artistes, négligeant même de nous trans-
« mettre les signes de leur individualité, ils se sont contentés, sous le
« nom modeste de tailleurs de sceaux, de nous léguer une foule d'objets
« pleins de goût et de finesse. » Pensons ce qu'eût pu être, pour des
gens de cette force, la taille d'une image destinée à l'impression ! S'ils
n'en exécutaient pas, c'est que leur œuvre appliquée sur le parchemin

criptions de la France, t. I, p. 27 et planche II. L'inscription a des fautes d'orthographe
comme *archidiatonus* pour *archidiaconus*, parce que l'ouvrier avait mal discerné le *c* du *t*.
De plus les lettres ne sont pas sur des lignes droites, parce que le même praticien, opérant pièce à pièce, repérait mal son empreinte. Enfin la lettre N a partout la même petite
tare sur le jambage de droite, par quoi l'unité de lettre est démontrée.

1. Demay, *Les costumes d'après les sceaux*. Paris, Dumoulin, in-4º, p. 68. M. Léon de
Laborde disait de son côté que cette représentation exquise de la figure humaine tenait en
suspension tous les arts de gravure. (Glossaire, au mot *médaillon*.)

ou le papier d'Orient eût constitué une fraude, dont la corporation des
maîtres écrivains enlumineurs eût réclamé la punition, au nom des
statuts. Eux-mêmes, les écrivains, parfaitement capables de graver aussi,
ne s'y risquaient pas, à cause des poursuites pour malfaçon. Il n'y avait,
en somme, que les moines dont les tentatives en ce genre se pussent
produire sans crainte des châtiments royaux. Seule la matrice des carreaux
était autorisée ou supportée, même avec une légende, parce qu'elle ne
lésait aucun des arts d'imagerie, peinture, sculpture ou écriture des
manuscrits. Elle, et celle, déjà plus voisine de l'estampe, réservée à l'empreinture des étoffes ou des peintures murales, et probablement taillée
dans le bois, parfois dans le métal, constituent le chaînon; ce sont les
moules de cette sorte qui, le moment venu, passeront, de l'empreinte des
pavements et des gaufrages des fonds de tableaux, à l'épreuve sur papier.
Ce jour-là, l'imprimerie sera née.

L'histoire autrefois contée par le graveur Papillon, reprend ici quelque
valeur[1]. Il paraît donc beaucoup moins invraisemblable que deux jeunes
Italiens, frère et sœur, eussent pu tailler sur bois toute une longue
histoire, cela dès le temps du roi saint Louis. Nul doute que la technique
de ces sortes de travaux n'eût gagné, de proche en proche, les régions
d'Europe, où les œuvres d'art sortaient de la pratique purement indus-
trielle pour se chercher une formule plus relevée. Nos comptes royaux,
nos inventaires, nos marchés d'artisans sont restés à peu près muets,
jusqu'à nous, sur les détails de ces besognes; bien des termes en usage
au XIVe siècle nous échappent et nous laissent passer à côté de la mention capitale sans la relever. Les formes de bois, qui servaient à tout, ne
sont à peu près jamais indiquées, pas plus qu'on ne parle de l'outil
servant à scier le bois ou du marteau à enfoncer les clous. C'est
presque à ne pas croire que les édiles d'Orléans eussent daigné parler
de formes et de moules en 1350, comme nous l'apprend Du Cange.
Partout ailleurs, on se contente d'ordonner ou de constater la fabrica-

---

1. Papillon, *Traité de la gravure sur bois*, 1776, in-8°, 2 tomes. Dans le tome I, p. 83-89.
Papillon raconte avoir découvert à Bagneux près Paris, chez un ancien officier suisse, un
tirage de planches gravées en 1284 par deux enfants de Ravenne, Albéric Cunio et sa
sœur Isabelle. Ces planches représentaient les faits du grand Alexandre. Un exemplaire
avait été offert au pape Honorius IV. Malheureusement la signature que Papillon dit avoir
lue, et qui rappelle de trop les formules du XVIIe siècle, *A Cunio delin. et sculp.*, enlève
beaucoup de créance à son histoire. Il avait dû être trompé, c'était quelque truquage
naïf.

tion, sans nullement s'inquiéter de la façon dont sont obtenues les figures. L'homme qui, dans les comptes du roi cités par de Laborde au mot *moule*, reçoit une somme d'argent « pour avoir taillé et féru en estampe quantité de très petits bassins » veut-il dire qu'il a préalablement taillé son modèle, et ensuite estampé le métal sur lui ? Les plus anciens tuiliers qui *empreintaient* des images dans leur terre, comme firent les admirables artistes de la cathédrale de Saint-Omer, n'ont rien livré de leur secret. En quel lieu du monde cependant trouverions-nous matière plus merveilleusement historiée de personnages, de blasons, de rinceaux [1] ? Et nous avons déjà parlé de Vauclerc, mais là nous possédons des œuvres concurrentes qui nous renseignent. Ce qui se faisait à Vauclerc se fit à la maîtrise de Laon, à Oulchy-le-Château, à Étampes, à Prémontré, à l'Hôtel-Dieu de Château-Thierry, aux dates les plus différentes sans doute, par des praticiens de valeur et d'aptitudes inégales, mais restant dans la tradition. A Troyes, les indications deviennent plus précises ; nous avons recueilli les noms de ces artistes nomades, probablement venus des Flandres vers 1370-1380, plutôt avant 1380, car ils emploient l'écriture onciale dans leurs inscriptions, et après cette date il n'y en a plus guère, en dehors des médailles. Or chez ceux-ci, comme chez les tuiliers de Bruges [2], nous percevons très bien la technique des matrices à empreindre, grâce aux figures de personnages qui ont été conservées. On constate la taille indépendante de chaque partie, pour réserver cette partie intacte, et empêcher que les couleurs vitrifiables ne viennent se mêler entre elles lors de la cuisson. Il est inconcevable pourtant comme, sous cette formule gênée, avec ces empêchements de poursuivre une ligne, ils savent jeter d'esprit en leurs figurines, de mouvements souples, parfois d'un comique irrésistible. Nous aurons occasion de revenir à eux lorsque nous parlerons de l'art en Champagne, au moment où la gravure d'estampes y apparaît ; pour l'instant, nous constatons quelle somme générale de connaissances graphiques ces œuvres mineures nous révèlent. Jusqu'à ces temps derniers cependant, en dépit de tous les travaux publiés sur les arts en Europe, tant par les Allemands que chez nous, on se contentait de signaler ces menus faits, sans les coordonner ni leur demander un ensei-

1. Didron, *Annales archéologiques*, X, 241.

2. Hefner-Alteneck, t. III, publie à la première planche une figure de femme dont le bois, s'il eût été tiré sur papier, eût certainement fourni un moyen à Heinecken de renforcer ses théories en faveur de la priorité allemande (pl. 145).

gnement d'ensemble. On connaissait des carreaux historiés, obtenus par
des matrices de bois gravées à l'envers, on savait que des étoffes aussi
avaient été imprimées à figures par ce moyen; Weigel en avait publié
d'intéressants spécimens [1], Passavant avait signalé et décrit longuement
une toile de coutil, décorée par ce moyen de toute une histoire d'Œdipe [2].
En 1890, M. de Mély, visitant le trésor de Saint-Maurice d'Agaune,
retrouvait cette pièce chez M. d'Odet et en publiait une description et des
planches [3]. Pour les uns et les autres, nul doute que les figures n'eussent
été taillées sur bois et ensuite empreintes sur le coutil. Quant à la date
et à l'origine, on s'entendait assez bien aussi; on convenait que ces
pièces rappelaient l'art italien du xive siècle, tout en s'étonnant un peu
que dans ce xive siècle, au temps de la peinture religieuse, la représentation d'Œdipe ait pu tenter un artiste décorateur.

Nous reprendrons la question en parlant des papes à Avignon et de la
pléiade d'artistes et de littérateurs installés en ce pays de France. Nous
montrerons que l'humanisme de Pétrarque n'a pas dû être étranger à la
composition de cette histoire, et que l'art de Simone di Martino a pu
contribuer à donner corps à l'idée. Nous verrons que l'art des toiles
peintes était de pratique courante à la cour des papes français; nous
dirons aussi ce que leur trafic d'indulgences fera pour l'imagerie pieuse.
En attendant, nous nous bornerons à noter ce fait capital. On impri-
mait sur étoffe au xive siècle, et non plus la décoration, les bestioles
rencontrées déjà au xie siècle, mais la figure, une suite complète, une
HISTOIRE, c'est-à-dire ce que le ateliers d'Arras brodaient en haute lisse [4].
Pour nous, la tapisserie de M. d'Odet, naguère exposée à Genève lors de
l'Exposition de 1896, nous fournit le trait d'union indiscutable. La
lettre onciale qui s'y retrouve, la fleur de lis des sceptres, marquent

1. Weigel et Zestermann, t. I, p. 1-9. Voir aussi : Schreiber, *Festschrift zum...
Geburstage J. Gutenberg's*, Mayence, 1900, pp. 28-29 et 39.

2. Passavant, I, p. 126. Il décrit les scènes, 126-129.

3. F. de Mély, *Une visite au Trésor de Saint-Maurice d'Agaune et de Sion* (*Bulletin
archéologique du Comité des Travaux historiques*, 1890, in-8°, p. 375). M. de Mély reprend
les théories de ses devanciers, mais il n'a pas cité Passavant.

4. Les critiques d'ailleurs bienveillantes faites au bois Protat, et au livre *Un ancêtre de
la gravure sur bois*, par les érudits allemands, cherchaient à en infirmer l'importance, par
ce motif que la taille sur bois servait à l'impression d'étoffes dès le xie siècle. Ceci d'abord
n'est pas prouvé, on le dit, mais sans apporter d'arguments décisifs. En outre la scène,
l'*Histoire* qui prépare la transition entre l'étoffe et le papier est *seulement du xive siècle*.
Qu'on me montre une étoffe empreinte avec personnages de 1250 par exemple, et je
m'inclinerai; pour moi, je n'en connais pas d'exemples.

d'abondance que la date ne peut être postérieure à 1380, et que la
France était connue du dessinateur. Quant aux costumes de guerriers,
ils sont précisément ceux que le roi Louis Ier de Tarente voulait à ses
chevaliers de l'ordre du Saint-Esprit, fondé en 1353 ; un simple rapprochement en fournira les preuves [1]. Donc les princes angevins de Naples,
ceux qui ont cédé le Comtat Venaissin au Pape, ont eu quelque influence
dans l'affaire, je n'en puis douter, et l'inspiration en procédait de
Pétrarque, puisque nulle part au monde, sauf à Avignon, à cette date, les
lettres antiques n'avaient le renouveau utile à de pareilles tentatives [2].

Je n'ai pas besoin de faire ressortir davantage l'influence décisive de
ces remarques, pour la marche de notre démonstration. Et qu'on n'ob-
jecte pas la possibilité de poncifs dans l'espèce, puisque nous avons pour
détruire cette opinion le fait probant d'une des planches, par hasard
appliquée la tête en bas, et qu'on a ensuite réimprimée dans le bon sens.
Nous sommes donc parfaitement en présence d'une estampe sur toile,
d'une véritable image, et l'histoire des jeunes Cunio de Ravenne en devient
beaucoup moins improbable. Quant à l'attribution venaissine, n'y a-t-il
pas la singularité d'une frise de personnages, formant bordure en haut
de la toile, et tout à fait indépendants de l'histoire d'Œdipe, lesquels
personnages, habillés à la mode de 1360 environ, dansent une farandole
provençale en se reliant les uns aux autres [3].

Lorsqu'après tant de preuves matérielles et tant de présomptions
morales aussi, j'apporterai dans le débat le Bois Protat, trouvé à Laives,
provenant de l'abbaye de La Ferté, dans la région des chefs d'ordre cisterciens, que j'aurai montré que ce bois, par ses dimensions peu ordinaires, ne pouvait servir qu'à fabriquer une étoffe historiée dans le genre
de celle de Saint-Maurice en Valais, la question des origines et celle de
la priorité aura, ce semble, avancé d'un pas. Ce bois, j'en ai dit ailleurs ce
que j'en pouvais raisonnablement écrire, j'en ai, je l'espère, établi la prove-

---

1. Vielcastel, *Statuts de l'ordre du Saint-Esprit*. Passim. Comparez surtout les bacinets
à côtes.

2. Il serait curieux de rapprocher de la tapisserie de M. d'Odet, le manuscrit de la
Bibliothèque de sir Thomas Philips, à Cheltenham, cité par Paul Durrieu (*Bibl. de l'École
des Chartes*, t. L, 1889, p. 415). Ce manuscrit dut être exécuté à Avignon, et contient
justement la *Thébaïde* de Stace. « Peut-être, écrit M. Durrieu, ce ms. a-t-il été exécuté
à Avignon, où la présence des Papes rendait très florissante l'industrie des livres de
luxe. » Voir aussi le livre de M. Constans : *la Légende d'Œdipe, le roman de Thèbes*, Paris,
Maisonneuve, 1881, in-8°

3. *Un ancêtre de la gravure sur bois*, p. 72. Voir la pl. hors texte.

nance bourguignonne et la date présumable. Mais s'il est moins imposant, au point de vue artistique et surtout littéraire, que n'est l'histoire *d'Œdipe*, il nous sert mieux à expliquer l'imagerie religieuse, celle des incunables qui, depuis un siècle, ont passionné tous les iconographes du monde. Ce qu'il nous confirme expressément, c'est la naïveté de pratique des premiers tailleurs sur bois, leur technique bornée et étroite, pleine de décision pourtant et d'énergie. Si son dessin n'a plus la grâce et le charme aisé des personnages de la farandole, c'est que le dessinateur n'est pas de l'école des grands italiens d'Avignon, encore que tenant à eux par le temps, par les costumes, par les naïves et simples façons d'écrire une scène. Comparons les personnages du Bois Protat à ceux de la *Crucifixion* d'Anvers, peinte par Simone di Martino, le peintre des papes, ami de Pétrarque, ce sont beaucoup de points de contact. Par le Rhône et la Saône, l'art des italo-venaissins est venu à Cluny, à Cîteaux, et vraisemblablement à La Ferté, la première fille de Cîteaux [1] et s'y est mêlé à celui des Flamands ou des Parisiens. L'Allemagne ne peut nous montrer une alliance aussi étroite avec les pays directeurs, et chez elle, au xive siècle, elle n'a pas d'art indigène. Nous dirons d'ailleurs les relations suivies d'Avignon et de la Cour de Bourgogne au temps qui nous intéresse ; nous en tirerons la conviction absolue que l'estampe, le tirage d'un bois sur papier, est originaire du bassin du Rhône et de la Saône, où Flamands et Italiens se vinrent joindre.

Jusqu'à la diffusion du papier, vers le dernier quart du xive siècle, l'étoffe imprimée fut donc tout ce que se permettaient les véritables premiers typographes. Et je dis Typographes, parce qu'ils maniaient l'écriture sur leurs planches avec une habileté définitive. Pourtant nous serons tout un siècle encore avant que les tapisseries empreintes qu'ils répandent, ou que les livres xylographiques, dont ils feront bientôt une affaire courante, reçoivent un nom dans les inventaires. Au nombre des innombrables mentions de tapissiers publiées par MM. J. Guiffrey administrateur des Gobelins, M. Léon de Laborde ou Mgr Dehaisnes, nous soupçonnons à peine la toile empreinte sous les noms de « estoffe pointe », « estoffe à figures d'entailleure », « draps peints, imagiés à

---

1. On aurait pu croire à l'apport d'un bois dans cette région par un nomade. Ç'avait été ma première impression ; mais l'enquête faite depuis a démontré qu'un nombre considérable de bois de ce genre avaient été rencontrés au même lieu de La Ferté et transportés à Laives en 1793. L'abbaye fabriquait donc en grand.

semis ». Sans doute l'étoffe peinte, les draps semés de fleurs de lis ou
« de bestes » peuvent être ouvrés à la main, même tissés, mais les
rédacteurs expriment le plus souvent cette qualité. Le tapis d'entailleure,
bien que donné par Mgr Dehaisnes pour une pièce d'étoffe avec appliques
d'autre étoffe entaillée, c'est-à-dire découpée, nous paraît désigner plutôt
le lin ou la soie empreinte à entailleure, c'est-à-dire avec planches gravées.
Ce qui paraît le prouver, c'est la mention assez fréquente dont on fait
suivre l'énumération d'objets de cette sorte : « minoris valoris », chose de
petite valeur. En réalité, si l'étoffe d'entailleure s'ouvrait à la main, son
prix n'eût jamais été négligeable ; au contraire l'empreinture, dont les
peintres se servent pour leurs frises d'ornements en façon de pochoirs,
économise le temps et partant vaut moins cher. Les pailes destinés à la
décoration de Sainte-Anne de Douai, dont l'un porte une *résurrection*, et
l'autre est *semé d'écus et de rosettes*, les coussins semés de « vingnettes »
(de feuilles de vigne, d'où viendra notre mot vignettes, remarquons-le)
sont suivant toutes les vraisemblances des œuvres xylographiques du
xive siècle [1]. A cette catégorie d'objets religieux appartenaient les deux
toiles peintes autrefois possédées par Weigel, dont l'une représente un
Christ en croix d'origine bourguignonne, l'autre une Vierge debout sous
un édicule gothique [2]. De ce que ces pièces avaient été rencontrées dans
le Haut-Rhin, Weigel ne manquait pas de les réputer allemandes, quand
précisément tous les caractères sont en faveur de la Comté, de la Bourgogne aussi, comme l'écrit nettement le semis de molettes d'éperons du
Christ en croix [3]. Prenons l'inventaire de l'abbaye Saint-Bénigne de
Dijon publié par M. Bernard Prost, dont les travaux éclaireront sous
peu toute l'histoire artistique des Bourgognes, nous y trouvons au
n° 117 un drap de soie rouge semé d'éperons et de fleurs de lis [4] ; sous
le n° 107, une étoffe, semée de figures de la Madeleine, n'a guère pu se
produire que par des moules gravés. D'ailleurs les scribes prennent soin
de dire tapis *sommé* ou semé, s'il s'agit de figurines en nombre, qu'on
ne s'expliquerait plus dans l'hypothèse d'une besogne à l'aiguille, vu le
peu d'importance qu'on leur attribue.

---

1. Mgr Dehaisnes, *L'Histoire de l'Art dans les Flandres*, 3 vol. in-4°, t. II, p. 550.
2. Weigel et Zestermann, *Ouv. cité*, pl. 8.
3. Cf. *Un ancêtre de la gravure sur bois*, p. 69.
4. B. Prost, *Le Trésor de Saint-Bénigne*, Dijon, Darantière, 1894, in-8°. M. Bernard
Prost est un peu étonné du mot *éperon*, comme terme de décoration ; il propose la correc-
tion *espervier*. C'est bien esperons.

Contre le sens que je voudrais donner au mot *entailleure* dans le cas présent, il y a l'invraisemblance des dates. Un certain Jean Hérent, de Calais, fait trois « tapis d'entailleure » pour Mahaut d'Artois en 1328-29, de plus il a fourni « une chambre de deux dras ovrée de entailleure de broudure [1] ». Brodure ne veut pas toujours dire broderie, mais *bordure*, et les exemples de cette acception sont courants dans le texte. Ce serait donc la bordure seule qui porterait les figures empreintes, seulement nous avons le mot ovré qui nous gêne. Quant à la date, nous savons par Vauclerc, par les carreaux de Champagne, que 1328 n'est point le début de la pratique de taille xylographique. L'objection n'est donc pas sans réplique à priori. L'opinion contraire se renforce d'exemples pris dans les inventaires de gens moyens, comme la « toile pointe » de 12 sols représentant à la fois *Sainte Barbe* et *Saint Nicolas*, qu'un bourgeois de Douai, Jean Lancry laisse à son décès [2]. Ici nous touchons au passage de la xylographie, de l'étoffe au papier, car nous sommes au dernier quart du XIVe siècle, et la multitude de petits tavlets, cités dans les comptes par Mgr Dehaisnes, ne sont pas tous des peintures sur bois. Chez Eustache Lefebvre, vicaire général de Cambrai, nous trouvons « un tavlet » où est représenté l'*Annonciation*, un autre montrant la *Véronique*, acheté à Rome, et deux livres *en papier de légendes de saints et de expositions d'évangiles* [3]. Ceci en 1377, c'est-à-dire au temps du Bois Protat, de la toile *d'Œdipe*, des étoffes de Weigel, à moins de quinze ans d'un autre article d'inventaire, où l'on voit une image de Notre Dame prisée 12 sols, et une « Annonciation entaillée » prisée 13 sols, dans le mobilier de la fabrique de Cambrai [4]. Expliquerait-on beaucoup mieux que par la taille xylographique le prix versé à Jean Cruspondère de Saint-Omer en 1391, 30 sols « pro factura ymaginum lignearum »? Ces figures de bois, si elles ont été sculptées en ronde bosse, ne sont pas d'une importance capitale, et si l'on compte la journée à 5 sous, prix moyen, le sculpteur a bâclé son œuvre en six jours. Ce serait plus vraisemblablement le temps passé à la taille en relief d'une matrice, malheureusement nous sommes désarmés pour conclure [5].

1. Dehaisnes, II, p. 328. Ovré de entailleure semble donner raison à Mgr Dehaisnes.
2. Dehaisnes, II, 199.
3. Dehaisnes, II, 550-51. Peut-être un ms. dans le genre de celui de Rosenthal à Munich (*Katalog* 90, n° 2), mais peut-être aussi un livre « jeté en molle » c'est-à-dire un livre xylographique.
4. Dehaisnes, II, 691.
5. Dehaisnes, II, 694.

En dépit d'une satisfaction absolue et irréfutable au sujet des dernières propositions faites ci-dessus, nous avons apporté aux vagues mentions de Passavant les précisions du Bois Protat, venu en concurrence avec la toile de M. d'Odet. Pour les époques antérieures, nous avons les lettres mobiles de l'abbaye de Vauclerc et les patrons de carreaux de Picardie et de Champagne. Nous soupçonnons même très bien le passage tout naturel de ces œuvres, destinées aux étoffes, à l'impression sur papier, parce que les figures de saints, empreintes sur les orfrois de chasubles, petites de dimensions, trouvèrent la feuille de papier suffisante à se produire. Il a suffi de la curiosité d'un moine, d'une tricherie, l'envie de parodier une miniature par ce moyen, pour que la matrice servît à ce nouveau jeu, et ce jeu, c'était l'imprimerie. Bien des figures du « Maître aux boucles » que nous étudierons dans leurs détails, ont pu avoir au début cette destination double. Elles sont d'un art, d'un style, d'un accommodement qui les font remonter au dernier quart du xive siècle. Elles sont contemporaines du fameux *Parement de Narbonne*, ce paile d'autel, peint à la main, peut-être à Avignon, et qui contient, dans son esprit général, toutes les formules des premiers imagiers [1].

En somme nous restons en face de nombreuses inconnues. Quels étaient les tailleurs de ces premiers essais ? Des peintres de profession ou des huchiers, des charpentiers, des orfèvres ? Tous ces moules d'empreinture étaient-ils de bois, ou quelques-uns en métal ? Sur laiton certes, ceux des gaufreurs de cuirs, des estampeurs à chaud, car il fallait, de toute nécessité, que le cliché fût à une température de fer à repasser, en certains cas déterminés. On en induisait que les peintres demandaient aux orfèvres des reliefs destinés à l'empreinte de leurs fonds d'or, puisque ces empreintes sont visiblement obtenues par une matrice unique. Alors ceux qui traitaient de ces questions opinaient en faveur d'un dessin de peintre ou d'enlumineur, d'après lequel l'orfèvre ou le tailleur ouvrait son métal [2]. Et l'on s'étonnait que nul marché de travaux ne mentionnât une collaboration de ce genre ; que jamais un peintre ne fût indiqué comme inventeur d'une forme qu'un autre eût gravée. Ces considérations nous montrent d'ailleurs le chemin parcouru depuis Passavant, quand une simple note, jetant le mot de formschneider dans le débat, permettait

1. Aujourd'hui conservé au musée du Louvre dans la salle des dessins primitifs de l'École française. Nous remarquerons le chapeau de fer d'un des bourreaux du Christ identique à celui de l'archer du Bois Protat. Cf. *Un ancêtre de la gravure sur bois.*

2. Demay, *Histoire du costume par les sceaux*, p. 69.

à toute une génération d'écrivains spécialistes, d'échafauder une théorie
réputée inattaquable. Ceux qui tinrent contre le métal sont nombreux,
ils sont généralement Français ; les Allemands ont admis le métal, sur le
vu de clichés du milieu du xve siècle. Pourtant toutes ces questions
ont été résolues par une seule phrase de comptabilité princière, à Dijon,
en 1398, et la pièce capitale publiée par Mgr Dehaisnes, mais laissée
sans commentaires, incomprise enfin, est aux archives de la Côte-d'Or [1].

Là nous voyons un peintre, dont une œuvre au moins est connue,
qui tient, à la cour du duc Philippe, le premier rang, en 1398, mais qui
ne dédaigne pas les besognes modestes (Fouquet lui-même en exécutera
à Tours de semblables, à cinquante ou soixante ans de là), nous voyons
ce peintre préparer la mise en couleur des statuettes sur bois de Jacques
de Baezre, racler, à la raclette fine, les aspérités du bois sur le fameux
retable de Dijon, et s'apprêter à dorer les fonds. Puis, comme il y a d'autres
peintures à faire aux Chartreux où travaille l'illustre Claux Sluter, comme
il lui faudra empreindre des semis sur or, et peut-être des figures, il réclame
une table, nous dirions une planche, de laiton pour y champlever les
formes utiles. « Item pour une table de laiton pesant XXII livres, baillée
« audict peintre pour TAILLER EN ICELLE PLUSIEURS ESTAMPES, nécessaires
« pour la peinture de plusieurs choses à faire pour ladicte esglise (des
« Chartreux). » S'il n'eût pas gravé lui-même, on l'eût indiqué, ou, du
moins, on eût donné le nom de l'opérateur, nécessaire aux pièces
comptables. C'est donc bien le peintre qui taille son laiton ; dans la
hiérarchie, il sera le premier peintre graveur connu, il se nomme Jean
Maelwael, il vient du pays de Gueldre [2]. La planche de laiton ainsi
gravée est si bien destinée à l'impression d'images que nous le voyons
empreindre des figures dans le parloir des Chartreux à Dijon ; c'est ce
que lui-même nomme « l'empreinture ». Cette opération est faite sur
une toile en bordure, au moyen de couleur à l'huile [3].

1. *Archives de la Côte-d'Or*, citées par Dehaisnes, série B, n° 11673.

2. Dehaisnes, II, 770. Hennequin Malouel, ou Maluel, dit aussi Manuel, a donné la
véritable orthographe de son nom dans la légende de son sceau. Nous l'appellerons
Malouel suivant la forme francisée de son nom flamand-néerlandais. Il remplaça Jean de
Beaumetz en 1397 (Dehaisnes, p. 759). Il était en compagnie de Claux Sluter, de Jean
de Salins, de Jacques Franquette, etc., parmi les artistes en titre d'office (Dehaisnes, 771).
C'est par une histoire survenue à deux de ses parents, jeunes enfants venus de Gueldre
à Paris *pour y apprendre* l'orfèvrerie, que nous connaissons son pays d'origine. Mais son
art est franco-bourguignon, comme on s'en pourra convaincre en parcourant le ms. 167
français du Cabinet des mss. Lui aussi était venu apprendre en France (Dehaisnes, III, 500).

3. Dehaisnes, II, 780. « A Robin Gauthier pour XXX aulnes de toille de lin délivrées

Lorsque Crowe et Cavalcaselle prétendaient un peu dédaigneusement que ce Jean Malouel était un barbouilleur de murailles, ils ne connaissaient pas le manuscrit célèbre, la *Bible Historiaus* du duc de Bourgogne aujourd'hui exposée à la Bibliothèque nationale [1]. Ils se seraient vite aperçus que ce barbouilleur était en réalité un des inventeurs les plus féconds de ce temps, car c'est plus de quatre mille scènes que lui ou Polequin Malouel ont jetées dans les feuillets de ce livre admirable. Par une coïncidence que je tiens à relever dès l'abord, le style général des costumes rappelle de très près celui du Bois Protat. On y trouve les guerriers en bacinet et en chapeau de fer, comme je l'ai montré ailleurs, en réservant toutefois la note si capitale de gravure de laiton pour le présent ouvrage.

J'ai tenu à placer au premier rang la mention concernant Malouel, en raison de la situation particulièrement honorable de l'artiste, mais nous avons aussi des indications précises sur des matrices en bois, cette fois exécutées par un charpentier, Jean Baudet, sous la direction de Jean de Beaumetz. Nous sommes alors à cinq ans de Malouel, en 1393, et Jean de Beaumetz, qui estampe à froid probablement, qui empreint en couleur, a commandé ses formes à un praticien du bois. « A Jehan Baudet char-« pentier, pour avoir FAIT ET TAILLÉ DES MOLES ET TABLES, pour la cha-« pelle de Mondit seigneur audit Champmol, dicte la Chapelle des Angles, « à la devise de Beaumetz : 11 journées pour 2 gros. [2] »

Donc c'est Beaumetz qui a dessiné le bois, et c'est le charpentier Baudet qui l'a taillé. Ceci nous montre combien le Bois Protat rentre dans le cycle de ces travaux spéciaux, composés et exécutés à Dijon. Baudet n'était pas seul de son espèce, et les dessinateurs ne manquaient ni à Cluny, ni à La Ferté. Pour nous, la note présente, incontestablement

« à Jehan Malouel peintre et vallet de chambre, pour faire des bandes à mettre es « lymandes (bordures) de la peinture que ledit peintre fait au Parloir. » Une partie de cette toile est employée à mettre derrière les châssis de la peinture de Melchior Broderlam, pour la préserver de l'humidité des murs.

1. Dehaisnes, III, 500. M. Léopold Delisle a donné le nom des peintres de ce ms. dans la notice de l'exposition n° 34. On voit qu'il eût été commencé en 1401. Ce livre passa dans la Bibliothèque des ducs de Bourbon, par le mariage d'Agnès de Bourgogne. M. Delisle les nomme Hennequin et Polequin *Manuel*. Ce sont les Malouel qui, étant enfants, vinrent *à Paris*. Cependant Hennequin est à peu près sûrement celui qui nous intéresse, car les deux enfants, ses neveux, ont été pris à l'époque de l'entrée d'Hennequin chez le duc, en 1397, et ils ont 14 ans ! En 1401 ils eussent été bien jeunes.

2. Dehaisnes, II, 711.

référante à une taille de cliché sur bois, est la plus déterminante des
deux. Elle nous débarrasse une bonne fois des hypothèses; elle nous fait
de plain-pied entrer dans le domaine des faits précis et circonstanciels; elle
nous dit que les praticiens bourguignons, les humbles artisans, gravent
sur le modèle de maîtres peintres. Il nous restera à montrer que les pièces
imprimées, les plus anciennes sont bourguignonnes essentiellement,
qu'elles n'ont pu naître que dans la région où opèrent Beaumetz, Malouel
et Claux Sluter, pour avoir assis définitivement les présomptions de
priorité les plus plausibles. Et je mettrai à l'établir plus de réserve que
les Allemands à se proclamer les premiers. Mes arguments, puisés aux
sources, constitués sur des rapprochements, ne prendront jamais l'allure
hautaine et combattive. Nous avons tant d'archives que, tôt ou tard, la
note expresse, visant une de ces estampes ou leur modèle, nous parvien-
dra, et la question sera définitivement classée.

On voit combien notre opinion au sujet des toiles peintes retrouvées
dans les inventaires s'affirme ensuite, de ces constatations de faits précis.
Il me paraîtrait impossible que l'essai de ces procédés, appliqués à la figure,
ne fût beaucoup plus ancien, et ne remontât de plusieurs siècles en arrière.
Pourquoi admettrait-on les tailles d'émaux champlevés, les empreintes
sur pâte ou sur cuir, et n'accorderait-on pas l'impression d'étoffes « à
histoires » ? Au fond ceci ne nous intéresse pas au même titre que la rencontre en Bourgogne de tailleurs de métal et de bois, et la trouvaille de
l'un de ces bois. Pour nous tout est là. Qu'on apporte à la discussion de
l'antériorité une pareille somme de faits indiscutables, nous conviendrons
alors que la marche fut simultanée, mais nous ne sachions pas que les
Allemands, sans personnalisme d'art au xiv\u1d49 siècle, sans beaucoup d'archives, puissent jamais rien fournir de très concluant. Les menus faits
qu'ils invoquent se sont plusieurs fois tournés contre eux; c'est donc
bien que la vérité n'est ni dans Heinecken ni dans Passavant, et que tout
est à reprendre.

II

L'histoire des origines de l'estampe, du tirage sur papier, s'embrouille
de questions sociales dont on n'a pas suffisamment tenu compte, et que
j'ai ci-devant indiquées. La corporation des imagiers, peintres, enlumineurs,

tailleurs de couteaux ou de crucifix, celle des écrivains, celle des huchiers
ouvriers du bois, ont des statuts d'une rigueur extrême. Qu'un charpentier
comme Baudet entaille des moules pour servir de poncifs à la peinture,
on ne lui en peut faire la guerre ; mais s'il s'avisait d'en tirer une épreuve
sur papier, qu'il coloriât cette épreuve et la vendît, les enlumineurs, les
peintres, les écrivains interviendraient, déchireraient le papier et brise-
raient les matrices tabellaires. C'eût été pour un maître écrivain contemporain du moine de Vauclerc, un délit majeur que le rubricage à caractères
mobiles ; on l'eût condamné à l'amende, on l'eût géhenné et on eût mis ses
œuvres sous séquestre à fin de destruction. Dans les cloîtres au contraire,
sauf que le moine enlumineur risquât une punition disciplinaire pour
fait de paresse, l'impression de rubriques au moyen de moules passait
inaperçue. Il s'arrangeait pour en dissimuler l'emploi, grâce à des adjonctions décoratives au pinceau. Il fallut donc beaucoup de raisons, l'appât
d'un gain facile, la commodité du papier, un peu du relâchement causé
par les guerres des Anglais, pour que les imagiers laïques s'improvisassent
faux monnayeurs, dans l'espèce, et tentassent le coup. Nous avons cité
ailleurs le cas de deux jeunes clercs, exécutés pour contrefaçon de testons
royaux, à l'époque précise, et dans la région exacte où fut taillé le Bois
Protat [1] ; on n'en saurait inférer qu'ils eussent gravé ce bois, car nous
savons aujourd'hui qu'il provient de l'abbaye de La Ferté-sur-Grosne
et qu'il n'y était pas seul. Néanmoins en ces temps, l'image sur papier,
enluminée à la main, constitue une « malfaçon », c'est-à-dire un faux ;
le trafic en est interdit en dehors des cloîtres, et s'il s'en fait, ce n'est
ni Malouel, ni Baudet qui l'eussent osé, ils eussent trop risqué à cause
de leur situation officielle. A Cluny au contraire, à Cîteaux, à La Ferté,
dans tous ces monastères qui sont alors les entreprises commerciales les
plus habiles et les plus heureuses, qui ont un débouché assuré dans le
monde entier, grâce à leur qualité de chefs d'ordre, où l'on trouve les
enlumineurs, les sculpteurs, les écrivains, les fabricants de papier et les
peintres sur étoffe, la taille d'une estampe est parfaitement explicable ;
on la dessine, on la grave, on l'imprime et on la colorie, à l'abri de
toute ingérence malencontreuse. Pour le débit au dehors, c'est chose
commode. Le moine voyageur qui s'en va, à dos de mule, à Saint-Gall, à
Tegernsee, à Buxheim, ceux qui visitent le nord ou parcourent le midi,
emportent, avec eux des pacotilles d'images et les offrent aux « filles »

---

1. *Un ancêtre de la gravure sur bois*, p. 116.

c'est-à-dire aux monastères dépendant de la maison mère. Quant à la possibilité d'une semblable pratique de gravure, l'abbaye de Vauclerc ne nous a-t-elle pas autorisé à en admettre toutes les déductions; et quant aux relations d'abbayes à autres, elles sont trop nombreuses pour être citées ici. Disons seulement ce que comportaient d'échanges, de trafics, de rapports constants, ces rouleaux des morts colportés à travers le monde [1]. Sur le fait d'imagerie même, nous avons la note formelle montrant des frères émailleurs de Limoges venus à Cologne, y travaillant de leur métier et rapportant un objet d'art en souvenir [2]. Ceci, en des temps lointains, lorsque les routes sont peu sûres, et qu'il faut sur un parcours de 100 lieues, changer vingt fois de territoire, de seigneurs et de coutumes locales. La fin du xive siècle, qui a le papier en abondance, qui laisse aux abbayes bourguignonnes plus de liberté et d'autorité, est donc le temps favorable entre tous à la diffusion de l'estampe. Il s'y joint, aux yeux de la Chrétienté, ce voisinage avec la Cour des Papes d'Avignon, et ce chemin du Rhône qui met la Bourgogne monastique en posture supérieure dans la circonstance. Les abbayes sont le trait d'union naturel entre le Saint-Père et les chrétientés, comme on disait, et si les images répandues en Allemagne provoquent la colère de Jean Huss, il n'y a point à songer que les Allemands les eussent faites. On les leur avait vendues comme indulgences, et comme elles étaient chères, ils les adoraient en conséquence.

Voilà pourquoi l'abbaye de Tegernsee possédait tant de pièces du Maître italo-bourguignon dont nous parlions, pourquoi le Saint Christophe au palmier fut trouvé à Buxheim, et pourquoi les Allemands, s'ils furent de grands amateurs d'imagerie pieuse, ne gravèrent pas les premiers. Je ne vois pas Tegernsee expédiant ses produits en France, il n'y avait pas de valable raison; il y en avait une capitale pour qu'elle en reçût de France, et surtout de Bourgogne, dont elle dépendait canoniquement, et dont l'art valait au moins celui des artistes de Bavière. Elle se contentait d'y ajouter des bordures et des blasons.

1. Voir ci-après, p. 58.
2. *Ibidem*, p. 57.

III

Respectivement, où en étaient donc entre elles les abbayes allemandes, flamandes et bourguignonnes, ces dernières surtout, directrices morales des autres, d'où partait le mot d'ordre, la ligne à suivre, combattives et entreprenantes comme Clairvaux, comme Cîteaux surtout, plus littéraires, plus artistiques comme Cluny, Saint-Oyan, c'est-à-dire Saint-Claude du Jura. Renouvier, qui a été assez durement traité par les modernes érudits, et ne connaissait que fort imparfaitement le moyen âge, dont il qualifie l'esthétique par « l'amour du pointu », écrit cependant cette phrase pleine de sens à propos des images : « Les moines qui « prenaient tant de soin d'exciter la foi religieuse, au moyen d'images « dont la première condition était la multiplicité et le bon marché, « eurent recours de bonne heure aux feuilles de gravure [1]. » Chez Renouvier, ceci est de la divination, car il ne précise pas; il ne nous apprend ni quelles abbayes tentèrent de l'imagerie, ni où ce moyen de propagande commença. Ce dut être, nous le disions, de très bonne heure, peut-être dès le temps de l'empereur Charles. Le fait de moines limousins, quittant l'abbaye de Grandmont pour gagner le diocèse de Cologne et aller y chercher des secrets de fabrication, remonte à 1181 [2]. L'abbé du monastère de Siegburg, dans les provinces rhénanes, a traversé toute la France pour visiter l'abbaye de Grandmont en Limousin, c'est donc qu'il y a profit et utilité. A son retour il est accompagné de deux frères de l'abbaye qui visitent Cologne, résident à Siegburg, et, y rencontrant la fameuse châsse émaillée qui s'y voit encore [3], l'admirent et obtiennent un objet, non si riche, mais de travail identique, qu'ils apportent en Limousin. L'œuvre était signée : *frater Reginaldus me fecit*, ce Reginaldus pouvait être un prêtre rhénan. Pourtant, ne fut-il pas le frère Reynaud, un des deux voyageurs, artisan habile, qui, sous l'inspiration de là-bas, eût façonné une œuvre avant son retour [4], son nom le pourrait faire croire ?

1. Renouvier, *Hist. de l'origine et des progrès de la gravure*, Bruxelles, 1860, in-8º, p. 6.
2. L'abbé Texier, *Manuel d'épigraphie du Limousin*. Pièces justificatives, p. 348.
3. Darcel, *Excursion artistique en Allemagne*, p. 180.
4. Texier, *Ouv. cité*, p. 103.

De la pièce publiée par l'abbé Texier, laquelle ne laisse aucun doute, il ressort que les rapports de monastères à autres ne connaissaient pas de limites. Les moines gascons ou bretons se retrouvent en Angleterre, certains émaux anglais ont, pour origine, le passage d'un moine limousin. On verra des clercs partir de Clairvaux, au XII⁰ siècle, pour gagner la Hongrie « pro domûs sue religione » pour le service de la maison. Ils reçoivent des exemptions de droit et de péage de la part de l'évêque de Wurzburg, de l'archevêque de Mayence. D'autres ont à traverser la Lorraine, en 1186; le duc leur fait de pareils privilèges. Dans le Poitou, où on les rencontre aussi, en Allemagne, même en Danemark ou en Flandres, ils sont exempts de redevances, mais n'en font pas moins un peu de commerce [1]. Entre elles, de province à province, les abbayes ont les rouleaux des morts, qu'un moine colporte pour réclamer des prières, et les calligraphes de chaque monastère y inscrivent un *Titulus* historié qui parfois rappelle les belles lettres des manuscrits. Un rouleau de ce genre conservé aux archives nationales et exposé au musée de ce riche dépôt, a parcouru l'Europe [2]. Au XIV⁰ siècle, pour le temps qui nous occupe, les abbayes contractent des sortes d'associations fraternelles qui règlent les rapports des monastères entre eux; un religieux voyageur reçoit le vivre et le couvert et une somme d'argent. Il reste parfois plusieurs années à accomplir un voyage. M. d'Arbois de Jubainville a publié une note curieuse sur un rouleau des morts de la première moitié du XV⁰ siècle [3]. Il s'agit précisément d'un rouleau de Saint-Bénigne de Dijon (qui est alors du diocèse de Langres) lequel est conservé à la Bibliothèque de Troyes. Ici nous sommes en présence d'un document précis et singulièrement instructif pour ce qui nous intéresse. Avant que de livrer ce rouleau de 8 m. 10 c. sur 0 m. 22 c. de large, et formé de quinze feuilles de parchemin, cousues les unes aux autres, l'abbé a ordonné qu'une miniature en ornât la première feuille. Quelque artiste du duc de Bourgogne, ou peut-être un religieux, y représenta le martyre de saint Bénigne, patron de l'abbaye. Le cas est heureux pour nous, en ce sens

---

1. D'Arbois de Jubainville, *Étude sur l'état intérieur des abbayes cisterciennes et principalement de Clairvaux*, Paris, Durand, 1858, in-8°, p. 399 et suiv.

2. *Musée des Archives nationales*, in-4°, p. 86, n° 138. Rouleau de l'abbé de Savigny (1122-1123). Voir aussi *Bibl. de l'École des chartes*, II⁰ série, t. III, p. 361. Le rouleau de Savigny a parcouru l'Angleterre et une partie de la France.

3. Article publié dans le *Portefeuille archéologique de la Champagne (Peintures)*, p. 48 et pl. 9.

qu'il nous découvre les thèmes ordinaires des Bourguignons dans ces représentations, le saint avec les doigts percés d'alènes, la tête traversée par une lance, le prince assistant à l'opération, couronne en tête, et sceptre fleurdelisé à la main. Devant, des bourreaux activent l'ébullition d'une chaudière avec de longs pochons de fondeurs. Ils ont de la barbe, et ceci est capital; ils ont les chaussures molles si souvent rencontrées dans nos estampes du xv⁰ siècle. De plus, l'encadrement de la scène est en façon d'édicule gothique. Cette fois nous tenons une date précise, car le rouleau des morts commence sa tournée en 1439; la miniature ne remontait donc guère qu'à 1438 [1]. Eût-elle été trouvée à Buxheim, elle était proclamée allemande.

Au début de la pièce, on avait inscrit les taxations auxquelles les abbayes sœurs étaient soumises de droit; la plupart ont à nourrir, à héberger le porteur, et à lui verser de trois à cinq sous. Saint-Étienne de Dijon est dans le premier cas, Cluny dans le second. Parti de Saint-Bénigne dans les premiers jours de 1439, le moine voyageur parcourra un peu toute la France, du nord au sud, de l'est à l'ouest. On le verra à Rouen, au Mont-Saint-Michel, dans l'ouest, dans le centre, à Chartres, à Saint-Denis. Il sera à Mâcon, à Cluny, il gagnera la Suisse et les terres lorraines, Metz, Toul et Verdun. Il visitera ce monastère de Siegburg, dont nous parlions tout à l'heure, et lorsqu'il reviendra de Grenoble, en 1441, il aura traversé douze diocèses, Langres, Autun, Chalon, Mâcon, Besançon, Lausanne, Genève, Clermont, Saint-Flour, Le Puy-en-Velay, Lyon, Grenoble; il en aura visité plus de vingt l'année d'avant. L'abbaye de Saint-Bénigne a d'ailleurs association fraternelle avec plus de vingt-neuf monastères de diocèses différents.

Nous n'avons précisé ces choses que pour marquer les coïncidences touchant Saint-Bénigne [2], mais nous ne manquerions pas, au cas que l'espace ne nous fût pas mesuré, d'autres exemples montrant l'extraordinaire mobilité des moines, leurs incessants voyages, et notant les actes d'asso-

---

1. Constatons ici que les caractères généraux de cette pièce concordent essentiellement avec la plupart des estampes dont nous aurons à parler ci-après dans le catalogue, et dont la majorité sont de la date du rouleau de Saint-Bénigne. Cette date précise est pour nous l'auxiliaire le plus indiscutable dans nos discussions d'époques, de costumes et de composition.

2. Bernard Prost, *Le trésor de Saint-Bénigne*, in-8⁰. Cette abbaye dut avoir au xv⁰ siècle une importance capitale pour la diffusion de l'art bourguignon en Europe; nous espérons que quelque pièce viendra confirmer notre opinion à ce sujet.

ciation contractés, avec d'autres maisons que la leur. Luxeuil en Franche-Comté, Cîteaux, Clairvaux ont eu pareillement leurs rouleaux mortuaires, et leurs confraternités établies. Certains monastères ont noté ces actes, comme nous l'apprend un martyrologe de l'abbaye de Saint-Claude conservé à la Bibliothèque de Besançon. Le monastère a contracté association avec Ainay de Lyon, Saint-Bénigne de Dijon, Saint-Pierre de Cluny, Saint-André de Vienne, Saint-Beschaire de Châlons-sur-Marne [1]. Mais de toutes celles-là c'est Cluny qui est la première ; si l'on en croit Hospinianus dans son traité *de Monachatu*, trois mille sept cents couvents de Saint-Benoît existaient dans le monde, obéissant aux chefs d'ordre français. Et cependant saint Benoît, dont tous les Bénédictins se réclament, sera le moins favorisé de tous les saints dans l'imagerie pieuse ; Schreiber n'en a guère relevé que trois survivants, comme si la piété de tous ces religieux envers leur patron eût hâté la destruction de ses figures, et fait de lui presqu'un oublié et un méconnu.

Mon intention n'est pas de dire ici ce que les hommes pieux, réunis en communauté égoïste, orgueilleux de leur ordre, désireux de placer leur maison au premier rang, firent pour les arts et les lettres dans le monde ; ceci est un cliché banal. Au point de vue plus spécial qui nous occupe, la gravure en taille d'épargne, ils sont légion ceux qui, dès le XIe ou XIIe siècle, émaillent, cisèlent, empreignent les cuirs, estampillent les rubriques de manuscrits et fabriquent des pavements à histoires. Un frère signe Bonus de son nom et peut-être de sa figure une mosaïque dont le dessin nous a été conservé [2]. Certains écrivent, dessinent et gravent sur des ardoises des figures destinées à des empreintes, vraisemblablement. L'un d'eux, enfermé dans une prison pour sa mauvaise conduite, écrit sa défense sur l'ardoise qu'il s'est gardée [3]. N'est-il pas curieux entre tout, que le propre secrétaire de saint Bernard, le grand patron de Clairvaux, lequel professe à l'égard des arts le même dédain que Jean Huss plus tard, eût justement pour secrétaire un faussaire, tailleur de sceaux [4] ? Bernard avait tiré ce fourbe de l'abbaye de Montiéramer pour se l'attacher ; il en écrit lui-même au pape Eugène III, une lettre désolée. « Outre

---

1. Castan, *La Bibliothèque de Saint-Claude* (article paru dans le t. L, p. 301, de la Bibl. de l'École des chartes).

2. Bibl. Nat. Dép. des Estampes, Gc. 62. a.

3. Article de M. Prou sur une ardoise trouvée à Foigny, dans l'Aisne (*Bibl. de l'École des chartes*, t. LI, p. 268).

4. L'abbé Lalore, *Trésor de Clairvaux*, p. 144.

« des livres et de l'argent et plusieurs pièces d'or, on a trouvé à sa sortie
« sur lui trois cachets : le sien propre, celui du prieur et le mien, non
« l'ancien, mais le nouveau que j'avais été obligé de substituer au
« premier, à cause de ses fourberies, et de l'abus qu'il en faisait, lorsqu'il
« pouvait le dérober. » Bien plus tard, à l'époque plus voisine de celle
qui nous intéresse, lors du procès fait à l'évêque de Troyes, Guichard,
dont les méfaits sont légendaires, on voit un moine modeler pour lui
les figures de cire utiles aux envoûtements. Ce religieux façonnait ainsi
une reine de France, et, dans ses moments perdus, fabriquait de la
fausse monnaie [1]. Nous avons trop parlé du moine graveur de Vauclerc
pour revenir sur ce sujet, mais il n'était sûrement pas un cas isolé, ni
un phénomène. Tous les fils d'artisans entrant dans les ordres, pour
s'éviter les charges de la vie, apportaient à la communauté des secrets
dont on pouvait user d'autant plus à l'aise que les corporations civiles
n'osaient risquer une enquête dans le cloître [2].

Il arriva souvent, et dans la circonstance, le fait a pour nous une
grosse importance, que des artistes vieillis et fatigués demandèrent à une
abbaye le refuge à leur détresse. Il n'est pas présumable que les moines
admissent ainsi, sans se réserver quelques assurances, le peintre ou le
sculpteur venus à eux. Nous pensons qu'un contrat intervenait par
lequel, moyennant le vivre et le couvert, l'homme reçu dans la maison
promettait une aide et une direction aux artistes religieux qui y travaillaient à l'imagerie ou à la peinture des manuscrits. En 1404, Claux
Sluter, l'illustre maître, à qui les ducs de Bourgogne sont redevables de
la plus glorieuse époque d'art, sollicite du monastère de Saint-Étienne de
Dijon l'entrée au nombre des pensionnaires. Il se nomme modestement
« ouvrier ymagier »; il apporte quarante livres payées comptant, toutes
ses économies, et, sans doute, la bonne volonté en plus [3]. L'histoire ne
dit pas ce que le pauvre homme surveilla ou conseilla dans les travaux
de l'abbaye, mais il était constant alors que les moines cherchassent
parmi les artistes séculiers des moniteurs capables de les renseigner, ou

1. A. Rigaut, *Procès de Guichard, évêque de Troyes*, in-8°, p. 177.

2. En 1387, c'est un prêtre, Mᵉ Pierre Casier, qui fabriquera, sous la surveillance du
peintre Broderlam, les carreaux *peints* du château de Hesdin pour le duc de Bourgogne
(Dehaisnes, t. II, p. 644).

3. Bernard Prost, *Artistes dijonnais du* XVᵉ *siècle* (*Gazette des Beaux-Arts*, 3ᵉ série, IV,
p. 356). N'était-ce point un artiste retiré à Saint-Bénigne qui avait exécuté la miniature
du rouleau des morts dont nous avons parlé ?

des artisans habiles qui fissent prospérer une des industries en honneur
dans leur maison. Nous n'avons pas surpris encore de marché passé
entre les nomades fabricants de papiers, venus de Gênes ou de Provence,
nous les soupçonnons en Champagne à l'abbaye de Clairvaux. Quant aux
tuiliers, fabriquant des moules pour leurs travaux, nous en trouvons à
Chantemerle dans l'Aube, et ces gens sont des plus intéressants qui
soient. Bien que travaillant chez des religieux, on les voit quelque peu
ivrognes, et sûrement fort gaillards dans leurs discours. Et ils se
nomment Lambert et Rénier Mocaut, ils viennent des Flandres, car le
nom de Lambert est liégeois surtout. Sur leurs carreaux ils impriment
des chevaliers à genoux dont l'un est qualifié de « Messire Esloy » ou
peut-être Lioi. Ils font de petits bonshommes avec capuchon à queue
comme celui que nous verrons à Pétrarque dans ses portraits. Ils écrivent
l'onciale, ainsi que le graveur du Bois Protat. « Mestres haportés a
boire ! », dit l'un en bordure de son œuvre, dans une orthographe un peu
flamande. L'autre présage Rabelais en parlant d'une fille « à beau vis et
blondes tresses [1] ». Mais bien qu'il soit difficile de le prouver en ce
moment, nul doute que ces inscriptions ne se fissent parfois directement
sur la terre, par des caractères mobiles taillés d'avance, et qui s'ajoutaient
après l'application du moule portant les figures. Ceci cent ans avant
Gutenberg [2].

On dira que de semblables praticiens ont passé en Allemagne, ont
travaillé de leur métier dans les grandes abbayes et y ont apporté comme
une formule d'art ; que les graveurs de Tegernsee étaient aussi des
nomades, comme ceux de Saint-Claude ou de Saint-Gall, et que, peu à
peu, ils se sont identifiés, au point de se montrer très allemands dans
leurs œuvres. C'est là justement ce que je nie. Lorsque les Flamands,
Beaumetz, Claux Sluter, Malouel, arrivent à Dijon ; quand Jean de Bruges,
dit Bondolf, ou Beauneveu viennent du Nord chez le roi de France, ils

---

1. Cf. *Bulletin archéologique du comité des travaux historiques*, 1890, p. 82, un article du
conservateur du musée de Troyes, M. Leclert. M. Leclert cite un passage tiré d'une
pièce des archives de l'Aube, G. 352, fol. 20 v°, par lequel on constate la fabrication de
ces carreaux à Chantemerle entre 1380 et 1390. Chantemerle était une abbaye d'Augustins dont Thibaut de Puiset était alors abbé.

2. Peut-être pour ces carreaux, le bloc xylographique, figures et lettres, était-il complet.
Ce qui semble le prouver c'est que les lettres du même caractère ne se ressemblent pas
toujours. Voir ce que dit à ce sujet Maxe-Werly, *Études sur les carrelages au moyen âge*
(*Mémoires de la Société des Antiquaires*, 6e série, t. III, p. 269). Il parle, lui aussi, de
caractères mobiles cent ans avant Gutenberg.

trouvent un art bien vivant, des architectes, des tapissiers, des sculpteurs, des brodeurs et des orfèvres. Ce qu'ils apportent, c'est le naturalisme seulement, que les nôtres n'avaient point osé encore, et c'est pourquoi on les fête. Mais souvent ils empruntent aux nôtres leurs traditions, témoin cette bête de l'Apocalypse que Jean de Bruges prendra dans nos manuscrits pour en composer les cartons des tapisseries du duc d'Anjou [1]. En Allemagne, qu'eussent-ils rencontré, en dehors des bâtisseurs rhénans ou des émailleurs? Les statues? ils les connaissaient puisqu'ils les avaient faites; les peintures de même, les manuscrits aussi, en passant, comme des ambulants qui sont, aujourd'hui en Danemark, et demain en Hongrie. Mais ils ne créent pas en Allemagne de colonies d'art, parce que le luxe manque, que l'opinion centrale défaille avec ces Empereurs, tantôt venus du Rhin, tantôt de Bohême et tellement pauvres qu'ils sont poursuivis pour dettes en pleine rue [2]. Tant que fussent riches les abbayes de par là, pouvaient-elles en vérité se comparer à celles des Flandres, centres artistiques incomparables, ou aux monastères bourguignons, maîtres spirituels du monde entier? Tout ce que les iconographes allemands nous montrent sur le fait d'œuvres peintes dans le XIVᵉ siècle, provient de moines inconnus et voyageurs, de dons importés, de quelque peintre ou tailleur d'images, flamand ou bourguignon, ayant passé par là. Seulement cet artiste se garde de rien emprunter aux œuvres qui l'entourent, parce qu'elles n'ont aucune homogénéité, ni rien de topique encore. L'empereur Charles est loin, et les Burgraves n'ont pas fait, de leurs domaines, des lieux de repos calme où les arts et l'industrie progressent. L'homme de langue allemande, capable de s'instruire aux arts, habite l'Alsace, un peu de Souabe, et tend à la Bourgogne par la comté de Montbéliard. Il sera bientôt le maître orfèvre de 1466 ou Martin Schongauer, c'est-à-dire un véritable bourguignon; au XIVᵉ siècle, dans le temps du duc Philippe le Hardi et des Papes français, l'imagier

1. J.-J. Guiffrey, Mémoire dans les *Mémoires de la Société des Antiquaires*, année 1877, p. 49. M. A. Giry avait cru que Jean de Bruges s'était inspiré du ms. fr. 403 de la Bibl. nationale, prêté par Charles V à son frère Louis Iᵉʳ d'Anjou. Depuis, M. Léopold Delisle a lumineusement démontré dans son livre : *Mémoire sur les Figures de l'Apocalypse* (Le Puy, 1901, in-8), p. LXV, que ce n'est pas ce ms. qui a servi à Jean de Bruges, mais probablement plusieurs autres (voir même ouvrage, p. CLXXVI).

2. Aussi bien, par ses alliances, l'empereur Charles IV, fils du roi de Bohême tué à Crécy au service de la France, beau-frère du roi Philippe VI, peut-il être considéré au point de vue des goûts et des tendances comme un prince français.

allemand, purement germain de race et de goûts, n'existe pas et ne peut exister, pas plus que l'enlumineur ou le tapissier [1]. Lourdement l'ouvrier de là-bas parodie le style français dans ses œuvres d'orfèvrerie, dans ses ivoires, sur ses armures, sur ses tombeaux surtout, mais l'imagination créatrice lui manque, ses manuscrits, ce sont les nôtres [2], comme tout à l'heure son imagerie ; ce qu'il ne copiera ou pastichera que très tard, vient de Bourgogne et de France par la Comté et la Suisse.

IV

Nous avons vu les abbayes françaises curieuses de science et d'arts nouveaux, fières de paraître les plus puissantes maisons de leur ordre, chercher en tous lieux les éléments de prospérité par des débouchés où le commerce devait tenir une bonne part. Sur ce point, Cluny et Clairvaux occupent la première place. La Bourgogne et la Champagne, celle-là par ses rapports avec Avignon, celle-ci par les grandes foires du pays, où les trafiquants du monde entier se rendent, sont maîtresses du marché religieux. Nous n'avons plus guère qu'à montrer la succession d'événements qui, déplaçant fragmentairement le centre artistique des Flandres pour le conduire à Dijon, fournira à la région comprise entre Clairvaux et Lyon, l'occasion unique de produire en grand ce que d'autres avaient tenté en détail dans le Nord, en France même, ou dans les contrées méridionales, c'est-à-dire l'imagerie pieuse, multipliée à bas prix. Au point de vue social, cette simple diffusion d'une image sur papier, grossièrement taillée par des artisans, devenue le véhicule de lettres d'indulgences, de trafics de tous genres, constitue la plus formidable révolution de cette fin du moyen âge. Pour en arriver là, il avait fallu que les grandes abbayes des Flandres ou de Picardie eussent, à l'ombre de leurs cloîtres, durant des siècles, préparé inconsciemment les artistes utiles et favorisé les extraordinaires tempéraments d'artisans séculiers que ces pays recé-

---

1. M. Guiffrey à propos des prétentions allemandes sur la question des tapisseries, invite ceux qui les proclament à publier des pièces utiles à cette démonstration (*Hist. de la Tapisserie*, Mame, in-8°).

2. Voir aux Archives de Coblentz le ms. de Baudouin de Tréves (1310-13) si expressément français d'aspect, et en général les représentations figurées publiées par Hefner Alteneck, la *Chronique* d'Ulrich de Richental (absolument bourguignonne), etc.

laient. Au xive siècle, c'est presque tout à coup que la réalisation se produit ; elle s'était de loin esquissée par une sorte d'enseignement passé aux laïques, bientôt répandu partout.

Qu'on se rappelle cet abbé de Bergue, Grégoire, lequel, en 1158, négligeait le spirituel de ses religieux, pour leur enseigner l'orfèvrerie et la taille des métaux [1] ; un de ses moines compose, en enluminure, un gros manuscrit pour l'abbaye de Saint-Bertin. A Saint-Bavon de Gand où les arts sont pratiqués fort anciennement, la peinture séculière paraît dans l'église dès 1370 ; avec un tableau, composé par Hugues Portier, et montrant *saint Amand renversant l'autel de Mercure*. Gand est le pays des bannières, qu'on peint à l'huile dès le commencement du xive siècle, et que, sans doute, on imprime de poncifs au temps qui nous occupe. A Courtrai, nous rencontrons, presqu'au même moment, André Beauneveu, le futur peintre du roi de France et du duc de Berry, sculptant la figure de Louis de Male, et cette figure dut être celle qu'on mettra plus tard sur le tombeau de Lille, ordonné dans le milieu du xve siècle par le duc Philippe de Bourgogne [2]. A l'abbaye de Saint-Bertin, si misérablement traitée par les guerres, de grands miniaturistes vécurent. Quant aux artistes du pavement, que Didron comparera aux Grecs [3], ce sont les contemporains de ceux de Chantemerle, peut-être leurs maîtres, et de ceux-là il reste des œuvres. Le musée de Saint-Omer conserve même le tombeau en mosaïque de Guillaume, fils du comte Robert, mort en 1109, à quatorze ans. Autour de cette tombe, l'artiste a représenté les signes du Zodiaque, les mêmes que nous retrouverons dans les œuvres flamandes des Heures du duc de Berry ou celles du maître E. S. et de tant d'autres. Dans le pays de Douai, il y a l'abbaye de Marchiennes, il y a Anchin et Saint-Amand ; Valenciennes n'est pas loin, le lieu est, dans le xive siècle, le premier de l'Europe entière. Valenciennes a des brodeurs en haute lisse partout, ses peintres sont nommés dès le commencement du xive siècle, et ce sont là des laïques, lentement formés aux arts dans les siècles précédents. Les tailleurs d'images sont plus nombreux encore que les peintres. André Beauneveu, qui sortira de cette pépinière, taille le marbre, nous l'avons dit, aussi bien qu'il enlumine [4]. Au nombre de ces artistes, un

---

1. Dehaisnes, III, 367.

2. Cf. *Un ancêtre de la gravure sur bois*, p. 60. Voir surtout Quarré-Reybourbon, *Trois recueils de portraits*, Lille, Danel, 1900, pl. 2. Voir aussi Dehaisnes, III, 248.

3. Didron, *Annales archéologiques*, X, p. 241. — Dehaisnes, III, 352.

4. Dehaisnes, III, 242. — P. Durrieu, *André Beauneveu*, in-4° (s l. n. d.).

Allemand figuré, quelque rhénan venu pour s'initier aux choses que
son pays ne connaît guère. Aussi bien l'origine de cette vie artistique
de toute une région remonte aux abbayes. Saint-Amand a formé dès le
xie siècle, des moines spécialistes, dont le nom nous est parvenu, l'un
d'eux se nomme Sarvalon, et Sarvalon sculpte, en 1140, comme il dessine [1]. Quoi d'étonnant à ce qu'un homme aussi habile eût songé, lui
aussi, aux estampilles comme son collègue de l'abbaye de Vauclerc ?
L'abbaye d'Anchin produira le moine Baudouin au xiie siècle [2], mais ce
monastère est surtout une école de sculpture et d'orfèvrerie. Les moines
y gravent sur laiton, en 1234, une « portraicture » de l'église d'Anchin [3].
L'orfèvre Jacques donnera le plan de la châsse de Nivelles en l'honneur
de sainte Gertrude, et cette châsse est encore conservée. Si l'on descend
un peu en Picardie, on trouve à Arras l'abbaye de Saint-Waast, et celle-là
est peut-être de toutes, la plus riche et la plus magnifique. Ses miniaturistes, ses calligraphes, ses tailleurs de métaux furent dans les premiers. Un
de ses architectes partira d'Arras pour aller construire le chœur de la
cathédrale de Prague [4]. Et il y a mieux encore à Arras que la peinture et
l'orfèvrerie, il y a les tapis, ce que les Italiens nommeront les *Arrazzi* en
l'honneur de la ville célèbre. Au ixe siècle, l'abbaye de Saint-Waast possédait des tapisseries [5] ; bien avant 1300 on y faisait la teinture de garance
et de guesde. C'est à Arras qu'aboutissent fatalement les peintres célèbres,
compositeurs de cartons ; Bataille y brodera sur les cartons de Jean de
Bruges, peintre de Charles V, l'*Apocalypse* aujourd'hui à Angers ; quant au
prototype de toutes les Apocalypses à impressions tabellaires, ce sont des
manuscrits d'origine française [6]. Et nous ne pouvons douter aujourd'hui,
surtout si nous comparons le style, les tendances, les accessoires des
artistes d'Arras, à nos modestes incunables de la gravure, — majora

1. Dehaisnes, III, 204. Douai fut une ville où la bourgeoisie déploya le plus grand
luxe de toilette et de table. Pour ce qui nous occupe spécialement, la taille en relief,
disons que les inscriptions funéraires taillées en bronze ou en laiton étaient très com-
munes à Douai dès la fin du xive siècle. Certains bourgeois ordonnent leurs tombes
avec figures niellées. La collégiale de Saint-Amé de Douai renfermait plusieurs objets précieux de ce genre, dont pourrait bien provenir la plaque funéraire récemment léguée au
Louvre par M. A. de Rothschild. Voir Dehaisnes, III, 204.

2. On a de Baudouin le ms. 257 de la Bibl. de la ville.

3. Dehaisnes, III, 232.

4. Dehaisnes, III, 321.

5. Dehaisnes, III, 333.

6. Léopold Delisle, *Mémoire cité*, page cxcvii.

minimis — que la plus grande part d'elles ont Arras ou la région pour lieu d'origine, Arras où l'on peint, où l'on sculpte, où l'on taille en relief[1].

L'exode des artistes de la région flamande vers la France, la Bourgogne et le Lyonnais est, comme je l'ai dit, un fait politique et social. Social, parce que la France, relevée de ses misères dès le règne de Charles V, offre aux artistes de tous les pays, en même temps que du travail, un enseignement de technique de premier ordre, grâce au groupement des talents et des ambitions, et parce que ces artistes trouvent en France un débouché énorme d'exportation. Politique, en ce sens que le duc de Bourgogne, Philippe, duc aussi des Flandres par son mariage avec l'héritière de Louis de Male, trouvera établis, pour sa gloire et la leur, des artistes de Bruges, d'Ypres, de Gand, de Valenciennes, d'Arras, ceux que nous venons de dire et les autres, les grands naturalistes au nombre de plus de cent, dont il fera des sujets dévoués.

Mais qu'ils viennent à Paris, ou descendent à Dijon, à Cluny, à Lyon même, les Flamands, précurseurs de la Renaissance, ne tombent pas en pays dénué et divisé comme l'est alors l'empire allemand. Les victoires heureuses de Duguesclin ont, en 1364, un peu changé la face des choses. Le roi Charles V, épris d'humanisme sous l'influence d'Avignon, est homme à comprendre les arts comme il sait la littérature et les sciences[2]. Aussi bien n'en sommes-nous pas à cet état d'ignorance qu'on a voulu dire ; une bonne part de la population des campagnes sait au moins lire. Un pauvre valet laboureur est marguillier de sa paroisse, il en tient la comptabilité[3]. Certains lisent, s'ils n'écrivent pas, et ce sont tous de très pauvres gens. Partout le français prime ; il passe pour la langue la plus claire, la plus simple, les Allemands l'apprennent à leurs enfants[4]. A la cour de France, à part certains chevaliers arriérés, qui se font gloire de ne pas lire, tous les princes français sont de fins lettrés et de grands connaisseurs en « images ». Ce n'est point le lieu de rappeler ce que furent le duc d'Anjou, passionné d'orfèvreries et de tapis, dont les inventaires

1. Voir Dutuit, *Manuel*, I, p. 187 et suiv. Il cite le couvent de Groenendal près Bruxelles comme un couvent de moines tailleurs d'images dans le xve siècle.

2. Léopold Delisle, *Cabinet des Manuscrits*, I, 19 et 50-51.

3. Siméon Luce, *Duguesclin*, p. 66, note 2 ; et B. Prost, *Inventaires* (1902), p. 46, note 4. Les maîtres d'école existent partout en Champagne, en Lorraine, en Bourgogne, en Normandie.

4. Dans le roman de *Berte aux grans piés*, en 1270, on voit que les *marquis* allemands font apprendre le français à leurs enfants. Les Flamands eux-mêmes, en prévision du voyage d'art obligé à Paris, font enseigner la langue *d'oyl* à leurs fils (*Duguesclin*, p. 16).

sommaires forment des volumes, les ducs de Berry et de Bourgogne aussi.

Si le roi Charles appelle les artistes des Flandres, ce n'est pas que les enlumineurs ou les peintres manquent dans ses États. Les moindres écrivains de ville dessinent gentiment et tournent une figure sans effort, parce que l'art de l'écriture est alors, comme encore au Japon, un peu l'art de « portraiture » c'est-à-dire du dessin. A Tours, les comptes municipaux nous révèlent, en 1364-65, un scribe assez habile qui, par hasard nous montrera des formules graphiques souvent rencontrées dans les premiers incunables [1], on en sait d'autres à Paris, à Rouen, à Troyes. Il n'est point rare non plus, comme nous l'avons dit déjà à propos du moine Sarvalon, que les mêmes pussent tenter un modelage de figure ou la taille d'une statuette. Quant aux peintres provinciaux, non pas toujours religieux, ni clercs, mais simplement artisans « vivant dans le siècle », on voit en tous lieux trace de leur passage au centre, au midi, dans l'ouest ou l'est [2].

Antérieurement au règne de Charles VI, et à partir du règne de saint Louis, les rois de France ont eu leurs artistes officiels, dont la plupart sont de pays français, comme cet Étienne d'Auxerre, qui travaillera pour la comtesse Mahaut d'Artois [3], Évrard d'Orléans, mort après 1346, Jean de l'Ocre, peintre de la reine en 1317, Jean d'Auteuil, mort en 1327, Girard d'Orléans, dont la carrière sera comprise entre les années 1344 et 1361 ; puis ce seront Jean Coste en 1349 [4] et Jean d'Orléans qui, depuis

---

1. J. Delaville Le Roulx, *Comptes municipaux de Tours*, note, p. 35. Ce compte de 1364-65 contient cent quarante-trois lettres ornées. Une tête d'évêque à cheveux ondulés sera étudiée ci-après.

2. Gélis Didot et Laffilée, *La peinture décorative* (passim). Pour se rendre bien compte du côté purement manuel de l'art du peintre alors, une mention d'artiste suffira. Celui-là est tellement peu compté dans la ville où on l'emploie, qu'on ne sait même pas son nom ; on l'appelle « le peintre mary de la brodeuse ».

3. J.-M. Richard, *Mahaut d'Artois*, in-8°, 1887, p. 329-331.

4. Contrairement à ce que pensait M. Anatole de Montaiglon, Jean Coste fut au service du roi Jean avant son avènement au trône. Voici une mention inédite que j'ai retrouvée aux Pièces originales de la Bibl. nat. (*Dép. des mss.*, n° 869, pièce 19530). « Je Jehan « Coste, painctre, confesse avoir eu et reçeu de honorable homme et saige Nicolas Biat « trésorier Mgr le Duc de Normandie (Jean II) et de Guyenne, huit livres parisis qui « m'estoient deuz pour cause de la peinture faite en l'ostel ou Monseigneur descent au « Palais. » Montaiglon attribuait à Jean Coste le célèbre portrait du Roi Jean provenant de Gaignières et conservé à la Bibliothèque nationale ; j'ai tout lieu de penser que cette effigie fut peinte à Avignon par Simone di Martino. Le roi Jean avait vu le peintre là-bas, lors d'un voyage en compagnie du duc Eudes de Bourgogne à l'avènement du pape Clé-

1365 jusqu'à 1420, restera peintre du Roi [1]. Mais parallèlement à ces artistes indigènes, les rois ont eu des étrangers, Flamands ou Italiens ; les Rizutti, père et fils, et Nicolas Desmars, tous trois venus de Rome en 1308, et disparus en 1323 [2], Jean de Saint-Omer, qui travaillera de fine peinture *à l'huile* en 1372-73 au tombeau de Jeanne d'Évreux, dans le couvent des Cordeliers ; Jean de Bruges, dit Jean de Bondolf, que M. Bernard Prost a retrouvé sous ce patronymique étrange, peut-être italien [3]. Et à côté de ceux-là Pierre de Bruxelles (1320), Colin Chadeurs [4], Pierre de Raimbeaucourt, douaisien, l'enlumineur Jean de Montmartre, Pierre Clouet, et enfin le plus illustre de tous, au moins par les mentions qui le concernent, André Beauneveu, de Valenciennes. Entre tous ces hommes, pas un qui n'ait laissé, de lui, au moins la note d'une œuvre capitale ; Jean Coste peint à l'huile des histoires au château de Vaudreuil ; Pierre Clouet exécute une *histoire de Salomon*, sur un trône du roi Jean, sculpté par l'imagier Pierre de Vienne. Jean de Saint-Omer peint le *voyage de saint Louis au Mont-Carmel*, pour les Carmes de la place Maubert, d'après les ordres de la reine Jeanne d'Évreux. En 1364, André Beauneveu, dont le talent de statuaire prime alors, est chargé de tombeaux à Saint-Denis, entre autres de celui du roi Jean [5].

Sans nous arrêter outre mesure à ces énumérations d'œuvres et d'artistes français et flamands, où pas un Allemand ne paraîtra jamais [6], il est force de reconnaître que l'art français tient en Europe une place considérable au XIVe siècle. M. Jaro Springer avait raison de proclamer la France

ment VI ; les deux princes avaient offert au Pontife un diptyque de Jean Coste (?) représentant Jésus et la Vierge sur fond d'or. Au retour du roi, Jean Coste avait été chargé de peindre la scène sur les murs de la Sainte-Chapelle. Cf. *Cat. de Roger de Gaignières*, t. I, n° 302.

    1. B. Prost, *Recherches sur les peintres du Roi antérieurs au règne de Charles VI* (Dans le vol. intitulé *Études d'Histoire... dédiées à Gabriel Monod*, Paris, Cerf, in-8°, 1896, pp. 389-403).

    2. B. Prost, *Gazette des Beaux-Arts*, 2e série, vol. XXXV, p. 322.

    3. B. Prost, *Gazette des Beaux-Arts*, 3e série, vol. VIII, p. 349. Charles V, par l'acte où il est nommé Jean de Bandol, lui donne une maison à Saint-Quentin.

    4. *Bulletin de l'art français*, 1877, p. 106.

    5. Au sujet de ce travail, consulter Dehaisnes. *Beauneveu* (*Revue de l'art chrétien*, II, p. 135-145) ; P. Durrieu, *Miniatures d'André Beauneveu*, Paris, 1884, in-4°, et Léopold Delisle, *Le Cabinet des Manuscrits*, t. I, p. 62. La Bibliographie complète des études sur Beauneveu est dans l'opuscule de M. Durrieu.

    6. On nomme un Hermann de Cologne qui n'a rien laissé et qui est probablement venu se perfectionner à Paris (Dehaisnes III, 502).

un pays directeur. Comparée à la Bourgogne de vingt ans plus tard, et aux Flandres, elle tient un rang des plus honorables. Toutefois le vrai mouvement directeur ce sera, à la fin du xive siècle, une sorte de combinaison, d'amalgame des tendances flamandes et françaises, augmentées d'art italien, d'humanisme, de littérature antique et de piété chrétienne, dont le centre sera Dijon, la ville des ducs de Bourgogne. Et par Dijon, les abbayes mères, celles qui maintenant reçoivent des artistes séculiers un canon graphique transformé, mais originairement issu d'elles.

La Bourgogne du xive siècle à égale distance du roi et du pape, non loin de l'empereur, est le pays de diffusion par excellence. Dès l'antiquité Chalon est un carrefour auquel aboutissent les routes d'Italie, de Paris, de Bâle. Par le Rhône, les anciens Phéniciens étaient allés jusqu'en Bretagne; ils bifurquaient à Chalon, pour prendre la route du centre par Nevers. Donc, les routes de l'ouest par Autun et Nevers; celle de l'est par la vallée du Doubs, conduisant à Bâle et au Rhin; celle du nord par Langres, les Vosges et la Moselle, celle du nord-ouest par la Seine, allant à Paris, ont leur « patte d'oie » dans la région où l'abbaye de Cluny, celles de Cîteaux et de La Ferté, ont établi leur demeure. Qu'un voyageur parisien ou flamand; qu'un Rhénan, voisin de la Gueldre ou de la Westphalie, aient affaire au Pape, c'est par Chalon qu'ils passent. L'Empereur n'a que ces chemins pour Arles dont il est maître nominal [1] et s'il vient en France, à moins que de gagner Paris, par les routes des Ardennes, il lui faudra voir la Bourgogne. Lorsque le fils de Jean le Bon deviendra duc de Bourgogne en 1363, il trouvera le pays dans une condition morale excellente. Le duc Eudes avait mis son duché à un échelon supérieur dans les hiérarchies somptuaires, grâce au voisinage proche de Cluny, aux moines de Saint-Bénigne de Dijon, à Cîteaux, à La Ferté-sur-Grosne où les religieux peignent, sculptent, empreignent communément. A l'avènement du duc Philippe, la peinture est, à Dijon, chose aussi courante que l'écriture. A-t-on dans la ville un mur sali par les passants, on y fait immédiatement peindre des croix et des images de saints pour en marquer la défense [2]. Philippe apportera dans son domaine le curieux *snobisme*, l'heureuse manie des fils de Jean le Bon, la passion du brillant, du luxe, des tapisseries, des livres et des tableaux. Entre les

---

1. A. N. J. 612, n° 48. Acte par lequel Charles V, empereur d'Allemagne, émancipe le fils du roi Charles V, et lui donne la lieutenance de l'Empire dans son royaume d'Arles.

2. Ernest Petit, *Entrée du roi Charles VI à Dijon*, p. 46.

frères, le roi Charles V, le duc de Berry, le duc d'Anjou, et Philippe de
Bourgogne ce sera comme une joute de magnificences. D'ailleurs le
mariage de ce dernier avec l'héritière des Flandres, Marguerite, fera tantôt de lui le maître de ces pays admirables où les arts les plus merveilleux sont toute l'industrie locale, l'œuvre courante des artisans. Que
dans le principe Philippe se fût contenté de peintres français, comme
sont Belin de Dijon, Jean Le Bouveux ou Arnoul Picornet ; que de ceux-
là, l'un peigne et enlumine en 1373, un livre d'heures de Madame la
duchesse, que les deux autres s'emploient à empreinter sur les murs du
château de Germolles 180 brebis, 300 lettres P. M. avec chardons, (cher
don !), 300 marguerites et 120 roses [1], il ne manquera pas d'occasions où
les Flamands s'offriront à la comparaison. Ceux-là ont une esthétique
particulière, ils font le portrait plus exact des choses et des êtres, ils ont
de hiératiques façons pour draper une figure, ils manient les peintures à
l'huile depuis un siècle. Comparés aux Dijonnais de l'École clunisienne,
plus enlumineurs et traditionnels, ils détonnent. Marguerite de Flandres
n'est pas d'ailleurs, sans persuader très vite au duc combien les arts du
Hainaut ou de l'Artois sont plus modernes et s'adaptent mieux aux projets caressés de chapelles à construire, de châteaux à décorer. Ce fut la
raison qui amena aux côtés des Dijonnais les Flamands Broderlam, Sluter,
Malouel, pour ne dire que les illustres.

Les grandes abbayes de la région ont toutes leur hôtel à Dijon ;
là est le véritable centre des chefs d'ordre bénédictins, où le procureur
de chacun des abbés s'abouche avec les artistes et traite avec eux des
travaux à entreprendre [2]. L'influence flamande tend donc à déplacer les
goûts Bourguignons ; de directrices qu'elles furent pendant le moyen
âge, les abbayes passent au rôle d'élèves dans le nouveau jeu. Elles
apprennent d'un Broderlam ou d'un Malouel la récente esthétique religieuse, celle qui s'est imposée à la France par Beauneveu et Jean de
Bruges. Par Malouel et les artistes de la région qu'il emploie, elles auront
sujet de se perfectionner dans la taille d'imagerie pour empreintures.
Mais Cluny la première subira d'autres influences encore, celles d'Avignon,
parce que son dernier abbé Androuin de la Roche, franc-comtois jurass-
sien, cardinal, homme de magnificence royale, a habité à la cour des

1. Ernest Petit, Compte de Jean d'Auxonne aux Archives de la Côte-d'Or. D 4434,
fol. 22, cité dans l'*Entrée de Charles VI à Dijon*, p. 19.
2. Ernest Petit, *Ouv. cité*, p. 32.

papes, qu'il y a connu Pétrarque et Simone di Martino [1]. Nous dirons
ci-après combien les premiers monuments de l'imagerie nous feront
constater la double poussée artistique du Nord et du Midi, celle de Broderlam et des élèves de Simone, dans la beauté des figures, la simplicité
hiératique des draperies et la grandeur des scènes, encore que tous ces
caractères soient alourdis et un peu affadis dans la traduction du tailleur
d'images. Pour le moment, tenons-nous-en au fait principal de cette discussion, à savoir que l'art de la fin du xive siècle s'est trouvé un centre
de ralliement, la Bourgogne ; que les Flamands, les Italiens, les Français
s'y donnent la main en vue d'une œuvre commune, et que les maisons
religieuses, directrices des idées, des passions, de la politique médié-
vales, celles qui dispenseront les indulgences, solliciteront les prières
dans l'Europe entière, sont précisément dans le cadre étroit où se produit
la première phase de la Renaissance.

Une histoire de l'abbaye de Cluny reste à faire; la grande maison
bénédictine mériterait mieux qu'une mention sur sa Bibliothèque, et
quelques opuscules. A l'époque où nous la prenons, elle a subi le passage des Compagnies, ses trésors et ses celliers surtout ont été pillés ; ses
moines ont dû prendre le harnais de bataille [2]. L'honneur auquel elle
tient, c'est de ne relever que du Saint-Siège, sans ingérence des évêques.
Non loin d'elle est Cîteaux; plus près encore, La Ferté-sur-Grosne. De
Cluny, aujourd'hui à peu près détruit, et dont la splendeur s'est évanouie
sans laisser beaucoup de traces, que pourrions-nous dire sûrement? Un
retable, probablement sculpté au temps du cardinal Androuin, s'est
retrouvé à Dijon en la possesion de M. Henri Baudot; c'est l'art cluni-
sien encore, sans l'influence que nous disions, sans rien qui rappelle
même de loin le passage de Claux Sluter [3]. Sauf ce que nous savons de
la prépondérance spirituelle de Cluny, nous ne serions pas autorisés à
conclure beaucoup en sa faveur, parce que rien de probant ne nous est
parvenu encore. Quelque jour les archives de Dijon, celles de Mâcon
peut-être nous fourniront la pièce capitale, nous en sommes aux hypo-

---

1. L'abbé Loye, *Hist. du comté de la Roche*, p. 104-105, et H. Bouchot, *Androuin de la
Roche* (*Revue franc-comtoise, année 1884*).

2. Denifle, *Désolation des églises de France*, t. II, et autres documents cités dans *Un ancêtre
de la gravure sur bois*, p. 117-18.

3. *Collection Henri Baudot*, Dijon, Darantière, 1894, n° 1012. A remarquer que le
Christ porte *le tortil et non la couronne d'épines*. Le tortil restera aux Bourguignons longtemps, alors que les Flamands et les Italo-Venaissins adopteront les épines.

thèses. Il faut avouer pourtant que lorsque nous aurons aperçu à La Ferté un centre de production d'imagerie, les vestiges d'une industrie monacale, la supposition concernant Cluny prendra quelque force. Elle s'enhardira encore de ce fait que les premières images semblent se rattacher moralement à la contrée, saint Bénigne, saint Léger d'Autun, saint Georges ; une toque polonaise remarquée à un saint Sébastien est justement celle d'un roi de Pologne devenu abbé de Saint-Bénigne. L'abbaye de Saint-Bénigne sans doute ne peut être omise ici ; c'est un centre très célèbre de science et d'art ; nous connaissons au moins un fait qui place Saint-Bénigne à un rang supérieur. C'est sur le plan de son église que sera bâtie la cathédrale de Ratisbonne, dans le dernier tiers du XIIIe siècle. En outre, le fait d'être à Dijon même, à la source artistique, de probablement employer à ses besognes Claux Sluter et Malouel, note une circonstance assez importante ; pourtant il ne paraît point très douteux que Cluny, avec ses redoutables moyens de diffusion n'ait, avant d'autres, saisi les premiers essais d'imagerie comme le plus sûr moyen de propagande et de trafic. La mention la plus modeste assied mieux nos convictions, nous l'avons trouvée dans le rotulus de 1438, elle est un peu tardive.

Mais il reste La Ferté-sur-Grosne. Celle-ci est la première fille de Cîteaux, c'est dire que, dans la hiérarchie monacale des Cisterciens, elle occupe le premier rang. La Ferté avait été construite, non loin de Sennecey dans Saône-et-Loire, à un moment où l'abbaye mère, ne pouvant plus contenir ses moines, avait dû fonder une succursale proche. Entre les deux maisons, il y eut vite cette nuance que Cîteaux se donna au sacerdoce et à l'action, tandis que La Ferté, plus encline aux idéalismes de Cluny, copiait les manuscrits et enluminait les livres [1]. Plusieurs fois bousculée par les armées, au temps des compagnies [2] sous Condé et d'Andelot en 1567, l'abbaye de La Ferté avait perdu la plus grande partie de ses trésors. A la Révolution, son mobilier avait été enlevé par les villages voisins, Laives, Sennecey ; on détruisit les tableaux, on brisa les stalles de bois sculpté, les tombes, celle, entre autres, du bailli de Chalon, Jean de Visque, mort en 1380 et inhumé dans la chapelle [3].

Il y eut cette coïncidence intéressante pour nous que, à cette époque, lors de la destruction à peu près complète du cloître de La Ferté en 1793,

1. Niepce, *Histoire du canton de Sennecey-le-Grand*, II, 298. La Ferté dépend du canton de Saint-Ambreuil.
2. *Un ancêtre de la gravure sur bois*, p. 112.
3. Niepce, II, 307.

les gens de Laives y vinrent chercher des matériaux de pavage. Ils prirent pêle-mêle, au tombereau, ce qui leur venait sous la main. La cour d'une maison à Laives était entièrement pavée, ces temps derniers encore, de fragments sculptés arrachés à l'abbaye. Une pierre tombale, portant la figure gravée d'un prêtre de la fin du xve siècle a conservé le fond en damier du xive. Le mur touchant à la chapelle de Lenoux, construite par le prêtre dont on a conservé la pierre [1], est formé de morceaux de statues importantes. Or le *Bois Protat* a précisément été rencontré au village de Laives sous un dallage de salle, dans une maison particulière; il était là, servant de remplissage, de cale, en compagnie de *nombreux autres* dont par malheur l'état de dégradation ne permit pas la conservation utile, on les laissa tomber en poussière [2].

Voilà donc au moins une abbaye de la région bourguignonne qui a possédé des planches tabellaires: J'ai dit ailleurs que les dimensions de ce bois retrouvé à Laives ne nous autorisaient pas à admettre l'impression sur papier. Cependant le format ordinaire des feuilles, touchant 40 × 60 centimètres, eût pu, par des raccords, permettre une impression. La question d'ailleurs est autre, il s'agit de prouver que des œuvres de ce genre spécial ont été taillées en Bourgogne, au temps où Beaumetz demande au charpentier Baudet l'exécution de planches semblables pour ses travaux d'empreinture; cette preuve est faite. Les circonstances de la trouvaille excluent toute idée de supercherie, puisque tout le monde a pu voir les débris de vieux bois exhumés de leur dallage. Leur nombre même nous semble indiquer un matériel assez considérable de planches xylographiques conservées à l'abbaye. Comme style, les hommes du *Bois Protat* sont justement correspondant aux canons habituels des artistes de la région, certaines particularités servent même à leur donner une date [3] comme j'ai essayé de le démontrer ailleurs. Notons encore l'assimilation entre la planche de M. Protat et la toile imprimée de M. d'Odet; leur marche est concurrente.

J'ai dit déjà, à propos de cette toile, combien le caractère littéraire de cette composition *de l'Histoire d'Œdipe*, rendait plausible une attribution

---

1. Cette pierre représentant Jean Gelyot est en la possession actuelle du curé de Sennecey-le-Grand.

2. Enquête faite sur les lieux, en janvier 1902, par M. Jules Protat, publiée par lui dans les *Mémoires des Congrès de 1900* (7e section), p. 171.

3. Cf. *Un ancêtre de la gravure sur bois*. La plume que porte le centurion est un ornement très spécial durant les guerres des compagnies.

aux artistes d'Avignon. C'est que, à l'époque immédiatement voisine de
celle qui nous occupe, les papes d'Avignon ont formé dans le Comtat
une école d'artistes incomparables. Entre le duc de Bourgogne et le pape,
les relations sont dès longtemps établies. Sans parler d'Eudes que nous
voyons, dans la reproduction d'une peinture de la Sainte-Chapelle, offrir
au Saint-Père un diptyque peint par un Français [1], il y eut les voyages
ad limina du duc Philippe, d'étroites correspondances [2], comme plus tard
nous verrons celui-ci dépêcher au concile de Constance, Pierre Salmon [3];
or la présence de ce religieux à Constance, où vont s'agiter les graves
questions de l'imagerie, de l'idolâtrie pieuse, comme la nommait Jean
Huss, n'est-ce point une coïncidence singulière ?

M. de Nolhac a étudié lumineusement le retour des Italiens à l'antiquité dans son livre sur Pétrarque ; le grand artiste italien du xive siècle,
poète, prosateur, amoureux d'images, a eu, sur son temps, une influence
énorme ; or, cette vie intellectuelle, c'est en grande partie chez nous qu'il
la forme, à Paris, à Montpellier [4], ce sont nos modes qu'il adopte et qu'il
vante, et ce capuchon à queue, que nous lui voyons dans une miniature,
est celui des bourgeois de France, des carreaux de Chantemerle, des cava-
liers élégants du temps de Jean II [5]. Au sujet des images, Pétrarque a écrit
quelques lignes qui sont, de sa part, un acte de foi, car il n'est point du
temps où les piétés gravées serviront à la vente des indulgences [6].
Adonné aux lettres païennes comme il sera toujours de préférence, les
peintres deviennent pour lui des collaborateurs indispensables, car ce
qu'il lit, il aime à lui voir un corps palpable et suggestif. « Soleo habere,
« écrit-il, soleo habere scriptores quinque vel sex, habeo tres ad presens,

---

1. Cat. Gaignières, n° 302. M. Ernest Petit a précisé la date du voyage du roi Jean et
du duc Eudes. Cette date est immédiatement antérieure à la mort du peintre Simone di
Martino † 1344. J'ai donné une reproduction dans l'*Ancêtre de la gravure sur bois* p. 117.

2. Jarry. *La voie de fait et l'alliance franco-milanaise* (*Bibl. de l'École des chartes*, LIII
(1892), p. 213 et suiv. et p. 505.

3. B. Prost (*Archives historiques et littéraires*) et H. Moranvillié (*Bibl. de l'École des
chartes*, t. L (1889), p. 575).

4. *Epistolæ de rebus familiaribus*, X, 3 (édit. 1859-63), cité par Nolhac, *Pétrarque et
l'humanisme*.

5. Cf. Gaignières, O a 12 (passim), au Dép[t] des Estampes on voit beaucoup de ces cha-
perons à queue semblables de tous points à celui de Pétrarque, dans le ms. 5227 de la
bibl. de l'Arsenal, *la Vie de St Clément*. Or l'artiste de ce manuscrit est probablement un
des premiers dessinateurs de planches sur bois, ou tout au moins un *instigateur*.

6. *De remediis*, édit de 1581, p. 40. « Delectari quoque sacris imaginibus, quæ spec-
tantes beneficii cœlestis admoneant... »

« et, ne plures habeam, causa est quod non inveniuntur scriptores, sed
« pictores utinam non inepti [1] ! » Ces peintres qui ne le satisfont pas
toujours, ne sont pas de la haute classe de ce Simone di Martino qu'il
aime et qu'il honore :

> Ma certo il mio Simon fu in Paradiso,
> Onde questa gentil donna si parta ;
> Ivi la vide, e la ritrasse in carte,
> Per far fede quaggia del suo bel viso [2] !

Mais ce Simon qui dessine sur papier ou sur parchemin, qui illustrera
un *Virgile* en l'honneur de son ami, est l'inspirateur, l'ancêtre de toute
la pléiade ultérieure [3]. C'est de lui que procédera l'aimable italo-venaissin
dont le nom ne nous est pas connu, et qui enlumine un manuscrit
entier pour le poète [4]. Celui-ci est-il le Vénitien que nous pourrions croire,
ou peut-être un des Français établis à Avignon, dont les uns comme Pierre
Massonnier, Aimery Celier, Armand Coste, Guillaume Vidal, Jean de
Lyon ont autrefois travaillé au palais de Sorgues ? Serait-ce Garcia Mar-
tinez, retrouvé à Avignon dès 1343, et qui y travaille encore lorsque les
papes auront regagné Rome ? Cean Bermudez le dit espagnol, et le donne
pour l'« iluminador » le plus admirable de ces temps [5]. Nous ne pouvons
rien dire d'assuré dans l'occurrence ; tout à l'heure nous reviendrons aux
peintures de ce manuscrit conservé à la Bibliothèque nationale, nous
montrerons l'étroite analogie de certains caractères graphiques, avec les
thèmes plus naïfs de nos premières images ; nous nous expliquerons
mieux que la toile imprimée de M. d'Odet ait pris naissance quelque
part en ce « bel exil de la Papauté » où Pétrarque chante les lettres
latines, et où des enlumineurs dessinent pour lui de jolies histoires.

Au temps, où l'imagerie deviendra l'objet courant, le schisme d'Occident se poursuit ; le pape a quitté Avignon depuis 1367, ce ne serait

---

1. *Epistolæ familiares*, III, 333.
2. De Sade, *Mémoires pour la vie de Pétrarque*, Amsterdam, 1764-67, t. II, p. 71-79.
3. « Simone fu chiamato in Avignone alla corte del Papa con grandissima instanza. »
Vasari, edit. Milanesi, I, 547, 559, 560.
4. Le ms. dont nous parlons est le latin 8500 de la Bibliothèque nationale. Si on
compare l'art de cet artiste à celui du « Maître aux Boucles », on est frappé des similitudes
dans les étoffes et les meubles. Ainsi le lit où meurt Aristote, est précisément le
même que celui de la *mort de la Vierge*, conservée à Munich et gravée par le « Maître aux
boucles ».
5. Cean Bermudez, *Diccionario*. Madrid, 1800.

donc plus Avignon qui pourrait être le centre de la fabrication. Aussi bien l'exploitation directe de ces images n'aurait-elle point, partie de Rome, la diffusion aussi rapide, aussi assurée que par les abbayes mères et les moines voyageurs. Si les tailleurs d'images ont ajouté aux théories flamandes quelques accessoires de dessin empruntés aux Italiens, ce ne sont pas de pures coquetteries de leur part. Le « maître aux plis aux boucles » que nous rechercherons dans le fatras des premiers incunables, n'est point un Italien pur; trop de réminiscences de Jean de Bruges, d'André Beauneveu, de Claux Sluter lui passent. Il a pris aux Français de France une coupe médiévale de cheveux, les robes de femme ; à l'Italie il demandera ses plis étranges, un peu lourds, dont les sinus s'écrivent en forme d'yeux [1]. Bien mieux, il n'ose point la lettre encore, car c'est l'extrême début; et ses estampes, qui sont allées, par tas, en Allemagne, que Tegernsee conservera pieusement, sont restées vierges d'écriture parce que l'indulgence ou la prière s'y pouvaient écrire à la main, et que pour la tricherie originelle, l'écriture manuscrite avait plus de prudence. Nul doute, je l'ai dit, que les essais primitifs n'aient eu, dans le principe, une intention frauduleuse, le pastiche des manuscrits et des enluminures; c'est pourquoi les graveurs se donnaient tant de peine à bien faire [2]. Plus tard, la chose étant passée dans les mœurs, ils iront jusqu'aux livres entiers, comme les *Apocalypses* ou les *Bibles des Pauvres* ; au début l'écriture les gêne : celle du Bois Protat qui ne peut guère être postérieure à 1380 [3] n'a été tentée que pour l'impression sur toile, à la façon de l'*Œdipe*. En plus petits caractères, au bas d'une image soignée, c'eût été un risque, mieux valait ne le pas tenter. Aucune des estampes du « Maître aux boucles » n'a d'écriture.

Il a pu cependant se produire à Avignon, entre autres œuvres plus solennelles, des essais de praticiens graveurs, en vue d'étoffes peintes. Les toiles de ce genre ont été une des gloires du Comtat, et sauf qu'on apportât une mention d'archives indiscutable, je n'aurais aucune répugnance à donner le *Parement de Narbonne* à un italo-venaissin. Je sais les étroites affinités qui relient cette œuvre capitale au dessin de maître, retrouvé

---

1. Cette expression française assez juste, a été trouvée par M. Schreiber, qui note à diverses reprises sur des estampes la curiosité de ces plis.

2. *Un ancêtre de la gravure sur bois*, p. 22.

3. Pas un incunable de la gravure sur bois, sauf l'*Œdipe* et le *Bois Protat* ne nous offrent d'onciales en nombre sur une pièce taillée en relief. Nous avons cherché à établir cette loi dans *Un ancêtre de la gravure sur bois*, chap. III, p. 102.

à la première page du manuscrit français 166 de la Bibliothèque nationale.
Malheureusement nous ne connaissons pas l'auteur de ce dessin ; tout incline
en faveur d'un Flamand, mais en vérité oserions-nous prononcer sans
réticences ? Pour en revenir au *Parement de Narbonne* qui concorde si résolument dans ses détails avec les œuvres du « Maître aux boucles », les
peintres d'Avignon y ont eu part, de loin ou de près ; si c'est de loin
nous croirions Jean de Bruges, influencé par l'Italie, par ce Matteo dei
Giovanetti venu de Viterbe, et qui répandra les thèmes transalpins dans la
vallée du Rhône. Matteo exécute d'ailleurs des toiles peintes ; il a fait sur
étoffe une *vie de saint Benoît*, sur fond d'or, destinée, par le pape, à ses
écoles de Montpellier. Ceci en 1368, c'est-à-dire à une époque fort rapprochée du *Parement de Narbonne* [1].

Mais bien que ne pouvant sérieusement et authentiquement reporter
aux artistes d'Avignon ni une image gravée, ni même une note d'archives,
un peu ambiguë, nous avons, dans la découverte de l'abbé Requin, une
présomption en faveur de travaux spéciaux dans le pays. Ce n'est rien,
si l'orfèvre bohémien, Waldvogel, propose à un étudiant de Dax, résidant
à Avignon, nommé Manaud Vitalis, une véritable machine à écrire, dès
1444, c'est-à-dire plus de dix ans avant les découvertes de Gutenberg ;
c'est peu même la non-réussite ; le seul fait de rencontrer un étudiant
capable de s'intéresser à de pareilles inventions témoigne d'une bien
inattendue préoccupation de la part d'un jeune homme [2]. Il fallait, pour
que Manaud Vitalis risquât l'aventure, que l'appât du gain le vînt séduire,
et qu'il connût d'autres procédés moins rapides, déjà tentés, mais trop
peu avantageux. J'ai tout lieu de penser, par l'énumération des matériaux signalés dans la pièce publiée par l'abbé Requin, qu'il s'agissait
d'un véritable clichage, avec impression préalable des lettres dans un
moule de matière résistante où l'on coulait ensuite un métal en fusion [3] ;
ce qui semblerait le prouver, c'est le jeu de quarante-huit lettres gravées
en fer. Et puis, pourquoi Waldvogel aurait-il choisi Avignon de préfé-

1. Matteo conduit lui-même son œuvre à Montpellier à dos de mule, accompagné
d'un valet (Müntz, *Les constructions du pape Urbain V à Montpellier*, p. 11. Tirage à part
de la *Revue archéologique*).

2. L'abbé Requin, article publié dans le *Bulletin du Comité des travaux historiques* (1890).
A. Claudin, *Hist. de l'Imprimerie en France*, I, p. 1, Paris, 1900, in-4°.

3. On dut graver dans le XVe siècle par le moyen d'une taille en creux où l'on coulait un métal. Les reliefs bavocheux et tremblés sont retrouvés dans une pièce singulière
du Dépt des Estampes, *Cat. de la Réserve*, n° 656 (n° 165 de notre catalogue).

rence, si sa patrie d'origine était, comme on l'a prétendu, la première à graver et à tenter les impressions tabellaires ?

Sans doute, nous pourrons apprendre d'autres faits encore, par le dépouillement des archives de notaires, source inépuisable ; mais ce que nous saurons ne concernera guère que les séculiers ; les couvents restaient anonymes dans leurs essais ; ils se gardaient de rien révéler, ils opéraient dans le mystère. Je doute que jamais rien de précis ait transpiré sur ce qu'ont pu tenter les religieux de Cluny, de Saint-Bénigne, de Clairvaux même. Et nous n'avons rien dit encore de Clairvaux dont les armes, si souvent rencontrées sur des gravures incunables, nous peuvent à tout le moins suggérer des hypothèses. Ces armes ont été réclamées par l'héraldiste Palliot, vivant au xviie siècle, comme le plus « grand honneur de la Bourgogne », ce sont, dit-il, celles de saint Bernard. Nous voici loin d'Ebrach [1], loin en tout, car outre ce signe manifeste de la production française, d'autres preuves tendront à fortifier l'opinion favorable à Clairvaux. Au nombre des œuvres du « Maître aux boucles » se trouve un *Christ au pressoir*, jadis en la possession de Weigel [2], dont l'anatomie et l'esthétique se distinguent par des signes d'une écriture très personnelle. Le même Christ, avec les mêmes couleurs, la pareille allure graphique, est devenu un *saint Jean-Baptiste* dans une église de Champagne, non loin de Clairvaux [3]. Au xive siècle le puritanisme de saint Bernard s'était éteint, les moines de Clairvaux, riches en domaines, puissants par les lettres, ne professaient plus le dédain des arts [4]. Loin de suivre la règle qui prohibait les lettres ornées dans les manuscrits [5], les Clairvalliens recherchaient les œuvres précieuses ; on verra un abbé s'adresser dans le xve siècle à un enlumineur de Troyes pour l'illustration d'un livre [6]. De tous lieux les dons précieux affluent à l'abbaye qui ne les refuse guère. Bien mieux, les moines subissent l'influence d'Avignon et guettent

1. Voir ci-devant, page 20, ce qu'il est dit des suppositions de M. Schreiber et d'autres à ce sujet.

2. Weigel et Zestermann, n° 75.

3. *Portefeuille archéologique de l'Aube*, de Gaussen, édit. de 1861 (*Peintures*). Ce Jean-Baptiste est dans l'église de Fravaux (Aube). Il est reproduit à la planche 7 de l'ouvrage. Le *Christ au Pressoir* a le tortil des clunisiens.

4. D'Arbois de Jubainville, *Les abbayes cisterciennes et principalement Clairvaux*, Paris, Durand, 1858, in-8°.

5. *Regula*, cap. LV, on proscrivait même les tableaux des églises (Dom Martène, IV, 1373).

6. *Cat. des mss. des Bibl. des Départements*, II, p. 942.

les œuvres de l'antiquité païenne pour enrichir leur bibliothèque; ils ont *Aristote* en plusieurs exemplaires.

Troyes n'est pas loin, et cette ville, grâce aux foires de Champagne qui y attirent le commerce de l'Europe, grâce au voisinage bourguignon, est un lieu singulier de culture artistique. Un récent et copieux ouvrage nous a dévoilé l'importance de la Champagne dans le mouvement français [1]. De très anciennes gravures dont les clichés ont été gardés nous montrent que, au moins dans le xvie siècle, même vers la fin du xve, la taille en relief rivalisait avec les travaux de Vérard ou de Vostre à Paris. Il serait étrange que les artistes troyens eussent attendu la venue des. Allemands pour commencer ces besognes, eux dont les peintres empreignent les murailles de figures identiques à celles des plus anciens xylographistes. Je reviens, d'ailleurs ici, sur le *Christ au pressoir*, pour émettre cette idée que vraiment, le pressoir bourguignon ou champenois, appliqué aux images allégoriques du xive siècle, eût été une bien étrange adoption de la part des Allemands. On objectera les pressoirs du Rhin, et je consentirais à m'incliner, si je ne retrouvais tant de ressemblances entre l'image où est représenté le pressoir, et la figure murale de l'église de Fravaux. Nous en sommes réduits à chercher la vérité dans ces choses menues, petites, négligées mais non pas négligeables.

Troyes d'ailleurs n'est pas la seule ville où des graveurs anciens aient vécu; il y a Langres surtout, évêché de la région et pays de cartiers. Dès 1404, le synode, tenu en cette ville, fait défense aux clercs de jouer aux cartes; pour qu'ils y jouassent, il fallait qu'il y en eût [2]. Sans doute on ne nous dit pas comment elles étaient fabriquées; en taille d'épargne ou simplement au poncif? Mais les clercs pauvres ne se servaient certainement pas de jeux estampés à la main, gaufrés et enluminés dont le prix était élevé, et qui étaient réservés aux princes [3]. Or Langres est si bien un pays de graveurs que, dans l'année 1365, nous retrouvons à Tours un François de Langres, taillant un signet pour la ville et touchant 5 sols pour la peine [4]. Un fait plus précis encore vient ajouter à ces remarques un poids considérable. Lorsque Gutenberg et ses compagnons répandent leur idée, Charles VII, qui devine le parti à tirer de la

---

1. Raymond Kœchlin et J.-J. Marquet de Vasselot, *La sculpture en Champagne*.

2. P. Ménestrier, *Bibliothèque curieuse*, t. II, p. 161 (Paris, 1714).

3. Voir le jeu de cartes dit de Charles VI au Dép. des Estampes, Kh.24. M. Edmond de Rothschild possède des cartes identiques provenant de la collection Durazzo.

4. J. Delaville Le Roulx, *Comptes Municipaux de Tours*, 1878, in-8°, n° 1814.

découverte, charge Nicolas Jenson d'aller chercher les secrets à Mayence. Or Jenson est de Sommevoire dans la Haute-Marne ; il a dû faire ses preuves de tailleur en relief, ce doit être un praticien spécial, reconnu et célèbre, pour que le roi songe à lui dans la circonstance. Tout le monde le fait naître à Tours, il est de Langres ou de la région ; c'est lui-même qui nous l'apprend dans son testament passé à Venise, où il s'est fixé[1].

Puis nous avons, toujours pour la Champagne et les tailleurs de relief, les couteliers qui « imaginent » les manches de poignards ou de couteaux. Eustache Deschamps, le poète charmant du XIVe siècle, nous dit que les foires de Champagne sont la ruine des maris, qui doivent rapporter de Paris, de Reims, de Rouen ou de Troyes les courroies de corps, dont les dames raffolent, ou bien

> Coustieaulx a ymagincrie
> Espinglés, taillés à esmaulx[2].

Et les ouvriers tuiliers à images sont nombreux dans la contrée ; Chantemerle n'en a pas l'exclusif privilège. Une quantité de carreaux, datant du XIVe siècle, sont conservés au musée de Troyes ; quelques-uns proviennent de l'ancien château des sires de Sarrebrücke à Périgny-la-Rose ; or ce château fut détruit par Charles VI en 1390, jamais il ne fut restauré, les carreaux qu'on en a tirés sont donc antérieurs à cette date. D'autres viennent de l'ancienne abbaye de Nesle-la-Reposte, et M. Leclert les attribue à Chantemerle. Je croirais volontiers à divers centres de fabrication dans le pays[3]. Si nous cherchons aux vitraux, aux manuscrits, nous voyons combien l'esthétique bourguignonne, italo-flamande a influencé les artistes. Un manuscrit de la Bibliothèque de l'Arsenal, exécuté à la fin du XIVe siècle, nous révèle une formule d'étoffes et de plis étrangement inspirée des italo-venaissins et des compagnons de Claux Sluter. Les enclos en treillis (fol. 41), les arbres (fol. 29) rappellent ceux de l'imagerie la plus ancienne ; les robes y ont de ces longues traînes à plis souples dont nous aurons tant à dire ci-après[4].

En descendant ensuite dans le comté de Bourgogne, alors nominale-

---

1. H. Stein, article publié dans la *Bibl. de l'École des chartes*, t. XLVIII (1887), p. 569 et suiv. M. Stein cite le testament de Jenson conservé aux archives de Venise (section notariale. Testaments enregistrés par Girolamo Bonicardi, n° 263).

2. Eustache Deschamps, *Poésies*, Paris, Crapelet, 1852, p. 205.

3. Louis Leclert, *Note sur les carreaux conservés au musée de Troyes*, loc. cit., p. 81.

4. Bibl. de l'Arsenal, ms. 647.

ment terre d'Empire, où malgré les antagonismes politiques, les arts bourguignons s'implantent dans les abbayes, nous trouvons à Saint-Claude, en pleine terre jurassienne, le monastère de Saint-Oyan, l'un des plus célèbres et des plus prospères. La découverte du corps de saint Claude au xiie siècle, a fourni aux moines la relique la plus insigne de toute la Bourgogne. On sait la dévotion que le superstitieux Louis XI témoignera en l'honneur du saint, l'admirable édicule qu'il offrira comme reliquaire [1]. Dès le ve siècle, Saint-Claude est un pays artistique incomparable; l'évangéliaire de Saint-Lupicin, aujourd'hui à la Bibliothèque nationale, nous a conservé, sur sa reliure, un ivoire taillé à Saint-Oyan dans le ve siècle [2]. La sculpture sur ivoire fut un des triomphes de ces gens rudes, que les longs hivers enferment chez eux, et condamnent aux besognes d'intérieur. Saint-Oyan avait d'ailleurs une pépinière remarquable de dessinateurs calligraphes, dont les œuvres nous sont restées; Pierre de Chaumont, un champenois du xiiie siècle, Louis d'Oyonnax, un jurassien du xive, sont demeurés célèbres. Or Oyonnax, par sa proximité, subit à la fois l'influence de Cluny, de Lyon, de La Ferté-sur-Grosne. Aussi n'avons-nous aucune surprise à retrouver, justement de la main d'un des artistes de l'abbaye, une représentation gravée du pèlerinage au corps du saint dans le milieu du xve siècle. Là nous voyons une image indiscutable, tirée sur papier, enluminée de jaune et de rouge, avec des personnages dont les coiffures et les habits sont précisément ceux de Bourgogne vers 1450. Comme le nom de saint Claude y apparaît en français, que l'estampe a tous les caractères des plus vénérables incunables, pourquoi douter? Cette pièce nous réserve une surprise meilleure encore. Elle est tirée en deux parties; à gauche les gens au tombeau du saint; à droite une Trinité. Bien vite on s'aperçoit que les deux clichés, séparés par la feuille de papier, le sont encore plus par la date de leur exécution. J'ai dit le *Pèlerinage* exécuté autour de 1450, ceci ressort des costumes et surtout des tailles d'ombres portées qu'on y voit; au contraire la *Trinité*, représentée par Dieu le père, tenant son fils sur

1. *Bulletin du Comité des arts*, IV, 1857, p. 252, article de Désiré Monnier. Voir aussi Castan, article de l'*École des chartes*, t. L, p. 301.

2. Bibl. Nat. Exposition des mss. n° 263. C'est un *liber evangeliorum* du ixe siècle, mais l'ivoire est donné au ve. On le nommait, au xviiie siècle, l'*Apocalypse de Sᵗ Lupicin*. Il fut cédé à la Bibliothèque nationale par délibération du conseil municipal de Saint-Lupicin (Jura), le 21 août 1794. Il avait été donné au prieuré de Saint-Lupicin, dépendant de Saint-Claude, par les moines de l'abbaye.

la Croix, avec le Saint-Esprit en colombe, est dans le caractère des plus
anciens xylographes, peut-être du commencement du xve siècle ; les
plis de la tunique formant traîne en sinus arrondis et gracieux, sont
ceux des italo-flamands-bourguignons, sans conteste. Voici qui éclaire
singulièrement la question en ce qui concerne la comté de Bourgogne ;
d'abord la pièce provient de Saint-Claude, elle était dans un manuscrit
de l'abbaye, de même format, et reliée avec lui ; la couture, sans rompre
la feuille, indiquait la séparation des deux bois [1]. Après la mention de
Malouel, les armes de Clairvaux, le Bois Protat, l'image du Saint-Claude
constitue une des présomptions les plus fortes dans le sens que nous
cherchons à établir. L'ambiguïté ne peut subsister d'ailleurs. C'est bien
le corps de saint Claude dont les pieds sortent du reliquaire ; ce n'est pas
une imagerie douteuse, comme celle d'un évêque plus ou moins caractérisé, et dont on peut, à volonté, tirer un saint quelconque. Un Allemand n'eût pas taillé une image de ce saint français.

Tel est dans sa plus fidèle et sincère chronique, ce qui nous a paru
digne d'être remarqué en France sur la question de priorité. Il serait sou-
haitable qu'une enquête de ce genre fût faite en Allemagne par M. Schreiber ; lui, sûrement, ne dirait que le vrai. Voyons cependant, en attendant ce livre, ce que nous pouvons opposer à nos abbayes et à nos
artistes dans les cloîtres allemands et dans leurs centres d'art au
xive siècle. Le fait, de la part des érudits allemands, de proscrire les
dates trop hautes, trop loin ramenées en arrière, comme on l° sent chez
M. Schreiber [2], chez M. Schmidt, chez M. Lehrs, nous donne à penser
que, sur le terrain quattrocentiste, ils se sentent trop peu sûrs d'eux-
mêmes. Leur prudence vient probablement de l'absence de moyens

1. Cette pièce a été remise au Département des Estampes par M. Marion, érudit bourguignon qui possédait le livre où elle fut trouvée. M. Marion se doutait si peu de l'importance de son cadeau, qu'il avait écrit une lettre afin de solliciter l'acceptation d'un
document, pour lui si informe. Or, indépendamment de son puissant intérêt historique,
cette pièce a la curiosité de ses dimensions, grand folio. C'est l'une des plus grandes
estampes incunables connues. Elle rappelle beaucoup par sa manière un *Jugement dernier*,
cité par Schreiber et publié dans son tome VI, qui était chez Rosenthal à Munich, et dont
on ne voit qu'un fragment, car toute la partie du bas est déchirée. (Catalogue 90 de Rosenthal, 1892, n° 39.)
2. Cette tendance louable a fait tomber plusieurs fois M. Schreiber dans l'exagération
contraire. Ainsi le saint Bernardin de Bernard Milnet (?) où tout le monde a lu 1454 est
reporté à 1474 par M. Schreiber. Il prend le 5 en forme de 7 pour un 7. Le 7 de ces
temps se faisait en Λ en forme de lambda grec. Cf. le vol. Ea 2 au Dép. des Estampes où se
trouvent des computs de temps indiscutables et répétés, avec les chiffres ainsi produits.

de contrôle dans leur art national. M. Jaro Springer le paraît dire lorsqu'il attribue à la France la direction morale des esthétiques euro-
péennes à la fin du xive siècle [1].

V

Que peuvent donc les Allemands pour la diffusion d'une idée,
d'un art, d'une science même, sous l'empereur Charles IV ou sous
Wenceslas, entre le milieu du xive siècle et la fin, au moment précis
où nos artistes aboutissent? Charles a de grands projets, d'énormes ambitions; il voudrait soumettre la Germanie à cette maison de Bohême dont
il descend. Lorsqu'à son avènement il fonde l'Université de Prague, c'est
l'Université de Paris qui le guide et l'inspire. Beau-frère de Philippe de
Valois par son mariage avec Blanche de France, il est grand-oncle des
princes français dont l'un est roi de France, l'autre sera roi de Naples,
dont un autre aura le Berry et l'autre la Bourgogne. Par son mariage, ce
dernier, le duc Philippe tiendra les Flandres de Louis de Mâle, c'est-à-dire
la plus belle part de domaines dans le monde; car si la Bourgogne renferme les plus riches abbayes et possède un sol fertile, les villes de
Flandres ont l'industrie, les arts, et des abbayes, sinon chefs d'ordre, du
moins aussi puissantes que les autres par l'étendue de leurs possessions,
et leurs trésors accumulés. Bien que singulièrement indépendants de fait,
les frères du roi de France obéissent à la direction suprême de leur frère,
qui est roi de Paris, la ville où « tous arts se rencontrent communément », où malgré la triste guerre des Anglais, le pouvoir souverain a su
se maintenir et prouver sa force [2]. En Allemagne, c'est un peu le chaos.

---

1. Ceci ressort aussi des indécisions de M. Henry Thode en ce qui concerne l'école
de Nuremberg primitive. Comment par exemple ne voyons-nous pas un nimbe historié
aux Nurembergeois avant Wolgemut? Toutes les estampes incunables les plus anciennes
en ont toujours. Pourquoi les Christs n'ont-ils jamais le tortil, mais des couronnes spéciales, bizarres, inconnues chez nous? (Thode, *Die Malerschule von Nürnberg*. Passim.)

2. Nous avons bien des exemples de la supériorité française à cette époque
sur le terrain politique. Bien souvent les princes français seront sollicités par les
partis qui se divisent l'Allemagne. Vers la fin du xive s., lorsque, dans sa campagne de
Gueldres, Charles VI montrera aux gens de là-bas une armée de 100.000 hommes, on
convient que son alliance peut être utile. Cf. Th. Linder, *Geschichte der Deutschen Reiches*

Sur le Rhin, des archevêques Électeurs, faiseurs d'Empereurs, puis des
guerriers indisciplinés dont les tendances vont souvent à l'encontre des
volontés de l'Empereur ; en Haute Alsace trois archiducs d'Autriche, en
Basse Alsace le comte de Werd, dont les fiefs morcelés sont partis de Lorraine ou d'Empire ; dans le Palatinat du Rhin, Rodolphe III, qui fondera
l'Université d'Heidelberg en 1346, laquelle ne fonctionnera qu'en 1386,
et les domaines de Rodolphe s'étendent entre la Franconie, la Bavière et
la Bohême. En Bavière, Étienne dit l'Agrafé, aura pour successeur sur la
fin du xive siècle, le duc Ernest, le vrai duc, qui, cependant, sera chassé
de ses états, et rentrera seulement en 1404. Ernest a épousé une Visconti,
fille de Bernabone, ce qui pourrait donner des indications, au cas que les arts
du Milanais eussent tenté aventure par Inspruck et par l'Inn. Vers le commencement du xve siècle, grâce à Isabeau, mariée à notre roi Charles VI, les
rapports de la France et de la Bavière seront constants ; c'est par centaines
que les modèles d'orfèvrerie parisienne gagnent la Souabe, pour aboutir en
Bavière, ici ou là dans les châteaux princiers, d'où ils sortiront quelque
jour, affublés d'une étiquette bavaroise, afin de prendre rang dans les
Musées.

Et nous ne parlons ni de la Saxe, ni de la Westphalie, ni du Tyrol, ni
de l'Autriche, où rien de précis en littérature, rien de formel en art, n'a
pouvoir de s'imposer et de diriger un mouvement fécond. La langue des
uns, quoique germanique, n'est pas celle du voisin, allemande aussi. Les
dialectes gênent autant ces gens entre eux qu'ils peuvent gêner un Français tombant en Bavière ou en Autriche. L'Allemagne, exprime en substance Renouvier [1], est un pays sur lequel les Italiens et les Bourguignons
du xive siècle déversent leurs sarcasmes. Et ils ont leurs raisons pour
cela, que Renouvier ne pouvait connaître encore, mais qui sont implicitement contenues dans le remarquable travail consacré par M. le profes-
seur G. Dehio à l'influence de l'art français sur l'art allemand au
xiiie siècle [2] ; on y voit que les anciens Germains, venus à Paris, non

---

unter Kœnig Wenzel (Wenceslas), Brunswick, 1880, t. II, et dans la Bibl. de l'École des
chartes, t. XLVIII, p. 289, un article de M. Henri Moranvillé sur les relations de Charles
VI avec l'Allemagne.

1. Renouvier, *ouv. cité*, p. 16.

2. G. Dehio, *Influence de l'art français sur l'art allemand au* xiiie *s.* Dans les *Mémoires
du Congrès de Paris en 1900* (7e section, Hist. des arts du dessin), Paris, A. Colin, 1902,
in-8°, pp. 137-154. Tout cet article est à lire ; il confirme absolument l'enquête faite par
nous sur un autre sujet ; il vient seulement de paraître, je l'ai connu un peu tard pour en

seulement nous ont pris nos systèmes de construction, nos thèmes généraux de décoration, mais aussi notre terminologie ; *pinakel* pour pinacle,
gargolen pour gargouilles, *tripanen* pour trépans. Ils avouent, dans des
textes, avoir étudié en France, tel ce praticien, ce « latomus » de l'église
de Wimpfen dans les plaines du Haut-Rhin, qui récemment était revenu
de Paris en France (*qui tunc noviter de Villa Parisiensi e partibus venerat
Francie*). Et si nous avions fourni aux Allemands leurs principes d'art
gothique, jusqu'à ce jour considéré comme d'essence germanique absolument, que ne faisions-nous pas pour les autres arts ? A l'époque où nous
sommes, on ne connaît à nos voisins ni miniaturistes *sûrement* indigènes,
ni peintres, ni sculpteurs. Leurs tombiers, même, sont imprégnés de nos
théories, au point de se confondre avec les nôtres. Ces artisans, probablement rendus gaillards par leur tour de France, composent des poèmes
obscènes qui sont une bonne part de la littérature. Cologne, sur le Rhin,
est à peine allemande ; elle tient aux Pays-Bas, et le maître Wilhelm, au
cas qu'on pût prouver son ascendance, serait retrouvé Flamand comme un
Jean de Bruges ou un Broderlam. L'École Rhénane ? Mais on en parle
beaucoup sans grandement la produire ; de toutes les œuvres qu'on lui
assigne, bien peu échapperaient au contrôle rigoureux. Quelques phrases
de Michiels, beaucoup de ces adaptations, dont Heinecken et Passavant
ont établi les règles, suffisent à classer l'école du Rhin. Même M. Wauters
qui s'est rangé à cette opinion, en avait manifesté une très différente
autrefois ; il avait même établi quelles influences politiques empêchaient
les Flamands et les Rhénans de se fondre, et partant ce que les Allemands
revendiquaient, venait de l'autre côté du Rhin, sans nulle influence germaine [1]. Lorsque M. Thode, un des érudits les plus industrieux de la
nouvelle génération allemande, écrit son livre remarquable sur l'École de
peinture de Nuremberg [2], il cite un *Christ au donateur* d'Heilsbronn, qu'il
dit sous l'influence giottesque. Avec le maître Berthold, au commencement du xvᵉ siècle, nous sommes en pleine décadence flamande. Le cou-

avoir tiré des arguments utiles. On y voit par exemple qu'un architecte a reproduit dans
la cathédrale de Ratisbonne l'église de Saint-Bénigne de Dijon. Les praticiens bavarois sont
donc en Bourgogne dès la fin du xiiiᵉ siècle. M. G. Dehio est avec M. Jaro Springer un
des savants allemands que les faits contrôlés avec sources conduisent à une conclusion
de conformité absolue avec les nôtres.

1. Dehaisnes, III, 592.

2. Thode, *Die Malerschule von Nürnberg in* xiv *und* xv *Jahrhundert*, Francfort, 1891,
pl. I. Quelque peintre d'Avignon sera passé par là.

ronnement de la Vierge, à Saint-Laurent de Nuremberg, est du Beauneveu
arrangé ou du Jean de Bruges. L'*Assomption* de l'autel Imhof à Breslau est un
démarquage absolu de l'école bourguignonne ; quant aux œuvres de Pfenning, c'est la lourdeur, l'absence de charme ; chez lui le type des hommes
est trapu, la technique imparfaite. M. Thode signale la double action qui
dirige les goûts nurembergeois, au début, l'une venue de Cologne, c'est-
à-dire d'Ypres, de Valenciennes, de Bruges, l'autre d'Italie, c'est-à-dire
d'Avignon par les Papes français. Personne jamais ne parle d'Avignon
dans ces questions, parce qu'on ne s'est point voulu aviser que les
grandes abbayes directrices, recevant le mot d'ordre de la Cour pontificale,
ont été les plus grands agents de diffusion des arts ; qu'elles ont, de proche
en proche, gagné les terres d'Alsace et de Wurtemberg, de Souabe ou de
Bavière, en remontant même jusque dans le Nord, qui n'est pas sans
subir l'influence des Italiens [1]. Chez nous, l'amalgame se consommera en
Bourgogne, comme nous l'avons dit, grâce à la montée des uns et à la
descente des autres ; il préparera le grand mouvement dénommé la Renaissance, et qui n'est en somme rien d'autre qu'un retour à la nature, sous
l'énergique pression des artistes flamands. Mais nous aurons, pour tou-
cher à ce résultat, ce qui manque essentiellement à l'Allemagne, une
homogénéité indiscutable, un langage un, au moins pour toutes les provinces au nord de la Loire, car nos dialectes d'origine se sont peu à peu
fondus et unifiés, nos races se sont amalgamées et soudées, et si les plus
anciennes chartes françaises sont de Metz, la ville lorraine, les premières
chartes allemandes sont suisses ; elles retardent de plusieurs années
sur les nôtres [2].

Si nous cherchons vers quel temps la Bavière possède un art propre,
d'allure germanique, — et la Bavière c'est dans la question de la priorité
allemande, la clé de voûte à cause de Tegernsee — nous voyons que,
vers le milieu du xve siècle, Berthold Fortmayer s'y emploie [3]. Il a peint,

1. Cf. note de M. E. Wrangel, dans les *Annales internat. d'Histoire* (7e section), in-8°,
1902, p. 154-56. Étienne de Bonneuil bâtit l'église d'Upsal en Suède, etc...

2. Cf. Wiegand, directeur des archives de la Basse-Alsace. (Article paru dans la Bibl.
de l'École des chartes, XLI, p. 393.) La première charte messine est de 1212, sous l'évêque
de Spire, Conrad de Scharfemberg (Bonnardot, *Rapport sur une mission en Lorraine*,
p. 258). M. Wiegand dit que la première charte allemande en Suisse date de 1240. Le
latin disparaît des actes en pays germains trente ans après la France. C'est la loi pour les
costumes, pour les arts, et en général pour tous les mouvements somptuaires.

3. Forster, *Hist. de la Peinture en Allemagne*, I, p. 47, et II, p. 253. Thode, *Die
Malerschule.*

croit-on, une pièce célèbre, il composera une chronique du monde aux environs de 1480 ; mais cet art retarde sur nous d'un demi-siècle au moins ; dans l'*Arbre de vie* de Berthold, c'est encore un peu le xive siècle qu'on retrouve, l'art des pays directeurs au temps du roi Charles VI ! On s'aperçoit alors combien le passage des Princes bavarois dans le comté de Hollande et dans le Hainaut, entre 1356 et 1404, a peu fait pour l'orientation artistique de leur pays d'origine, au point de vue pratique, mais, par contre, on s'explique mieux les importations flamandes et bourguignonnes dans les domaines du duc Ernest. On n'écrira rien de juste sur l'art allemand sans tenir compte de ces influences, de ces extraordinaires confusions politiques, de tant d'imbroglios dont les conséquences sont parfois singulières. L'étincelle partie du foyer flamand et dirigée sur la Bavière paraît s'être éteinte en route ; elle n'a sûrement rien enflammé là-bas, pas plus que l'infiltration italienne n'a, dans le principe, établi de colonies. Dans le Tyrol, on cite un certain Christophe, qui eût peint dans la grande salle des comtes de Tyrol le mariage de la hideuse Marguerite Maultasche, prototype des charges de Léonard de Vinci, avec Louis de Brandebourg (1342). Ce sont des cas isolés, dont on ne peut rien déduire, car ce Christophe, quel est-il ? On dit Christophe de Méran, parce qu'il a travaillé à Méran, il peut tout aussi bien venir de Suisse ou de Bourgogne, même d'Avignon ou de Milan.

Certes, la contrée a renfermé de grandes et puissantes abbayes, qui par Saint-Gall, par Saint-Maurice d'Agaune, surtout par Reichnau, se relient aux chefs d'ordre bourguignons. Nul doute que ces maisons n'aient eu, comme toutes les unités cisterciennes, leurs artistes particuliers, leurs écrivains ou leurs enlumineurs ; mais en vérité, par ce qui nous en est venu, que trouvons-nous qui fixe un caractère allemand bien défini ? Il en sera, de la Bavière au xive siècle, comme de la Suisse du trouvère Neuchâtelois dont la Bibliothèque nationale garde les œuvres allemandes [1] ; tout y est français de style, sauf le langage. On soupçonne l'exode d'artistes religieux partant des pays où les arts fleurissent et portant leur industrie à domicile, suivant la demande. D'ailleurs lorsqu'on a voulu établir, sur la quantité d'images conservées à Tegernsee, la plus célèbre des abbayes bavaroises, l'indication, en sa faveur, d'une priorité sur toutes les abbayes du monde, on a mal posé les bases de la discussion [2].

1. Bibl. Nat. All., ms. 7266.
2. On ne les a même pas posées du tout, comme on peut s'en convaincre par la publi-.

Passavant est bien obligé de reconnaître que « si l'on trouve encore dans le cabinet de Munich beaucoup de gravures provenant de Tegernsee, et qui appartiennent partie au XIVe et partie à la première moitié du XVe », il n'y a rien à tirer de concluant parce qu'elles sont sans marque et sans indication d'origine[1].

Nous avons déjà expliqué quelles raisons matérielles nous faisaient douter que Tegernsee eût jamais produit beaucoup d'images, surtout à l'origine. Le soin que prennent ses moines de préserver les pièces en les fixant à des livres montre la crainte qu'ils ont d'égarer un objet rare et cher. Au cours de sa longue enquête sur les incunables xylographiques d'Europe, M. Schreiber nous a révélé bien des particularités touchant Tegernsee. C'est d'abord l'extrême diversité de styles, d'origines, que notent la plupart des pièces rencontrées là, et les « toilettes » auxquelles on les a soumises. Une vient d'Ulm (n° 2882 du cat. Schreiber), d'autres de Souabe (n° 2888), du Bas-Rhin (2896), d'Alt-Œtting (2903), de Saint-Emmeran (2905) et je ne prends dans le livre de M. Schreiber que les suppléments ; les autres indications seraient plus concluantes encore. Il est vrai que je serai obligé à mon tour de discuter toutes les attributions ou les présomptions formulées par l'éminent savant, et je ne me trouverai pas une fois en concordance avec lui, parce que mes moyens de contrôle s'établissent par des faits et non sur des impressions de pure esthétique. Reste la question des truquages, des adjonctions, dont nous avons parlé longuement au premier chapitre; on en infère que cette inclination de moines à accommoder les images procédait du plaisir des enfants à couvrir de couleur les figurines; s'ils en eussent fabriqué eux-mêmes, ils se fussent gardés d'en établir la possession par tant de signes. Lorsque Santin Eveillard, chancelier de l'église de Tours, insère dans un manuscrit une suite de la vie du Christ achetée en France, il n'en fait pas un tel état; il ne les couvre pas d'écritures possessives, il sait que dans son pays ces feuilles sont courantes et ne valent pas tant de précautions[2].

cation grand in-folio des principales pièces du Cabinet de Munich, dont nous avons déjà parlé, et qui est, par moitié l'œuvre de M. W. Schmidt, et par moitié l'œuvre d'anonymes.

1. Passavant, I, p. 23.

2. Ces pièces ont été trouvées collées, avec une Vierge, dans un ms. de 1439, copié à Florence et apporté à Tours, où il appartint à Eveillard. Celui-ci y mit ses images postérieurement à cette date. Le ms. en question est au Dép. des Mss. de la Bibl. nationale. Les pièces furent remises aux Estampes en 1867. (Voir ci-après, catalogue n° 7).

Si l'on induisait, comme on l'a voulu faire, de deux ou trois armoiries retrouvées sur des estampes de Tegernsee, que les moines graveurs souhaitaient, par ce moyen, écrire une marque de fabrique sur leurs produits, il y aurait lieu alors de s'étonner qu'ils l'eussent fait si rarement. Des trois ou quatre cents pièces sorties de l'abbaye, trois seulement portent ces armes, et de ces trois, une les porte dessinées à la main [1]! On dira qu'ils marquaient ainsi celles destinées à l'exportation; celles qu'ils gardaient n'avaient nul besoin de leurs armoiries. Alors pourquoi tant d'images rencontrées à Paris, à Berlin, à Londres, si indiscutablement de même style et de même extraction que certaines de Tegernsee, n'ont-elles pas l'estampille ? Pas une ne l'a, sauf une pièce de basse époque retrouvée à Paris, que M. Hennin avait acquise en Bavière lors de la sécularisation du monastère en 1803, et cette pièce est truquée. La ligne de bordure plus noire mord sur la pointe des armes de Tegernsee tirée en gris! La lettre allemande est en gris, quand le corps de l'estampe est noir. Au verso, la différence des tirages, entre les figures, la lettre et l'estampille, ne peut être discutée [2]. Lorsque M. Schreiber nous fait remarquer « que les moines bénédictins du couvent (bavarois) se sont intéressés d'une manière insolite pour les arts et les sciences [3] », ne veut-il pas dire que leurs façons sont en vérité, peu habituelles ?

Un simple coup d'œil à une carte suffit à nous montrer quelles raisons, on pourrait dire topographiques, ont contribué à centraliser les images incunables dans une seule contrée de l'Allemagne du Sud. Nous avons dit en effet que le plus grand nombre en a été rencontré à Tegernsee, à Mondsee, à Buxheim (ici c'est le célèbre saint Christophe de 1423), à Bibrach; on a cité aussi Salzbourg, Freising, Brixen. Or si l'on veut bien le remarquer, la plupart de ces villes et de ces abbayes sont à quelques jours de marche du lac de Constance, de Reichnau et de Saint-Gall, à proximité de Bâle, et, par Belfort et Montbéliard, beaucoup plus rapprochées de Cluny, de Dijon même, qu'elles ne sont de Cologne, ou que Dijon ne l'est des Flandres. Par Colmar, où nous voyons un centre d'art considérable au moyen âge, où sûrement l'adaptation des esthétiques bour-

---

1. Image de saint Quirin n° 166, de Schreiber. (Collection de M. Edmond de Rothschild).

2. Cette pièce, acquise de Hennin en 1839, est un tableau des cinq sens, des péchés capitaux, etc. Voir le n° 1846 de Schreiber. Le nom *Tegernsee* est au-dessus du blason. Cette pièce est de 1480 (cat. n° 173).

3. Schreiber, t. III, p. 322.

guignonnes à l'esprit allemand se consomme, c'est Bâle envahie, et, par Bâle, Reichnau et Saint-Gall. De Saint-Gall à Tegernsee, à Mondsee, à Altœtting, à Memmingen (Buxheim), à Ulm, à Salzbourg, c'est le voyage de Cluny à Clairvaux ou à Langres, chez nous ; deux ou trois jours à dos de mule pour un moine. En quatre ou cinq journées, l'homme parti de Saint-Gall, touchera à Tegernsee, à Mondsee ensuite, car Mondsee n'est pas fort éloigné de Salzbourg. Il pourra, s'il porte le rouleau des morts d'un chef d'ordre, de Cîteaux, de Cluny, de Clairvaux, parcourir toute la Souabe, la Haute Bavière, en un mois ou deux, et nous savons que ces voyageurs ont le temps et la patience. Logiquement, quelle vraisemblance trouverions-nous à ce que le voyage contraire se produisît, à ce que les moines de Tegernsee vinssent par Saint-Gall, par Bâle, par Montbéliard apporter chez nous leurs œuvres gravées ou peintes, eux dont les enlumineurs, dont les peintres, dont les sculpteurs ou les orfèvres sont en arrière des nôtres ? Et s'ils ont tellement produit d'images, comment expliquer que justement celles-ci se fussent cantonnées sur la route de Bâle allant à Munich : à Constance (Saint-Gall), à Tegernsee, à Mondsee, à Brixen, et, si l'on descend, à Buxheim, à Freisingen, à Augsbourg ? M. Schreiber a rencontré sur un *saint Augustin* de la collection Rothschild [1] une note manuscrite : « Stephan Hauser, anno domini 1484, spiritualium cooperator in Lauffeñ comparavit hunc librum. » Il *sollicite* le document dans le sens de Lauffen à la frontière d'Autriche, quand l'abréviation nous montre qu'il s'agit de Lauffenburg, à égale distance de Bâle et de Constance. Je ne parle même plus de Bibrach retrouvé dans la région dont nous parlons, parce que les armes de Clairvaux sont vraiment une réponse un peu épuisée déjà, et que les théories échafaudées à ce sujet ne paraissent plus soutenables. Le saint Christophe de Buxheim est également usé par nos discussions antérieures.

Plus on cherche contre ces constatations matérielles, moins on rencontre de faits contradictoires. L'imagerie est, pour ainsi dire, semée sur cette route de la trouée des Vosges qui, de la Bourgogne, s'en va aboutir au Rhin, à Bâle, et de proche en proche gagne la Haute

---

1. Ce saint Augustin provient de la vente Weigel ; il figurait au catalogue sous le nº 183. Schreiber l'étudie sous le nº 1241. Il en fait un pendant à un saint Corbinien, saint vénéré à Freisingen (Weigel 182 et Schreiber 1382), lequel est un saint Éloi flamand ou lorrain, dont on a changé le nom pour la vente en Allemagne (collection E. de Rothschild). On voit par la mention ci-dessus que ces images étaient de véritables ex-libris, car Stephan Hauser de Lauffenburg a acheté le livre où était l'image, et non l'image seule.

Bavière [1]. Remarquez que pas un signe matériel, autre que le langage, ne trahit l'œuvre allemande pure; or nous avons montré combien sont relativement modernes les estampes qui portent cette lettre germanique. Ni un blason, ni un monument de Bavière et de Franconie, ne nous contraignent à admettre l'invasion en sens contraire, d'Allemagne en France. Tandis que nos caractères iconographiques propres, s'en iront, par la route en question, fournir des éléments décoratifs aux semi-Allemands de Colmar ou du Haut Rhin, que nous leur imposerons nos nébules, nos tortils, nos fleurs de lis des nimbes, nos pavages, nos habits, la gueule d'enfer de nos mystères, la forme des arbres (que les Nurembergeois admireront assez pour la perpétuer jusqu'à nous dans leurs joujoux) nous ne leur prendrons rien, ni leur écriture, ni leur architecture, ni surtout leur terminologie particulière, M. G. Dehio nous l'a montré définitivement. En vérité, voici qui indiquerait, pour le temps, un patriotisme, disons un particularisme étrange, inattendu même. Sans doute nous recherchons moins les images qu'ils ne font là-bas, et par le petit nombre des nôtres, retrouvées chez nous, on peut juger du peu de cas que nous en voulions faire. Tout de même il n'en serait pas ainsi, au cas où nous ignorerions complètement l'art de reproduction des figures. Au lieu de l'*Annonciation* française collée dans un coffret de mariage, aujourd'hui en la possession de M. Jules Protat à Mâcon, nous verrions quelque œuvre taillée à Tegernsee, et rapportée par un moine voyageur, installée à cette place. Jamais le cas ne s'est produit. Il serait même difficile, je crois, de rencontrer une estampe, allemande d'aspect et de caractère, c'est-à-dire rapprochée des œuvres de Pleydenwurff ou de Wolgemut, affublée de langue française. Or la réciproque est certaine. On dira que nous n'avons pas eu un Dürer, certes! mais ce génie immense, où a-t-il reçu ses lois d'origine? Il serait intéressant qu'on vît quelque jour la part indiscutable des Bourguignons modestes dans cette gloire incontestée. Qui avait épousé l'homme à qui Dürer dut les plus grands honneurs de sa carrière? Qui lui enseigna l'art du burin? Quelles idées formèrent son talent? Il ne semble pas que les Allemands tout seuls, les anonymes de la Haute Bavière y eussent contribué puissamment. D'autres influences s'imposèrent, que le génie de Dürer assouplit à sa volonté et à ses moyens.

1. Voir ce que nous avons dit ci-devant, p. 30, de la légende de saint *Meinrad* et d'une *messe de saint Grégoire* passée d'Einsielden à Tegernsee.

C'est Tegernsee qui a fourni au Königlische Kabinet de Munich le
plus fort contingent de ses incunables, comme Mondsee a été le plus
fort appoint du Cabinet de Vienne. Saint-Gall en Suisse a conservé des
images, qui ont été cataloguées en 1880[1]. Les trois maisons ont fourni
des spécimens semblables, pour des époques déterminées, comme si l'envoi fait de la maison productrice eût été concurrent et synchronique pour
les trois abbayes. Tegernsee a le plus fort contingent d'œuvres du « Maître
aux boucles » ou de ses imitateurs, Mondsee en offre deux ou trois
sérieuses, Saint-Gall de même. L'antiquariat Rosenthal de Munich a, de
plus, réuni une bonne part de ces pièces éparpillées au commencement du
XIXᵉ siècle, et les descriptions de Schreiber nous laissent entrevoir des
travaux du même artiste. Pas une de ces xylographies ne nous donne un
texte allemand ; quelques très rares portent une inscription latine ; mais
les notes manuscrites sont courantes, elles ne sont pas toutes d'écriture
allemande ; le marchand ou le colporteur contemporain était obligé de
désigner les saints représentés pour pouvoir les écouler plus facilement.
Une particularité, c'est que l'écriture manuscrite pour une de ces pièces
retrouvées par Hennin dans la région lyonnaise est identique à celle
d'autres provenant de Tegernsee, d'où je concluerais volontiers à la
notation par l'expéditeur dans le pays d'origine. Aussi bien, pourquoi ce
qui se faisait en 1490 ou 1500 à Tegernsee ne se fût-il pas fait cinquante
ou soixante ans plus tôt ? Sous le n° 2970, M. Schreiber signale une image
qu'il répute exécutée à Troyes, et qui est venue à Tegernsee dans un livre
imprimé en Champagne à l'extrême fin du XVᵉ siècle. Cette constatation
encourage et autorise notre opinion. On ne fit pas de xylographie à
Tegernsee ; ce fut seulement l'endroit d'Europe où la piété iconographique fut le plus loin poussée et exagérée.

1. *Verzeichniss der Incunabeln der Stiftsbibliotek von Sᵗ Gallen*, 1880, in-8º.

CHAPITRE III

LES PAPIERS ET LES INDULGENCES

Pour que le xylographe en relief quittât l'œuvre mécanique des empreintes et des impressions sur étoffe et devînt l'image sur papier, « l'estampe », il fallait que le papier se rencontrât en quantité suffisante et à des prix abordables. Le parchemin prenait mal le contact du relief, surtout en l'absence de presse; il se retirait, faisait des plis et produisait les bavochages rencontrés sur les manuscrits de l'abbaye de Vauclerc. Peut-être permettait-il le tirage au poncif des cartiers, parce que la plaque de métal où les figures s'entaillaient à la façon des lettres d'emballeurs, se pouvaient appliquer plus rigoureusement; une seule chose s'opposait à la diffusion du procédé, la cherté de la matière première. Quelques feuilles « de veau préparé » valent, au xive siècle, plusieurs journées d'ouvrier peintre à 5 sols le jour. Le cas se présentera donc rarement, d'abord à cause des risques corporatifs, des amendes et de la prison que le délinquant encourait, et beaucoup plus encore pour la ruine qu'une pareille opération lui eût apportée. Il nous est facile de supposer que, sauf le papier, tout était prêt en France pour l'expérience, puisque nous trouvons des étoffes sûrement imprimées au commencement de ce siècle [1], que certaines de ces toiles empreintes portaient des figures de saints, et qu'une simple application du cliché sur papier eût aussitôt constitué l'estampe complète et définitive. Mes recherches portent sur ce point, je n'ai pas trouvé la jonction encore, c'est-à-dire la même figure aperçue, à la fois, sur une étoffe et sur un papier, mais je signale le cas, il existe sûrement; celui qui le découvrira aura définitivement résolu la question d'origine [2].

Une circonstance qu'on pourrait croire sans nul rapport avec l'estampe permit qu'elle se pût facilement produire. Les Français du xive siècle

---

1. Weigel et Zestermann, t. I, pl. 8, 9, etc.
2. Voir ci-après ce qu'il va être dit de Pierre Salmon.

adoptèrent la chemise. Non qu'on l'eût inventée, car elle existait depuis trois siècles, depuis la première croisade; mais, alors, elle était en laine; la révolution fut de la fabriquer en toile, et cette toile une fois usée, fournit « la chiffe » en quantités énormes. M. Siméon Luce qui, dans l'œuvre si philosophique consacrée à l'*Histoire de Duguesclin*, a touché à toutes les questions sociales, assure que ce fut là le plus grand pas fait dans la direction de l'imprimerie [1]. C'est absolument mon avis. Alors que dans les dernières années de saint Louis, le linge de corps était encore un luxe de gens riches, en 1360 nous voyons de simples gens posséder leurs douzaines de chemises de toile [2].

La conséquence fut de tirer de la chiffe un papier qui pût entrer en concurrence avec le parchemin inabordable, et les papiers d'Orient venus par Venise, lesquels n'étaient guère moins chers. Dès le règne de Philippe de Valois, le papier apparaît sérieusement en France. Les Espagnols qui en fabriquent, dit-on, depuis quelque temps, ont fourni à un notaire de Mazères, dans l'Ariège, des registres dont l'un date de 1333 [3]. C'est le plus ancien que nous puissions dater [4]. Bientôt Saint-Martin-des-Champs de Paris a son registre en papier [5]. En 1356, c'est le tour de Notre-Dame de Paris, dont le gros in-folio contenant 319 feuillets est conservé aux Archives nationales comme les deux autres [6].

Malgré tout, c'est là encore une matière trop rare et trop coûteuse pour permettre aux moines les tirages d'épreuves; ceux de Cluny qui en ont peut-être fabriqué dès le XIIe siècle, mais qui ne nous en ont pas laissé de traces, ont dû être les premiers à en faire. Certaines clés grossières aperçues dans la pâte de papiers français ont probablement cette origine, car les clés sont les armes de l'abbaye. Pierre le Vénérable avait indiqué en son *Tractatus*, écrit au XIIe siècle dans un latin spécial, dont deux expressions au moins sont restées dans le langage provincial de la Bour-

---

1. Siméon Luce, *Duguesclin*, p. 75 et B. Prost : *Invent. des ducs de Bourgogne* (Paris, 1902), p. 28 (note).

2. *Ibid.*, p. 76 note. Il s'agit d'un valet de ferme qui possède un trousseau de 13 chemises. B. Prost, *ouv. cit.*, p. 28, n° 235.

3. Arch. Nat. Musée n° 344.

4. Un fait encore plus probant et plus intéressant est l'inventaire après décès d'un étudiant mort en 1347 à Château-Landon. Il a dans son bagage des livres en papier, et son testament est sur papier. Cf. *Mémoires de la Société des Antiquaires de France*, 5e série, X, p. 169. Article de M. Lecoy de la Marche.

5. Arch. Nat. Musée n° 356.

6. Mabillon, *De re diplomatica*, dit au livre I, cap. VIII, que le papier est courant en France dès le règne de Louis X.

gogne, l'usage à faire des vieux linges « rasuræ veterum pannorum [1] » en les convertissant en papier. Ceci plus de cent vingt ans avant que le commerce s'emparât de l'idée chez nous, et près de deux cents avant les premières constatations de fabriques en Allemagne [2].

Nous sommes donc loin des légendes qui donnent la première chemise de lin à Marie d'Anjou, femme de Charles VII; nul doute cependant que cette sottise ait aidé les tenants de la priorité allemande à nous refuser aussi le papier. En général les opinions de Passavant, de Heinecken, de Bartsch s'égarent lorsqu'elles s'appuient sur cette question particulière. Les enquêtes auxquelles se sont livrés divers savants très impartiaux, comme M. Briquet à propos des papiers de Gênes, ou MM. Midoux et Maton pour les papiers français du xive siècle [3], il ressort que la France fabrique du papier un peu partout dès le xive siècle, que certains filigranes, tels la tête de bœuf, considérée longtemps comme marque allemande, ont été employés par des Français aussi, que certaines notations graphiques très spéciales ne peuvent laisser de doute sur leur origine française. La *double clef* est Avignon ou la région ; le *dauphin couronné*, le Dauphiné ; la *fleur de lis*, la France, peut-être Paris ; les *armes de Champagne*, Troyes ou Clairvaux ; la *grappe de raisin sur une coupe*, la Bourgogne. Quant aux marques les plus souvent rencontrées dans la région du Lyonnais, du Dauphiné, de la Suisse ou de la Comté, ce sont l'*aigle à une tête*, le *baril*, le *dauphin*, la *tête de bœuf*, le *cerf à mi-corps*, le *chapeau de cardinal*, les *deux clés*, le *cornet de chasse* ou *huchet*, la *couronne royale*, la *fleur de lis*, les *trois monts*, la *tête de licorne*, et ceci, pour la plupart, dès 1328, 1340, 1350, 1360. On trouve la tête de bœuf dans les papiers des bords du Rhin en 1310, rien ne dit cependant que la fabrication en fût rhénane, puisque le plus grand nombre de ces papiers sont retrouvés, à la fois, dans le midi et dans le nord de la France, en Savoie, en Piémont, dans le Dauphiné et la Provence. Remarquons en passant qu'une de ces

---

1. On dirait en patois provincial la « *Rasure de vieux pannets* ».

2. C'est en 1390 que, pour la première fois, on trouve un atelier de papetiers génois établis à Nuremberg, mais le bailleur de fonds nommé Ulmann Stromer, une fois en possession du secret, se débarrassa de ses ouvriers italiens en les faisant jeter en prison. Cf. *Journal zur Kunstgeschichte und literatur*, t. V, p. 136-145. En 1426, Gœrlitz tire encore ses papiers d'Italie.

3. Notre enquête a porté sur les remarques de M. Briquet, *Papiers et filigranes des Archives de Gênes de 1154 à 1700*, Genève, Georg, 1888, in-8° — Midoux et Maton, *Filigranes employés en France*, Paris, 1868, in-8°. — Jansen, *Essai sur l'origine de la gravure sur bois*, 1808, 2 vol. in-8°.

H. BOUCHOT. — *Origines de la gravure sur bois.*   I

marques, celle de Champagne, sert à l'impression des premières éditions de l'Apocalypse xylographique, à l'impression de la *Bible des Pauvres* [1]. Quant au papier *à la balance*, probablement lyonnais, on le voit à Metz en 1360 [2], dans le Dauphiné en 1349 et en 1366, à Fabriano en 1376 (Briquet n°s 21-24).

Si tant de constatations diverses ne nous apportent pas la certitude absolue, elles viennent cependant fortifier l'idée que la France a été la première nation d'Europe, avec l'Espagne et l'Italie, dans l'emploi des papiers. Ceux-ci, colportés par des merciers ambulants qui les vendaient, à la rame ou à la main, n'étaient certes pas toujours employés sur place, mais les présomptions sont en faveur d'un déplacement assez limité. La matière est lourde, et avec les routes d'alors, l'obligation de transporter les ballots à dos de mules, le revendeur n'y eût pas gagné gros. Cependant nous avons à Tours en 1361 du *Mouton-Cambrai* vendu 15 sous la main, soit un écu de 3 livres les quatre mains, une rame est vendue 3 francs 8 sous et 4 francs à la même date [3]. C'est sur une feuille de ce papier que le calligraphe tourangeau, modeste prédécesseur du grand Jean Fouquet, dessinera une tête d'évêque à cheveux ondulés, si rapprochée de certaines pièces du « Maître aux boucles ».

Toutes les apparences sont donc pour que le papier ait été, chez nous, d'emploi courant dans le dernier quart du xive siècle. Nous avons vu les Allemands, en 1390 seulement, fabriquer à Nuremberg sous la direction d'Italiens, probablement Génois. Il y a de fortes présomptions en faveur de Cluny, de non moins fortes pour Cambrai, où sont les grands artistes flamands ; nous savons que Malouel grave à Dijon, que les moines de La Ferté-sur-Grosne taillent le bois en relief, que mille essais se tentent partout en France. Alors se produit la déterminante morale, l'indulgence papale, qui forcera tant d'idées éparses à se trouver un objet précis, un but déterminé, en vue d'un gain sûr ; qui sait même ? peut-être sans cet appât de lucre, pour l'honneur de la chrétienté, la gloire des chefs d'ordre, la pensée que rien ne servirait mieux la religion que cette diffusion graphique.

Au début, comme je l'ai dit déjà, ce dut être une pieuse tricherie de moines, une parodie, un pastiche de miniatures, d'où le bariolage, d'où

1. Sotheby, *The typography*, 1845, et du même *Principia typographica*, IIIe vol.
2. Bibl. Nat., ms. 13896, latin (Episcopi Metenses).
3. J. Delaville Le Roux, *Comptes municipaux de Tours* (Compte de 1361-62), n°s 928, 933, etc.

l'absence de lettres. La lettre, lorsqu'on en mettait une, s'écrivait sur la marge, à la main, et trompait mieux[1] ; sauf qu'un cloître les eût fabriquées, ces estampes n'eussent point couru longtemps le monde, et Tegernsee, ni Saint-Gall, ni Mondsee n'en eussent recueilli un aussi grand nombre. Ce fut de la fausse monnaie graphique ; mais, en l'état des connaissances, on ne démêla point dès l'abord le pastiche. Lorsque le commerce en devint plus courant et plus audacieux, on grava même la lettre, afin de perdre moins de temps aux confections, et de produire davantage. Puis on expédia en clair, telles catégories, que les abbayes destinataires accommodèrent à leur guise, et habillèrent au goût de leurs compatriotes et au leur. On eut des légendes poncives qui s'appliquaient à la brosse, d'autres furent taillées, en relief, dans le dialecte du lieu, et imprimées sur la partie réservée de l'image. D'où vraisemblablement les prières, les lettres d'indulgences en allemand, en latin, en flamand, en hollandais que nous y lisons parfois, mais qui, bien rarement, se lient à la figure, et témoignent de l'association formelle à l'origine. Si nous notons l'alliance étroite, nous sommes à la fin du xve siècle.

Mon projet ne peut être de m'arrêter longuement ici à l'histoire de ce qu'on a appelé le *Trafic des Indulgences*. Tout le monde connaît ce vieux thème. Les indulgences procédaient, dans les déductions pratiques, du pouvoir donné aux apôtres de lier et délier ; à travers les siècles, la papauté abusa de l'autorisation et fit de ces choses morales un gage de profit matériel. Les indulgences furent classées en catégories comme de véritables valeurs : plénières ou partielles. On en attacha l'octroi à l'acquisition de certains objets de culte, médailles ou images, images surtout, lorsqu'il y en eut. Le classement définitif est dû à un pape limousin, Clément VI (1342-1352), l'homme vénérable à qui Jean le Bon et le duc de Bourgogne semblent apporter des images, en 1342[2], sur une peinture de la Sainte-Chapelle. Cependant à bien regarder le petit diptyque que tient le duc Eudes, à genoux devant le Pape, n'en pourrions-nous inférer qu'il reçoit de la main du Saint-Père une peinture indulgenciaire?

---

1. Cf. une image de saint Ulrich de la Hofstaatsbibliothek attachée au livre imprimé 8° Inc. 8 à 108 àMunich ; l'indulgence est écrite à la main, et le saint n'est devenu un saint Ulrich que parce qu'il est à Munich (Schreiber, n° 2958, et 1705 a).

2. Nous avons déjà parlé de cette peinture de la Sainte-Chapelle dans le chapitre précédent. Nous connaissons le voyage des deux princes par M. Ernest Petit. Le duc Eudes agenouillé devant le pape donne-t-il ou reçoit-il un diptyque? C'est une question à résoudre. Après mûr examen, je crois qu'il reçoit et s'agenouille pour recevoir.

Les fonds d'or de l'objet reçu indiquent l'école avignonnaise de Simone, le même Simone qui, à notre sens, dut peindre le Jean le Bon de la Bibliothèque nationale [1].

Tous les clercs intéressés à la question des indulgences durent donc regretter, au début, que rien ne permît de façonner en hâte une figure, qu'on eût bénite, et ensuite munie de sa lettre d'indulgence. La lettre toute sèche impressionnait moins. C'est à ce moment (1342-1352) que je placerais les premières tentatives, à Cluny et dans la région. Lorsque le schisme d'Occident éclatera, en 1378, l'affaire devait être lancée, mais elle subit le contre-coup de la dissension ecclésiastique. Les deux papes se combattirent par tous moyens ; l'un cherchait à infirmer les indulgences de l'autre. Comme il fallut que chacun renforçât ses ressources, ce serait peut-être aux environs de 1380 ou 1390 que les belles pièces du « Maître aux boucles » auraient été exécutées, pour faire plus d'impression sur les foules ; et dans ce cas les Clunisiens, mieux préparés, renforcés des Avignonnais, des Cisterciens et peut-être des Clairvalliens eussent trouvé une formule, le passage en grand des *moules* à orfrois sur des feuilles de papier, avec coloriage soigné.

Je trouve même, dans des actes écrits, certains indices qui me permettent de faire cette hypothèse. Par exemple, lors du concile de Constance où sera jugé Jean Huss, le grand adversaire des images, le duc de Bourgogne envoie des représentants spéciaux ; ce sont les évêques d'Arras et de Beauvais et un certain religieux nommé Pierre Salmon, frère mineur de Besançon, lequel s'est occupé d'imagerie vers la fin du XIVe siècle. N'a-t-il point été choisi précisément pour surveiller les débats à ce point de vue spécial et en faire un rapport [2] ?

Ceci, je ne l'ai point approfondi, pas plus que je n'ai cherché dans le détail du procès de Jean Huss l'indication utile. Il est possible que les réponses, sur faits et articles proposés au grand agitateur, aient pu fournir des précisions à ce sujet. S'il parlait de l'importation en Allemagne,

---

1. C'est le portrait portant le n° 1 de l'Exposition des mss. et provenant également de Roger de Gaignières. Cf. Henri Bouchot, *Catal. de Gaignières*, t. I, préface, XIII, et n° 301. Lors de la vente de tableaux de Gaignières, le Régent fit conserver cette pièce pour le roi Louis XV.

2. Voir ce qui a été dit, *Bibl. de l'École des chartes*, L (1889), p. 575, touchant ce Pierre Salmon dans un article de M. Moranvillé sur des pièces publiées par M. B. Prost. M. Moranvillé conteste que le Pierre Salmon de M. Prost soit le même que celui envoyé à Constance. La preuve ne me paraît pas faite.

de trafic étranger, nous aurions trouvé chez lui un sérieux appui. Mais ce que j'en ai pu comprendre m'a semblé d'une portée plus générale, sans rien de très explicite quant à la qualité des images, qui sont aussi bien, pour eux, les statues que les médailles de plomb. Pour en revenir à Pierre Salmon, envoyé par le duc de Bourgogne, aux gages de deux écus d'or par semaine (et qui restera deux ans à Constance !), nous le voyons occupé d'imagerie, le 21 janvier 1399, comme l'indique une pièce publiée par M. Bernard Prost. « A Pierre Salmon religieux des frères meneurs du couvent de Paris, pour un orfraiz de brodeure à ymaiges de testes d'apostres et d'autres sains [1]. » Orfroi de brodure ne veut pas dire *orfroi brodé* mais de bordure, la bordure des chapes. J'ai donc tout lieu de croire que l'orfroi en question était une simple étoffe imprimée et semée de têtes et de saints ; les planches qui eussent servi à l'empreinture eussent tout aussi bien produit une image sur une feuille de *Mouton Cambrai*, que le frère mineur lui-même eût enluminée. Mais, bien que réputé frère mineur du couvent de Paris, Pierre Salmon est un moine bisontin, il tient à la Bourgogne. Tout nous ramène fatalement à cette région, quelle raison que l'on puisse chercher à l'encontre.

A mon sens donc, les pièces remarquables du « Maître aux boucles » doivent dater de ces époques bouleversées ; elles sont postérieures au schisme, c'est-à-dire à 1378. Leur caractère flamand-bourguignon, avec forte teinture d'italo-venaissin, ne laisse guère de doute sur leur lieu de naissance. Le pape de Rome eût-il trouvé alors en Italie un agencement suffisant et des moyens pratiques de créer une concurrence ? Originairement ce furent les *Messes de Saint Grégoire* qui servirent de véhicule à ce trafic, plusieurs portent des lettres allemandes ajoutées, mais le caractère des figures les rattache à l'école bourguignonne. M. Schreiber a retrouvé plus de quarante types divers de la *Messe de Saint Grégoire* ; c'est avec le *Christ en Croix*, la *Vierge glorieuse*, l'image la plus répandue, car elle détient la proportion la plus forte. M. Schreiber, s'appuyant sur les textes, sur les papiers ou les coloriages, assigne des dates assez basses à ces petites œuvres ; j'estime que, pour certaines, il ne tient pas assez compte du style des figures. Je sais que dans l'art industriel, — et l'image est, alors, un véritable art industriel, — les types originaux se poursuivent long-

---

1. Pièce publiée par B. Prost dans les *Archives historiques artistiques et littéraires*, d'après une mention tirée des archives de la Chambre des comptes de Dijon, conservées aux archives de la Côte-d'Or.

temps; n'avons-nous pas encore, en 1902, des images d'Épinal avec costumes du second Empire? Aussi cherchons-nous à dater le modèle non
d'après ses caractères extrinsèques de publication, mais d'après les points
évidents de son esthétique, concordant à une époque déterminée. Lorsque
nous retrouvons de nos clichés français publiés à Bamberg, avec texte
allemand au dos, nous savons bien que ces clichés ne sont pas allemands; les costumes bourguignons qu'ils nous offrent et que les Allemands n'ont jamais portés en sont la preuve indéniable. Et puis, dans ce
cas, les matrices démodées chez nous et acquises par nos voisins accusent
un usage immodéré et des tares profondes [1]. On verra d'ailleurs au
n° 51 de notre catalogue ci-après, au sujet d'une *Mise au Tombeau* du
Cabinet de Paris, l'histoire curieuse de clichés lorrains de 1415-1430,
publiés à Venise en 1487, et qui furent préalablement rognés avant de
passer dans la forme d'impression. Les Français du règne de Charles VIII
n'eussent plus admis les costumes qu'on y voyait, et que leurs grands-
pères avaient portés soixante ans auparavant. Les Vénitiens avaient le
cosmopolitisme plus conciliant.

1. Voir notamment les images de la Passion en criblé que M. H. Delaborde reportait
à 1406, et que nous voyons passer en Allemagne vers la fin du xvᵉ siècle. Il y a lieu de
constater l'usure des clichés sur les impressions allemandes. Et cependant les originaux
devaient être gravés sur métal (voir le *Portement de croix* n° 254 du cat. de la
Réserve, n° 28 du cat. ci-après).

CHAPITRE IV

DE QUELQUES PIÈCES NOTABLES ET DE LEURS CARACTÈRES

I

Divers Cabinets d'Europe, mais Paris et Munich surtout, conservent des estampes xylographiques dont l'ancienneté, on pourrait dire l'antériorité, a été reconnue par la plupart de ceux qui ont étudié sérieusement la question. Toutes ont subi l'examen éliminatoire par la constatation de certaines lois, aujourd'hui admises sans beaucoup de réserves. Ces estampes sont de format assez grand, certaines même, par leurs dimensions, peuvent faire penser à l'utilisation préalable de leur forme à l'empreinture d'étoffes [1]. Elles sont donc de l'époque première où les images servaient à égarer l'acheteur et à pasticher les peintures ; car ce n'est que plus tard, dans le XVe siècle, que nous les verrons tourner aux formats inférieurs, celui des livres où on peut les enclore ; il y en aura alors d'assez petites pour se placer facilement en un in-32. Aucune d'entre celles dont nous parlons n'a de hachure d'ombre, de ces travaux d'épargne pénibles que les artisans du XVe siècle, plus avisés et plus techniciens, adopteront couramment. Les figures y ont la sérénité béate des vitraux, les lignes des costumes semblent taillées à l'imitation des effigies tombales creusées dans le métal ou la pierre ; les plis d'étoffe sont arrondis, formant parfois une sorte de paupière ouverte, ce que M. Schreiber nomme les *yeux* et que nous appellerons les *boucles*. Ces sinus gracieux et souples sont ceux des lourds habits de laine, à l'époque où les Flandres n'ont pas encore appris aux riches les brocards d'or et les vêtements de soie ; nous les retrouverons chez les vieux quattrocentistes de la France et de l'Italie.

1. Voir la prétendue *Sainte Dorothée* de Munich (Soldan, n° 4), le *Jugement dernier* de Rosenthal (Schreiber, n° 1899), même au Cabinet des Estampes le *Jésus au Jardin des oliviers* qui dépasse l'in-4° ordinaire.

Pourtant, si ces images expriment une priorité sur leurs rivales, elles ne peuvent remonter aux époques où l'art français, l'art flamand et l'art italien en étaient encore aux traditions hiératiques du moyen âge. Le réalisme des Flamands s'y montre; les physionomies n'y ont plus la note simpliste et naïve des tombeaux, sans recherche du vrai. Bien au contraire les inventeurs originaux, sur le dessin desquels les premiers xylographes furent exécutés, tels ceux du Bois Protat, par exemple, cherchent à communiquer à leurs personnages une allure de vie, et à les vêtir des costumes portés par leurs contemporains; les Flamands réalistes ont sûrement passé par là, et leurs miniatures nous le prouvent d'abondance. Nous démêlons donc, à priori, que les pièces en question ne peuvent prétendre à une date plus haute que 1350 ou 1360. D'un autre côté, par ce que nous savons de l'influence des Flandres, des étoffes brisées, froissées à angles aigus, apparues sur les images dans le premier quart du xve siècle [1], nous pouvons leur assigner une préexistence, puisqu'elles ont les plis doux, arrondis, les longues traînes souples et élégantes.

Passavant a vu la plupart d'entre ces estampes, mais ses notes, prises longtemps avant sa rédaction, l'embrouillent et l'égarent. Il fait un étrange classement, admettant à l'honneur certaines images de basse époque et de médiocre valeur, oubliant nombre d'autres. Puis, lorsqu'il a suffisamment mêlé l'écheveau, sans dire le plus souvent où sont les épreuves dont il parle, le *Jésus au jardin des oliviers* de Paris, par exemple, il conclut en exprimant que toutes ces estampes proviennent de Tegernsee. Le fameux *Christ en croix* de cette abbaye, chargé des deux estampilles dont nous avons parlé, muni en sus d'une lettre possessive écrite à la main, lui paraît péremptoirement fabriqué dans le cloître bavarois [2].

Lorsque M. Schreiber examine à son tour ces estampes, il remarque çà et là leur caractère archaïque, il mentionne « leurs plis doux », il les déclare « précoces », ce qui équivaut à *primitif*. Il tente parfois un rapprochement des unes avec les autres, il est gêné pour conclure et pour dater,

---

1. La Vierge de Bruxelles à laquelle nous conserverons sa date de 1418 qui paraît juste, est extraordinairement tourmentée dans ses plis. Les Allemands, qui ne retrouveront ces cassures d'étoffe chez eux que postérieurement à Martin Schongauer, ont tendance à moderniser les dates.

2. Passavant, I, 27-32. Il cite le *Saint Jérôme* (6), *l'Annonciation et la Nativité* (10), le *Christ en Croix* (11), *la mort de la Vierge* (12), le *Couronnement de la Vierge* (13), *Jésus au Jardin des oliviers* (14), *Sainte Dorothée* (15) et *les Quatre saints* (16). Où a-t-il vu que le *Jésus aux oliviers* provint de Tegernsee ?

parce que son orientation, basée sur des produits allemands retardataires, ne peut admettre le xiv⁰ siècle. Pourquoi cependant, après avoir constaté les rapports de ces xylographes entre eux, en arrive-t-il à leur assigner respectivement les origines les plus dissemblables? A son avis, les uns sont de Bavière (?), d'autres de Souabe, du Bas-Rhin, de Franconie, de Salzbourg ou d'Augsbourg. De plus, il s'avoue impuissant à rapprocher aucune pièce incunable d'une voisine, « parce que le nombre des graveurs sur bois au xv⁰ siècle est trop grand... pour pouvoir fixer la technique d'un seul artiste ». Il ne remarque pas que les personnages aperçus là sont de pareille extraction, qu'ils portent la coiffure semblable, les robes, les chaussures, les nimbes identiques, qu'ils ont des gestes plus nobles, des tenues plus sévères que leurs successeurs. Il ne dit pas — et ceci il ne l'a jamais fait pour aucune estampe — que l'écriture INRI d'une de ces pièces « à plis doux » est en onciale, c'est-à-dire en écriture formellement du xiv⁰ siècle, française et italienne surtout [1].

Corollairement, ni lui ni Passavant n'ont cherché dans les similitudes de ces incunables avec d'autres de moindre valeur, mais tout aussi reconnaissables entre eux, une descendance de ceux-là à ceux-ci, une parité d'origine, souvent de date, en un mot, ils ne nous ont pas dit que certaines estampes inférieures, mais sûrement sorties du même lieu, de mêmes ateliers, et dues à des artisans moins habiles seulement, existent aussi et se peuvent assembler. Si nous nommions le premier graveur le « Maître aux plis en boucles » ou plus simplement le « Maître aux boucles », l'autre, ou les autres, ses imitateurs, procédant de lui, pourraient être dits « les graveurs de la Flagellation » du nom de la meilleure pièce.

Un troisième, bien inférieur, serait le « graveur aux cheveux en billes » à cause de la façon singulière dont il traite les cheveux d'enfants. Il en resterait au moins un quatrième « le graveur aux bordures », artiste du commencement du xv⁰ siècle, dont la plupart des œuvres retrouvées à Tegernsee ont été affublées de bordures diverses et parfois d'un texte allemand [2]. J'emprunte à nos voisins ces moyens de classifications ; c'est

---

1. Cette inscription absolument unique chez le Maître aux boucles est à Munich sur un Calvaire dont nous reparlerons (Schreiber, n⁰ 399). Ci-après ch. V, n⁰ xii.

2. Citons une pièce de la collection Weigel, depuis passée à Nuremberg et montrant le *martyre de saint Jean*. Les bourreaux sont encore là ceux du *Saint Bénigne* de la Bibl. de Troyes (voir p. 58) ; or dans la tablette réservée en bas, on a imprimé un texte allemand pour faire comprendre la scène. Les acheteurs allemands n'eussent pas saisi le

la bonne manière de rendre justice à leurs procédés d'analyse, et c'est aussi nous éviter beaucoup de chances d'erreurs.

Sans pousser plus loin ces classements pour le moment, voyons quels caractères spéciaux présentent les gravures de la première catégorie, c'est-à-dire celles du « Maître aux boucles », dont nous pouvons citer une quinzaine de pièces conservées à Paris et à Munich, à Nuremberg, à Vienne, à Londres. Trois sont au Cabinet des Estampes; une chez M. le baron Edmond de Rothschild, une chez M. Dutuit. Sept sont conservées au Cabinet de Munich. Il doit y en avoir beaucoup d'autres dans les collections d'Europe, je ne retiendrai de celles-là que la *Fuite en Égypte* de Vienne, une des plus importantes, et le *Saint Jérôme* de Londres.

Au nombre des succédanés, c'est-à-dire d'œuvres inspirées ou contemporaines, nous pourrions en citer une vingtaine rentrant dans la formule des trois autres mains indiquées plus haut, à savoir 1° « le graveur de la Flagellation », 2° « le graveur des cheveux en billes », 3° « le graveur aux bordures ».

Quelques pièces sans lien entre elles, mais de même époque et de même lieu, seraient peut-être les plus anciennes, telles la *Vierge de Lyon* (Paris), le *Christ en croix* aux estampilles de Tegernsee (Munich), un petit *Calvaire* (Paris), le *Saint Christophe* (Weigel 12), le *Saint Georges à cheval* (coll. Rothschild), le *Saint Georges à pied* (id.), un *Christ en croix* sur bois non équarri (id.), etc.

II

Aucune des quinze pièces dont nous allons parler, et que nous donnons au « Maître aux boucles », ne porte d'écriture allemande; le mot *inri* sur la croix est en onciale française dans le *Calvaire* de Munich.

Si nous considérons l'allure des personnages représentés sur ces images, nous sommes frappés, dès l'abord, de l'extraordinaire supériorité de style, d'élégance, de majesté rencontrée dans la plupart d'entre eux. Les traits du visage que nous avons vus stéréotypés dans les miniatures du commencement du xive siècle, et que nous verrons dans le xve siècle sacrifiés à l'imagerie grossière d'une décadence rapide, expriment ici la

sujet sous cette représentation étrangère à leurs costumes et à leurs mœurs. Or, ce texte écourté *danse* littéralement au milieu de la tablette ; elle n'était pas faite pour lui.

noblesse et la sérénité. Les yeux ont d'ordinaire la double paupière, le nez est indiqué par des lignes spirituellement tracées et taillées habilement. Les oreilles, les bouches n'ont pas la disgrâce de certaines représentations du xve siècle flamand ; elles rappellent celles aperçues dans les gravures tombales les plus soignées, ou sur les verrières.

L'inclinaison archaïque des corps, leur inflexion miniaturale est fort sensible encore dans certaines ; une *Annonciation* de M. Dutuit, une *Nativité* de Munich expriment ce côté médiéval des figures. Les vitraux seraient davantage représentés dans un *Saint Bénigne* du Cabinet des Estampes, un prétendu *Saint Wolfgang* de la collection de Rothschild, une *Sainte Opportune* (prétendue *Sainte Dorothée*) de Munich. Une véritable peinture murale du xive siècle serait le *Christ au pressoir* de Nuremberg, comme la *Sainte Dorothée* de Munich (Soldan 67) rappellerait, par ses fonds, les miniatures franco-flamandes du règne de Charles V.

§ 1. COIFFURES. — Nous décrirons tantôt ces pièces une à une ; pour l'instant nous en sommes à leurs caractères généraux, ceux qui leur sont communs entre elles, et l'un de ces points, c'est la coiffure. Chez les hommes, celle-ci est tout à fait particulière, si facilement reconnaissable et inhabituelle dans les estampes incunables que je ne puis comprendre qu'on l'ait dédaignée jusqu'à aujourd'hui. Les personnages y sont peignés « aux enfants d'Édouard », comme disent les coiffeurs modernes, c'est-à-dire avec une partie des cheveux aplatie sur le crâne, partageant ainsi, d'une large allée, les deux touffes ondulées. Cette façon d'accommoder les cheveux est surtout sensible dans le *Jésus au Jardin des oliviers* de Paris, dans le *Calvaire* de Munich. Il se joint à ceci la considération des barbes généralement assez courtes, partagées par le milieu ; le *Saint Bénigne*, le *Saint Wolfgang*, les apôtres endormis du *Jardin des oliviers* ont la même barbe ; on la verra à un succédané de Munich, le *Saint Sébastien*.

On n'a pas manqué de déclarer allemande la coiffure dont nous parlons ; voici quelques brèves précisions à ce sujet.

Je la trouve partout en France au xive siècle, et même dès le xiiie. La coupe dite « aux enfants d'Édouard » était un signe d'aristocratie guerrière, et on la nommait la « Grève ». Geoffroi de Rancon, outragé par le comte de la Marche, se fit une grève de femme, c'est-à-dire une simple raie de milieu, jurant tous les saints « que jamais il ne seroit roingnez *en guise de chevalier* jusques à tant que il se seroit vengié [1] ». Mais si nous

____

1. De Laborde, *Glossaire* au mot Grève.

cherchons dans les représentations tombales en France, c'est à chaque pas que, de 1300 à 1400, nous voyons la grève aux chevaliers : un Montmorency, à Taverny, Seine-et-Oise, (1360), un de Chastres à Arpajon (1349), un Villiers de l'Isle Adam à Domont (1360); si nous allons en Bourgogne, un Chatillon à Chatillon-sur-Seine, et, en général, tous les chevaliers bourguignons reproduits par Gaignières d'après Palliot, et pris sur les statues d'église, sont ainsi coiffés [1]. Une pierre tombale de Varzy, dans la Nièvre, nous en fournit un exemple particulièrement écrit [2], et si nous en cherchions dans le nord, dans la Normandie, dans le Maine [3], les exemples s'en montreraient innombrables [4].

Il y eut cette particularité intéressante pour nous que Simone di Martino, le peintre des papes d'Avignon, trouvant cette coiffure française partout — et par les lettres de Pétrarque nous savons combien nos modes eurent d'influence sur les transalpins — s'y soumit et en affubla ses figures. Les savants auteurs du *Pétrarque* [5] croyaient voir dans les barbes et les coiffures une concession à l'antiquité. Simone ne faisait que du naturalisme à la flamande; il peignait ce qu'il voyait autour de lui et rien d'autre. Lorsqu'il apercevra à Avignon le roi Jean et le duc Eudes de Bourgogne, il leur trouvera la coiffure à la mode. Donc s'il donne la barbe et la coupe chevaleresque aux personnages de son Virgile, c'est qu'il fait la nature. Son berger chauve y a la tête des futurs *Saint Antoine* dans les images incunables, et des bourreaux dans la miniature du *Rotulus* de Saint-Bénigne dont il a été ci-devant parlé [6]. Ce type du Saint Antoine, que nous voyons à Munich, se retrouve d'ailleurs dans un manuscrit d'Avignon à la Bibliothèque nationale [7]; on y aperçoit en grand nombre la coupe en grève des enfants d'Édouard. Un manuscrit ayant appartenu

1. Cat. Gaignières. Ces représentations sont au Cabinet des Estampes dans les volumes cotés Pe 4. et Pe 1. m. — Jean de Chatillon est dans Pe 4, fol. 15.

2. Dép. des Estampes, Va 419 e (format 4).

3. A Pritz près de Laval (Mayenne). Peinture murale.

4. Cf. Guilhermy, *Inscriptions de la France*, 5 vol. in 4º (passim) et Gaignières au Départ. des Estampes, série Pe. Voir surtout au musée du Louvre les deux statues couchées des Dormans qui ont la grève et les cheveux ondulés. (Salle de la statuaire du moyen âge et de la Renaissance.)

5. Prince d'Essling et Müntz, *Pétrarque*, p. 12. Les remarques de Pétrarque sur nos modes sont aux *Epistolæ familiares*, X, lettre 3.

6. Voir ci-devant p. 59.

7. Dép. des mss. français 4939. Le fol. 28 vº renferme un Zorobabel de face qui est exactement le Saint Antoine de Munich publié dans le livre de Soldan sous le nº 1.

à Pétrarque, si rapproché d'ailleurs par son esthétique générale de notre « Maître aux boucles [1] », nous présente plusieurs fois des figurines ainsi coiffées. Lorsque les Allemands nous peuvent offrir quelques exemples de ce genre, les documents invoqués sont de date très basse et proviennent du Haut-Rhin ou du Bas-Rhin c'est-à-dire des Flandres et de la Bourgogne [2]. Pour l'ordinaire ces personnages portent la raie [3].

Reste l'ondulation des cheveux, celle-ci particulière aux hommes et aux femmes de nos estampes. Le fait de la dire germanique est une grosse erreur. La plupart de nos statues du xive siècle ont les cheveux ondulés. On en voit un curieux et naïf spécimen dans les *comptes municipaux* de Tours, ceci de la main d'un scribe, qui trace sur son livre un graffitte populaire indéniable [4]. C'est une tête d'évêque aux cheveux ondulés comme ceux de la *Sainte Dorothée* de Munich. Jean de Dormans, évêque de Beauvais, mort en 1373, et dont tout le monde peut voir la statue au musée du Louvre, a les cheveux ondulés [5]. Le seigneur de Chatillon, ci-devant cité, les a; un buste, reliquaire bourguignon, les a [6]; on les voit à un petit bas-relief provenant de Saint-Denis, aujourd'hui au musée de Cluny; aux seigneurs de la cour de Charles V [7]; aux danseurs de farandole de la tapisserie de M. d'Odet [8]; sur une fresque du palais des papes à Avignon, due à Simone ou aux siens. En vérité, si l'Allemagne pays d'observance en modes, et non directeur, comme nous le sommes, comme Pétrarque le constate, comme tout le prouve, a eu quelque part dans la composition des estampes du « Maître aux boucles », il est curieux qu'elle nous ait précisément emprunté, à cet effet, une de nos caractéristiques les moins discutables.

Quant au procédé singulier employé par les imitateurs du maître aux boucles, et peut-être par lui-même, pour tailler les cheveux des petits enfants, c'est encore un moyen particulier aux Français. Ceci est dans l'espèce, plus une pratique d'opération simplifiée que non pas une esthétique;

1. *Ibid.*, ms. lat. 8500, fol 30.
2. Hefner Alteneck, pl. 265. Voir aussi Œchelhaeuser, *Die Miniaturen zu Heidelberg*, 1895, 2e vol. planches.
3. Hefner Alteneck, pl. 226. Pas un des tableaux de l'école dite de Nüremberg ne montre de ces coiffures.
4. Delaville Le Roulx, *Comptes municipaux de Tours* (Frontispice).
5. *Musée du Trocadéro*, I, pl. 19, moulage d'après la statue du Louvre.
6. Hefner Alteneck, pl. 232 a.
7. Dépt. des Estampes, Oa12 (Passim).
8. *Bulletin archéologique du Comité des travaux historiques*, 1890, et notre planche.

car ce *criblé*, ces véritables *billes*, s'obtiennent plus facilement en faisant tourner la pointe du couteau comme une vrille. La preuve que les Français ont admis le procédé c'est que nous en retrouvons sur des sculptures à lettre française. L'*Union historique* de Bamberg, en Allemagne, possède un peigne d'ivoire représentant *Tristan* et *Yseult*. Certains petits personnages y ont les cheveux taillés en billes. Or l'inscription ne laisse aucun doute sur le lieu d'origine ; on y lit en français bourguignon du xive siècle (Saint-Claude) :

> Por amor de vos amie
> Jolie...

Les habits très déchiquetés, qu'on voit aux personnages de 1395-1400 environ, rappellent ceux des bourreaux du « Graveur de la Flagellation » conservés au Département des Estampes de Paris [1].

Il semble que cette façon d'opérer pour les cheveux d'enfant soit restée cantonnée dans la région bourguignonne ou lyonnaise ; nous la retrouvons au *Jésus enfant* de la *Vierge de Lyon*, à beaucoup de petites pièces dont l'origine bourguignonne n'est pas douteuse, et dont la manière malhabile mais constante nous a fait désigner l'auteur par le qualificatif « graveur aux cheveux en billes [2] ».

§ 2. LES PLIS D'ÉTOFFE. — Dans les œuvres du maître qui nous occupe, les plis d'étoffe affectent des sinuosités, des traînes, en avant et en arrière, des volutes de l'effet à la fois le plus caractérisé et le plus rare. Dans le xve siècle, ces formes n'existeront plus guère ni dans la peinture, ni dans les manuscrits, ni même dans la statuaire. Avant 1350 en France, en Flandre ou en Italie, elles sont encore l'exception. Giotto les dédaigne, nos vieux miniaturistes les esquissent sans exagération, les statues en sont très sobres. De 1350 à 1400, lors de l'entrée en scène des peintres flamands et des Italiens d'Avignon, la formule s'écrit tout à coup plus audacieuse. Beauneveu, Jean de Bruges, Broderlam et Claux Sluter pour le nord, Simone et Matteo Giovanetti à Avignon, ou le miniaturiste de Pétrarque, Malouel, chez le duc de Bourgogne, grâce à un amalgame

1. Hefner Alteneck, pl. 252, et ci-après cat. n° 15.

2. Plusieurs de ces pièces sont au Cabinet de Paris, elles ont été découpées d'une *Vie du Christ* en plusieurs tableaux, dont un similaire est resté entier à Munich. Ces planches s'expédiaient en feuilles et les revendeurs les découpaient, les bariolaient et les vendaient au détail pour mettre en des livres de prières.

opéré à Dijon ou dans la région clunisienne, s'accordent tous à présenter, dans leurs œuvres, les draperies lourdes, sinueuses, gracieuses pourtant, dont l'idée sera plus naïvement exploitée par notre graveur.

A l'origine nos artistes parisiens avaient inconsciemment jeté les bases de cette coquetterie artistique. Bien avant l'époque où le mélange italo-bourguignon sera consommé, Villard de Honnecourt les laissait pressentir, et les peintres verriers de Notre-Dame de Paris en montraient de fort semblables aux nôtres [1] ; de plus, nous trouvons dans l'Ile-de-France, sur des tombes, c'est-à-dire dans l'art industriel, l'étoffe à traîne avec boucles et sinus. Une dame Lecat, dont la pierre tombale se voit encore à Argenteuil [2] offre en embryon, ce qui sera plus tard la note caractéristique de l'école bourguignonne. Il y a donc à penser que cette mode gracieuse et souple fut admirée par les Flamands venus à Paris, et que, par eux, elle fut accommodée aux exigences naturalistes. Une lettrine de scribe, — dans ces constatations les œuvres modestes et naïves sont le meilleur document — sur un acte des Archives nationales, montre le roi Charles V en personne, formant le premier jambage de son initiale, la lettre K (Karolus) ; sa robe fait, à droite et à gauche, une traîne assez ample. Le même prince aura encore la traîne dans un hommage que lui fait Raoul de Presles en tête d'un manuscrit [3]. Il ne serait d'ailleurs point très difficile de multiplier les exemples. Une vierge de la collection Timbal, à Cluny, a la même queue de robe [4], un retable provenant de Saint-Denis renferme une foule de petits personnages ainsi affublés [5], nombre d'ivoires du même musée, tous antérieurs à 1370, c'est-à-dire à l'intervention flamande avouée [6], offrent de semblables traînes. Il y en eut dans la collection Spitzer [7], sur le retable de Cluny, partout enfin.

Mais le pli en œil, en sinus arrondi, que fournissent les lourdes étoffes de lainage, ce sont les Flamands de Claux Sluter à Dijon qui en déterminent l'expression définitive. Beauneveu a bien esquissé les plis dans

---

1. Voir les grisailles qui éclairent le passage conduisant au Trésor. Ces boucles sont d'ailleurs constantes sur nos vitraux du commencement du xive siècle dans toute l'Ile-de-France.

2. De Guilhermy, II, 272.

3. La lettre K est dans la pièce J. 185 des Archives nationales. La miniature de Raoul de Presles, au ms. 22912 de la Bibl. nat., fonds français.

4. Cluny. Grand hall du rez-de-chaussée (sans numéro).

5. Ibidem, même salle, contre le mur du fond touchant aux thermes.

6. Nos 1082, 1085, 1086, et surtout 1074.

7. Coll. Spitzer. *Ivoires*, I, pl. XX.

ses figures d'apôtres, Broderlam en a donné quelques spécimens, ils ne seront les nôtres, dans la peinture, que sur le *Parement de Narbonne* de Charles V, dans les admirables petites miniatures flamandes du ms. fr. 166, et dans les œuvres de l'Italo-provençal du ms. latin 8500.

Mais si, quittant les raideurs encore un peu traditionnelles de Beauneveu, les hésitations de Broderlam, et laissant à leur place les exagérations italiennes de l'Italo-provençal employé par Pétrarque [1], nous cherchons la plus grande concordance avec nos pièces, c'est le *Puits de Moïse* qui nous la donne, et aussi le *Parement de Narbonne*. De ce dernier nous ne savons rien; par certains caractères, le détail des armures, l'aigle du roi des Romains, la couronne d'épines, nous pencherions en faveur d'un peintre méridional. Pour cela nulle preuve. Quant aux plis en yeux, si indiscutablement calqués sur les nôtres, si peu douteux, ils sont là, dans la robe du roi, et dans celle de la reine, tous deux agenouillés, dans la robe du saint Jean assis, dans celle d'une figure de femme si étrangement voisine de la *Sainte Opportune* de Munich, publiée par Soldan sous le n° 4. Nous avons aussi le casque en fer aperçu dans le Bois Protat. Sur les figures du *Puits de Moïse*, moins de concordances dans le style général, car les apôtres barbus qui le décorent, sont très loin de nos estampes; ils n'en ont que les plis, et cette fois tellement conformes, surtout dans le personnage à grande barbe et à bonnet pointu dont la tête est penchée, qu'il ne peut rester de doute. Si nous ajoutons, à la présomption, que Malouel grave à Dijon à l'époque précise, que son art personnel n'est pas du tout éloigné de celui du « Maître aux boucles » [2], nous avons mieux que la banale hypothèse. Puis il y a l'abbaye de Saint-Bénigne que nous surprendrons, à trente ans de là, fort intéressée aux œuvres de peinture, elle dont le patron figure précisément dans la suite d'images gravées par le « Maître aux boucles ». Je n'en dis pas plus [3].

Aussi bien, aurons-nous un écho affaibli de ces pratiques spéciales dans des œuvres incontestablement bourguignonnes et gravées en estampes, ou dessinées en miniature, tel le Dieu le Père d'un manuscrit

1. Bibl. nat., ms. lat., 8500.
2. Voir ms. fr. 167.
3. N'oublions pas que Claux Sluter s'est retiré au monastère de Saint-Étienne de Dijon, qu'il y a vraisemblablement exercé une influence morale, et que, de même que Beauneveu était sculpteur avant d'être peintre, lui peut très bien être peintre, après avoir été sculpteur.

bourguignon de 1390 environ, publié ces temps derniers [1], ou la *Trinité* taillée à Saint-Claude, dans laquelle le Père éternel étale la longue traîne et les boucles de son manteau [2]. Pour un temps la formule est consacrée chez nous; nous la retrouverons au *Couronnement de la Vierge* sur la Porte de La Ferté-Milon dans l'Aisne. Cette sculpture, exécutée par ordre du duc Louis d'Orléans, mari de Valentine de Milan, date de 1393; elle n'est sûrement pas postérieure à 1407.

Je n'ai point parlé de Jean de Bruges, dont le nom de Bondolf, nous a été révélé par M. Bernard Prost, nom étrange, à la consonnance italienne, (car de Bondolf à Bondolfi c'est Adornes pour Adorno, et Adornes est devenu, lui aussi, flamand). S'il m'était démontré que le Bondolf ou Bandol dissimule un Italien passé en Flandres, je ne douterais plus du *Parement de Narbonne*, ni peut-être de l'auteur original de nos pièces. Mais ce sont là de pures suppositions encore, et je m'en dois garder. Il n'est pas douteux cependant que le thème des Apocalypses xylographiques procède de Jean de Bruges; c'est lui qui en a donné les détails; une preuve serait l'énorme différence de l'*Apocalypse* d'Angers avec celle de Jean Malouel dans le ms. 167. L'Apocalypse d'Angers et les premiers xylographes ont la concordance absolue des figures fantastiques; ces figures sont trop spéciales, trop personnelles pour que cette concordance soit un pur effet du hasard.

Il est indéniable que les peintres primitifs du Milanais, de la Vénétie ont, jusqu'à un certain point, exprimé la pareille esthétique de draperies; au Louvre nous la retrouvons dans Taddeo Gaddi (cat. n° 187), dans le moine Lorenzo (n° 225). Ceux-là ont les inscriptions en onciales (n° 485). Le maître Georges de Milan, ou le maître Jean, qui peignit la vie de la Vierge, ont tous deux les plis en yeux. Pour ce dernier il y a même une concordance avec notre graveur, c'est un lit dont nous reparlerons, lit à banc que les Bourguignons ont connu aussi, mais qui est rare en France [3]. Un manuscrit fort intéressant de la Bibliothèque de l'Arsenal, exécuté dans l'Italie du Nord et consacré à un *speculum humanæ Salvationis*, renferme à chaque feuillet des figurines dont les attitudes et les détails

---

1. R. Forrer, *Unedierte miniaturen des Mittelalters*, Strassburg, 1902, in-4°, pl. XXIX.

2. Cf. Catalogue ci-après n° 95. Cette Trinité est dans l'esprit de celle des Heures du duc de Berry à la Bibl. nat., ms. fr. 18014, fol. 132.

3. Ce lit est retrouvé aussi dans le ms. 8500, provenant de Pétrarque, à la miniature représentant la mort d'Aristote, fol. 54, verso.

accusent de grandes conformités avec les nôtres [1]. Cependant l'Enfant Jésus n'y a point les cheveux en billes, et le chapeau de fer des guerriers est encore celui de Simone di Martino dans la *Crucifixion* du musée d'Anvers. Avec le peintre de ce manuscrit nous avons sans doute affaire à quelque artiste des Papes, et il ne sera pas étonnant que la diffusion de cet art se produise de proche en proche, impose ses théories à Clermont-Ferrand, à Lyon, à Tournus en remontant le Rhône. A Tournus, nous surprenons la montée en France des Italiens du Comtat. Une figure assise, dans une peinture murale de Saint-Philibert, a les plis en boucles ; un évêque y rappelle notre *Saint Bénigne* ou le prétendu *Saint Wolfgang*. Toutes ces figures exécutées au XIVe siècle par des peintres inconnus, sont dans la manière des peintres d'Avignon. Or Tournus, c'est bien près de Cluny, et le voyage à Dijon n'est plus appréciable.

Je n'ai rien rencontré, au nombre des œuvres allemandes primitives, qui justifiât, même approximativement, une attribution de nos estampes à la Bavière ou à la Souabe. L'École de Franconie nous a conservé une Vierge de Gerhausen datée de 1443, c'est un peu loin de compte dans l'esthétique générale. D'ailleurs qui pourrait dire que cette œuvre fût d'un Allemand? Stephan Lochner, le maître Stephan, dont le renom là-bas est considérable, a déjà subi le nouveau jeu des maîtres flamands, ceux de l'École de Van Eyck, lorsque les brocards d'or et les étoffes de soie brisent les plis et durcissent les lignes. Il y a au Louvre un dessin assez médiocre, peut-être d'une main allemande, et ce dessin reproduit une *Sainte Barbe* du « maître aux boucles » aujourd'hui disparue. Il est daté de 1410 ; sa timidité et sa gaucherie témoignent d'un pastiche tenté à la plume par un homme incapable d'inventer lui-même [2]. C'est donc bien que les images de notre graveur sont allées en Allemagne et qu'on les à prises pour modèle.

Lorsqu'on étudie plus attentivement le *Saint Christophe* de 1423, prétendu allemand, qu'on le trouve gravé à plis doux, sinon tout à fait semblables à ceux dont nous parlons, qu'on lui voit un palmier en main, un petit Jésus italien sur les épaules, et surtout quand, derrière lui, apparaissent ces rochers qu'on croirait dessinés par Pétrarque, n'a-t-on pas loisir de refuser à l'abbaye de Buxheim l'honneur de cette estampe? L'ori-

---

1. Bibl. de l'Arsenal, 593, voir folios 11 et 19 surtout.
2. Ce dessin m'a été obligeamment indiqué par M. Jean Guiffrey, conservateur adjoint des dessins au musée du Louvre. Il fait partie des réserves non exposées.

ginal italien, perdu aujourd'hui, a dû venir par le Rhône jusqu'aux abbayes de la région clunisienne, et c'est là qu'on l'a mis en taille d'épargne. La date de 1423 est une des pires de la Bourgogne ; cette année même le maréchal de Bourgogne, le sire de Toulongeon, est prisonnier des Anglo-Français ; les Saint Christophe ont dû faire prime sur le marché des images préservatrices, en 1423.

§ 3. LES MEUBLES ET LES SOCLES. — A propos des estampes dont il est question, M. Schreiber écrit que les socles sur lesquels l'artiste a placé la plupart de ses personnages dénotent un sculpteur. En vérité, il serait heureux pour nous que le savant iconographe donnât les raisons qui lui suggèrent cette pensée. Le fait constant, c'est que beaucoup d'entre ces images sont pourvues de socles ; on en voit à une prétendue *Sainte Dorothée* de Munich, à un *Saint Sébastien* qui n'est peut-être pas absolument de la série, mais qui y touche de près [1].

Un très grand nombre d'estampes incunables du Cabinet de Paris ont de ces socles ; toutes ne sont pas également anciennes ; mais le fait d'en rencontrer sur celles dont nous nous occupons atteste l'ancienneté de cette décoration dans la gravure des images. Ces socles ne sont pas simples ; on leur voit des arcatures, des avancées, des rebords historiés. Quelquefois ils portent des trônes carrés sur lesquels sont assis les personnages. C'est le cas de la Vierge dans la *Fuite en Égypte* de Vienne, pour un petit *Couronnement d'épines*, pour le Dieu le Père de la *Trinité* de Saint-Claude. Or, le principe de ces trônes et de ces socles procède à la fois des Italiens et des Flamands. On en voit de fort bien décorés dans le ms. de Pétrarque 8500. Les miniatures de Beauneveu, dans le livre d'heures du duc de Berry, en fournissent de toutes formes, et de la plus grande élégance. Ceci répond assez bien à la remarque de Schreiber, puisqu'avant d'être peintre, Beauneveu fut sculpteur. Cette fois encore les rapprochements d'œuvres nous sont singulièrement favorables ; la double influence du Midi et du Nord se combine à merveille, et nous n'avons guère à ajouter à ces remarques, dont les conclusions se tirent d'elles-mêmes, puisque Beauneveu c'est un peu Sluter et Malouel, et que ces deux hommes sont à Dijon. Cependant nous devons faire observer combien ces motifs d'ornements sont anciens en France, et spécialement en Bourgogne. Une dame Héloïse de Joinville,

---

1. Ce Saint Sébastien est à Munich ; comme il est représenté à peu près nu, il est difficile de découvrir les boucles caractéristiques sur le caleçon dont il est voilé. Cependant nous le ferons rentrer dans la suite, à cause d'autres particularités.

de la famille de l'historien, a fondé le couvent des Clarisses de Montigny-
lès-Vesoul ; elle y choisit sa sépulture. Or, sur sa pierre tombale, Héloïse
de Joinville est représentée avec un socle à fenêtres sous les pieds, comme
la *Sainte Dorothée* (sainte Opportune) de Munich, et la sépulture remonte
à 1309 [1].

Nos estampes ne comportent pas que des socles ; elles ont également
des petits meubles étranges, des pupitres contournés, munis parfois de
lanternes, des bancs aussi. Ces meubles sont uniformément percés de
petites meurtrières en retrait perspectif, comme les ouvertures des
murailles qui permettent le jet des flèches. On en voit à une *Annonciation*
de Munich, à un *Saint Jérôme* de Weigel, à plusieurs petites pièces des
séries inférieures. Pour ces meubles encore nous avons la concordance
synchronique des œuvres de Beauneveu, de l'enlumineur du ms. fr. 166,
de Jean Malouel, au ms. 167, de Jacquemard de Hesdin (?), ms. 5057 de
l'Arsenal, et en général des miniaturistes bourguignons entre 1350-1420.

§ 4. LES NUAGES, LES TERRAINS, LES ARBRES, LES ROCHERS. — Les nuages
du Maître aux boucles viennent des Flandres ; les Italiens n'ont point
admis ce thème singulier, devenu motif de décoration et qui contourne
les nuées en forme de fraise de dentelle. Le schéma en est fort ancien
chez nous, il remonte au XIIIe siècle ; c'est l'enseigne française par excellence, dont on fera le *nébulé* en armoiries ou le *enté* [2].

Si nous en cherchions quelques représentations anciennes dans nos
œuvres nationales, nous rencontrerions les « nebules » sur les pierres
tombales dès le commencement du XIVe siècle. La stèle funéraire de
Arnaud Donadieu, à Champeaux dans Seine-et-Oise, est ornée d'angelots
sortant d'une nuée en fraise [3] ; un citoyen de Paris, Rainier Renault en
possède de semblables [4] ; la pierre dédicatoire de Gilles Malet, garde des
livres de Charles V, aujourd'hui dans l'église de Soisy-sous-Étiolles, en a

---

1. Varnier, *Hist. de l'abbaye royale de Montigny*, Vesoul, 1877, in-8°, planches.

2. Remarquons ici que cette décoration sera appliquée en bordure à toutes les pièces
gravées en teinte par l'artiste dont on a voulu faire un nommé Bernard Milnet. Cette bordure se trouve sur une dizaine d'estampes franco-flamandes de cette catégorie. Je ne vois des
nébules dans aucune des peintures allemandes du XVe siècle. Martin Schongauer, qui les
recevra des Bourguignons, les arrangera à sa façon, en les délayant, en les noyant un peu,
en un mot en cherchant à leur faire perdre leur caractère archaïque.

3. Guilhermy, *Inscriptions de la France*, V, 12.

4. Guilhermy, *Ibidem*, p. 141.

également [1]. Le ms. fr. 166 n'a pas un ciel sans quelqu'une de ces nuées
de convention hiératique, qui deviendront peu à peu une décoration de bordure, et nous serviront bientôt à classer les criblés dits de Bernard Milnet
qui les ont tous ; on le voit également au ms. 5193 de la Bibl. de l'Arsenal, fol. 13, provenant du duc de Berry. Par le *Jésus au Jardin des oliviers*,
du « Maître aux boucles », peut-être la pièce capitale de la série, où l'on
aperçoit à l'angle supérieur de droite la main divine issant d'un nébule,
nos estampes paraissent formellement rompre avec les Italiens. Et nous
les retrouvons au *Parement de Narbonne*! Plus que nulle autre considération, celle-ci nous ferait reporter l'œuvre à Jean de Bruges [2].

Le sentiment de la nature qu'on a dit être si développé en Italie dans
le xive siècle, — et cette assertion vient de M. Kallob, un Allemand [3], —
ne semble pas avoir beaucoup influencé le « Maître aux boucles ». Sauf
dans le *Jésus au Jardin des oliviers* du Cabinet de Paris, il ne nous montre
guère de montagnes, d'arbres, de terrains et d'enclos. Sur cette estampe
seule il nous révèle son esthétique en matière de paysage ; elle est celle
de Beauneveu, des miniaturistes flamands ; elle diffère cependant de celle
de Jean de Bruges, qui, dans son Apocalypse d'Angers, s'évertue à mettre
hors du sol les racines de ses arbres. Quant au reste, notre graveur s'inspire des idées à la mode, c'est-à-dire que ses arbres se réduisent à une
boule de feuillage au bout d'un bâton noueux, et que ce feuillage, fort
exactement décrit, nous indique l'essence de chacun. Le *Jésus aux oliviers*
n'a pas d'oliviers, mais des chênes ; eût-il été taillé par un Venaissin,
l'olivier n'eût pas manqué. Les indications en faveur de la région bourguignonne se resserrent. L'enclos en forme de plessis clayonné, de treillage en 8, est constant dans les miniatures françaises du xive siècle ; on
en voit au *Jardin des oliviers*, à la *Nativité* de Munich, et, pour celle-ci,
un treillage semblable servira de berceau à l'enfant. Lorsque les artistes

---

1. On peut voir cette pièce remarquable à Soisy. Je la crois de 1414. Guilhermy, IV,
208.

2. Ce thème décoratif en nébulé persistera très tard chez nous, c'est une véritable signature. Nous le retrouvons à un *Martyre de saint Erasme* autrefois chez Weigel et taillé dans
l'atelier de Antoine Vérard. Le Christ du fond est dans une auréole de nébules. Bourdichon en a mis à une Vierge citée par M. Mâle dans un article de la *Gazette des Beaux-Arts*
(1er mars 1902). La pièce, gravée chez Vérard, nous prouve que le saint Erasme n'est pas
un saint exclusivement germain comme on en a émis plusieurs fois l'opinion dans des
catalogues sérieux (Cat. Weigel, t. I, pl. 223).

3. Kallob, *Die Toscanische Landschafts malerei im* xiv *and* xv *Jahr* (*Jahrbuch* de Vienne,
1900).

allemands adopteront ces clôtures dans leurs œuvres, ils les auront prises
au Maître E.S. qui les a prises aux Bourguignons. Dürer ne les aura pas
inventées, ni lui, ni Martin Schongauer, ni personne là-bas, parce que la
mode est française et remonte au XIIᵉ siècle.

Généralement, lorsque M. Schreiber reconnaît la facture bourguignonne
dans une pièce, c'est aux herbes des terrains et aux fleurs qui y sont
semées. Il n'a pas tort, mais il ne nous dit pas pourquoi. Il n'a pas
remarqué combien peu les Flamands ou les Italiens primitifs s'occupent
de ceci, alors que les Français cherchent les fleurs. Une *Sainte Dorothée*
de Munich (celle qui n'est pas sainte Opportune [1]) est au milieu d'un par-
terre, où l'enfant Jésus, cette fois près d'elle [2], n'a qu'à cueillir. Ce sera
chez nous presque d'obligation pour les artistes dès le XIVᵉ siècle. Les
Italiens ne s'y rendront que plus tard et il n'est pas sans intérêt de dire
ici combien peu les artistes du « Maître aux boucles » ont trouvé de
terrains fleuris dans Simone di Martino ou ses contemporains. Leurs
arbres même ont un flou bien éloigné de nos précisions. Seul l'enlumineur italo-provençal du ms. 8500 cherche la nature dans les arbres et
les rochers ; ses arbres ce sont les nôtres avec la marque formelle des
essences respectives : Au folio 41, des lauriers, au 30 verso, des lauriers
et un tremble, au fol. 31 un tremble et un chêne. Les fleurs sont moins
abondantes.

Restent les rochers, et n'oublions pas que, dans le rocher du *Saint
Christophe*, on a cru reconnaître la Souabe. Je n'aurai pas de précision
si formelle, je dirai que tout simplement le graveur du Saint Christophe
copiait la formule alpestre, autrefois décrétée à Avignon chez les peintres
pontificaux, à qui Pétrarque lui-même emprunta le thème de son joli
croquis [3]. Le « Maître aux boucles » n'a pas de montagnes, parce que, la
plupart du temps, ses fonds sont réservés pour une décoration peinte à la
main, afin de mieux pasticher la peinture. Dans le *Jardin des oliviers*, le
mont se résume en une sorte de taupinière, au faîte de laquelle un
arbre est campé. Mais en France, dès la fin du XIVᵉ siècle, même pour
les pays du Nord ou du Centre qui ne connaissent guère les montagnes,
les Alpes, suivant la formule de Pétrarque, sont définitivement adoptées ;

1. Cf. Soldan, n° 67. Conf. le *Parement de Narbonne*, au Louvre, semé de fleurettes.
2. La première Sainte Dorothée, publiée dans l'ouvrage de Soldan n° 4, est en réalité
une Sainte Opportune, comme nous le prouverons ci-après. Les indications de M. Schreiber sur les herbes et les fleurs sont au nᵒˢ 959 et 1732 de son *Manuel*.
3. Voir ce qui a été dit de ce dernier ci-devant, pages 9 et 12.

je les vois à une miniature purement française représentant le prophète Naum [1], datant de 1400 environ. Désormais le fait sera acquis, il deviendra traditionnel, nous le retrouverons dans Jean Fouquet, parfois dans les manuscrits champenois ou bourguignons [2], pas un artiste ne s'y voudra soustraire.

§ 5. LES FONDS. — Le fond est une question fort importante dans les incunables, on ne l'a jamais sérieusement étudiée. Le fond servit dans le principe à mieux pasticher la miniature, et entendons bien, la miniature française, car les véritables miniatures italiennes du XIVe siècle nous sont empruntées, et très souvent n'ont pas de fonds. La tradition du XIIIe siècle français contraignit même Jean de Bruges, même Beauneveu à employer les fonds géométriques, ces murailles d'arrière-plan losangées, échiquetées ou diaprées, qui représentaient plus ou moins les tapisseries dont les chambres gothiques étaient ornées. Le sentiment de cette décoration est très particulièrement démontré sur la peinture de la Sainte-Chapelle de Paris, reproduite par Gaignières, et détruite aujourd'hui, qui nous montre le duc de Bourgogne en compagnie du roi Jean aux pieds du Pape Clément [3]. L'artiste a placé la tenture à hauteur d'homme comme un véritable brise-bise ; elle nous laisse apercevoir la grande salle du palais pontifical par le haut ; mais elle est restée la tapisserie des manuscrits, échiquetée à la mode.

Pour qu'un artiste graveur de bois taillât péniblement au couteau les fonds quadrillés et fleuretés, en arrière de ses personnages, il fallait que la nécessité du pastiche fût impérieuse. Nous savons péremptoirement aujourd'hui par le verso du Bois Protat que ces fonds ne s'appliquaient pas avec une estampille comme l'estime M. Schreiber, mais que pièce à pièce, chaque losange ou chaque fleur était mise en relief et séparée de sa voisine par un sillon dans le bois. La supériorité des blocs originaux pour les discussions, nous est une fois de plus démontrée.

Ces fonds rencontrés sur un *Calvaire* de Weigel tiré sur étoffe [4], sur la *Vierge de Lyon* du Cabinet des Estampes, sur la *Sainte Opportune* de

---

1. Bibl. de l'Arsenal, ms. 5058, fol. 420, r°.
2. Bibl. de l'Arsenal, ms. 1189, fol. 32 et 39. Ce manuscrit est Champenois.
3. Départ. des Estampes, Oa 11, fol. 85. Catal. de Gaignières, n° 302. On attribue généralement la peinture à Jean Coste. Cf. *Arch. de l'art français*, II, 331 et suiv. Voir *Un ancêtre de la gravure sur bois*, p. 117, où se trouve reproduit le dessin de Gaignières.
4. Weigel et Zestermann, t. I, pl. 8.

Munich et la *Sainte Dorothée* du même Cabinet, constituent en faveur de
ces pièces une présomption d'antiquité. Pour être admises, celles-ci
devaient offrir aux yeux la décoration obligée des enluminures ou des
tableaux. Les fonds se poursuivront assez tard, *mais pas sur les bois en
relief,* sur les criblés seulement, que nos voisins nomment les interrasiles,
nous, les criblés, et que j'appelle les tailles en teinte. La taille du criblé
est à l'opposé de celle du bois en épargne; au lieu de ménager ses
lignes en relief, le graveur les creuse dans le métal ou le bois; au lieu
de chercher à faire des lignes noires pour le tirage, il évide des points,
des lignes qui apparaîtront blanches à l'impression. Les fonds lui
deviennent faciles alors, tellement qu'il ne les compte plus, et comme,
le plus souvent, ses *criblés* sont coupés dans le laiton en vue d'un gaufrage de cuir, les motifs de décoration sont nécessaires. Voilà ce qu'on
n'a jamais expliqué. On s'est contenté de chercher à ces fonds une cause
compliquée, en embrouillant la question. Si je n'avais le Bois Protat
pour étayer mon opinion, j'aurais pu croire que les très anciennes
estampes avec fonds étaient entaillées sur laiton, ou que les semis de
fonds étaient réappliqués à l'estampille postérieurement au tirage; je
suis sûr que non désormais.

Les fonds de certaines pièces du « Maître aux boucles » uniformément
plaqués de noir, sans nulle décoration, nous laissent entendre que l'éditeur de ces œuvres se réservait de dorer sur ce noir, comme on l'a fait
pour les nimbes en d'autres cas [1]. L'enduit aujourd'hui noirci que nous y
apercevons [2], avait cette destination originelle. Mais d'autres sont pourvues d'un arrière-plan historié. La *Sainte Opportune* a un semis d'étoiles,
la *Sainte Dorothée* un fond diapré, en arabesques assez gracieuses, et ces
deux exemples nous apportent encore des indications fort utiles [3].

Les fonds en semis d'étoiles sont une spécialité des peintres venaissins.
L'enlumineur du ms. 8500 en a jeté sur la majorité de ses ciels; Simone

---

1. Je dois signaler ici les pièces découvertes à Ravenne ces années dernières et qui ont
beaucoup d'affinités avec les nôtres. On a constaté que les fonds noirs avaient été appliqués en épaisseur sur des paysages d'arrière-plan. Nous en parlerons ci-après.

2. Nous indiquerons ci-après les estampes de notre graveur ainsi décorées. Disons
cependant que le *Christ au Jardin des Oliviers* de Paris, la *Fuite en Égypte* de Vienne, le
Calvaire de Munich ont de ces fonds. Plusieurs n'ont rien, le *Saint Bénigne*, le *Saint
Wolfgang*, l'*Annonciation*, la *mort de la Vierge*, le *Couronnement de la Vierge*, etc. Dans
un *Jugement dernier*, qui appartient à Rosenthal, on a dessiné au pinceau des fleurettes
sur le fond noir.

3. Soldan, n°s 4 et 67.

di Martino en a mis à diverses œuvres ; le fait a été constaté par MM. Gélis-Didot et Laffilée dans leur bel ouvrage sur la *Peinture décorative en France* [1]. Parlant du fond bleu étoilé, ils écrivent cette phrase : « Si nous lui donnons une place dans cet ouvrage consacré à la peinture française, c'est qu'il fait partie d'un ensemble d'œuvres qui *eurent une influence considérable* sur les productions du Midi ou du centre de la France, pendant les époques qui suivirent. » Et les savants auteurs surprennent cette influence au cloître d'Abondance en Savoie, à Saint-Julien de Brioude, à Saint-Nazaire de Carcassonne. Le rayonnement s'étendra par le Rhône et la Saône jusqu'à la Bourgogne et à la Champagne. Il n'est donc pas singulier de retrouver ces étoiles à la *Sainte Opportune* (sainte française, et presque parisienne) de notre graveur, pas plus qu'il n'est surprenant de les apercevoir à la cathédrale de Clermont en Auvergne, pour une Vierge du commencement du XIVe siècle. Cette dernière peinture a d'ailleurs un autre intérêt pour nous ; elle nous offre, en arrière d'un personnage agenouillé devant la Vierge, un fond losangé identique à celui de notre estampe, la *Vierge de Lyon* [2].

Restent les fonds diaprés, en arabesques de la *Sainte Dorothée* de Munich dont nous avons tant parlé déjà. Ce thème décoratif n'est pas connu des Italiens, ou du moins leurs peintres ni leurs enlumineurs ne les emploient. Au contraire, il est la note personnelle d'André Beauneveu [3]. Le manuscrit du duc de Berry est rempli de figures avec fonds

---

1. T. I, feuille 57. Je citerai une crucifixion avec fonds étoilés à Sainte-Croix-en-Jarez dans le département de la Loire. Cette peinture murale assez habile date de la première moitié du XIVe siècle. Le Christ y a le nimbe crucigère ; la croix a la forme élégante retrouvée chez les Français. Tout le ciel est parsemé d'étoiles. Cf. *Mémoires de la Société des antiquaires de France*, 6e série, t. VIII, p. 252, article de M. A. Vachez (1898). L'opinion des savants est que ce peintre était lyonnais.

2. On parlera plus amplement de cette pièce au chapitre suivant, sous le no XXX.

3. Il est bon de lire, dans l'opuscule consacré à André Beauneveu par le comte Paul Durrieu (*Les Miniatures d'André Beauneveu*, p. 10), le passage concernant l'esthétique du peintre et sa théorie des fonds. « Quelquefois Beauneveu suit les systèmes courants de son temps, consistant principalement en quadrillés ; mais *le plus souvent*, il emploie un mode tout particulier de fonds diaprés, couverts de dessins ton sur ton... ils consistent simplement en rinceaux et en palmes. » M. Durrieu explique que ces fonds ne sont probablement pas de l'invention de Beauneveu, puisqu'on les retrouve à Bourges dans des vitraux. Le fait du passage de Beauneveu chez le duc de Berry n'est plus douteux aujourd'hui, et les vitraux de Bourges peuvent lui être attribués, pour les cartons au moins. Le Maître Pfenning de l'École de Nüremberg a employé ces fonds diaprés, vers le milieu du XVe siècle, soixante ans après André Beauneveu ; on les peut voir dans les reproductions de H. Thode, *Die Malerschule..* ppl. 7, 8, 9, 10, 11.

identiques ; l'influence du Nord combat encore une fois l'influence du Midi, ou, plus justement, l'une et l'autre se confondent, se mêlent, concourent à un même but, viennent aboutir à un même lieu. Ce lieu ne peut être que la région des chefs d'ordre. Que, de hasard, nous apercevions des arabesques semblables chez le peintre de l'École de Nuremberg aujourd'hui reconnu pour être un certain Pfenning, artiste lourd, pasticheur des Flamands, nous constatons par d'autres caractères, le retard sur les nôtres, ses étoffes ont subi l'influence des maîtres de Bruges, venue par Cologne.

CHAPITRE V

LE « MAITRE AUX BOUCLES »

I

Nous l'avons dit : les estampes groupées par nous sous cette dénomina-
tion, sont d'une qualité supérieure aux imageries plus naïves, plus populaires du xve siècle. Elles sont le résultat d'un effort, très vraisemblablement un peu frauduleux, dans le sens du pastiche, d'une imitation serrée
de l'enluminure ou de la peinture ; dans l'instant presque toutes ces
épreuves sont uniques. Le grand nombre d'exemplaires fournis par les
premiers imprimeurs d'images se sont perdus. Leur destination même, qui
en faisait des objets de protection personnelle, a précipité leur destruction.
Les acquéreurs les suspendaient à leurs murailles, les cousaient dans leurs
vêtements ; elles ont fondu ainsi, dans les incendies, avec les vieilles
hardes ; celles qui nous sont restées proviennent toujours de livres où
on les avait collées en ex-libris. Elles étaient si bien liées à la fortune
du livre, que nous retrouvons, sur une estampe de Weigel, faisant
actuellement partie de la collection Rothschild, cette mention peu douteuse : « Stephan Hauser anno Domini 1484 spiritualium cooperator in
Lauffeñ, comparavit hunc librum. » C'est donc bien un livre et non
l'image de saint Augustin que le « coopérateur » Hauser achète. Et quand
le livre lui vient, le Saint Augustin, sur lequel il va écrire son nom, a déjà
été accommodé à la main [1].

D'après les caractères étudiés par nous au chapitre précédent, voici
quelles sont les pièces du « graveur aux plis en boucles », et le lieu où
elles sont conservées.

[1]. Nous avons déjà parlé de cette mention au chapitre II, p. 91. Lauffeñ ; c'est
Laufenburg en Suisse, et non Laufen en Bavière ; l'abréviation a été mal comprise
jusqu'ici.

  I. *Jésus au Jardin des oliviers.* (Paris, Cab. des Estampes).
  II. *Saint Bénigne* (saint Cassien), (Paris, Cab. des Estampes).
  III. *Saint Léger* (saint Wolfgang), (Paris, Coll. E. de Rothschild).
  IV. *Sainte Opportune* (sainte Dorothée), (Munich, Koniglische Kupferstich-
      Kabinet).
  V. *Mort de la Vierge* (Munich, Kon. K. K.).
  VI. *Annonciation* (Rouen, Coll. E. Dutuit).
  VII. *Couronnement de la Vierge* (Munich, Kon. K. K.).
  VIII. *Sainte Dorothée* (Munich, Kon. K. K.).
  IX. *Annonciation et Nativité* (Munich, Kon. K. K.).
  X. *Fuite en Égypte* (Vienne, Hofbibliothek).
  XI. *Saint Sébastien* (Munich, Kon. K. K.).
  XII. *Calvaire* (Munich, Kon. K. K.).
  XIII. *Calvaire* (Munich, Kon. K. K.).
  XIV. *Christ au Pressoir* (Nüremberg).
  XV. *Saint Jérôme* (Londres, British Museum).

I. — *Jésus au Jardin des oliviers.* Paris.

Cette estampe porte le n° 205 du Catalogue Courboin, et le n° 185 de
Schreiber. Passavant en parle I, 30 (n° 14), et Renouvier, p. 39 (n° 3).

Je ne reviendrai pas sur la description de Schreiber qui est suffisante,
bien qu'il ne tienne aucun compte des cheveux « à grève ». Cette pièce
fut découverte dans la région du Lyonnais par M. Hennin, elle était collée
à une couverture de livre; lui-même la désigne ainsi sous le n° 148 du
registre des acquisitions du Département des Estampes : « Jésus-Christ
au jardin des olives avec ses apôtres endormis, ancienne gravure sur
bois collée en plein sur une couverture de livre. »

Passavant a parlé de cette estampe, il ne se prononce pas formellement;
Renouvier la cite comme une des plus anciennes du Cabinet, il la trouve
peu allemande d'aspect. M. Schreiber qui a, pour sa discussion, toutes
ces références, et qui a vu la pièce et l'a publiée dans son t. VI, pl. III, la
donne à l'École allemande et la reporte à l'an 1400. De la part de ce
savant scrupuleux, une telle concession de date note une admiration mal
dissimulée. Mais s'il parle des plis doux, déjà signalés par Renouvier, il
ne les compare ni à ceux du prétendu *Saint Cassien* qu'il a étudié en
même temps, ni à ceux de la *Sainte Dorothée* de Munich. Le petit enclos en
treillis ne lui fournit aucun indice, parce qu'il a pu voir de ces haies

en 8 dans les graveurs allemands du XVIe siècle, et qu'il les juge allemandes. Il indique le « nébule » ou nuage en fraise du coin à droite, il prend la petite marche en bois de la haie, pour une porte, et il ajoute que cette belle illustration est « précoce », c'est-à-dire dans les plus anciennes qu'il lui ait été donné de voir. Passavant la réputait venir de Tegernsee, sans preuves, puisque la grande majorité des pièces du Cabinet des Estampes de Paris ont été acquises à Lyon ou dans la contrée.

L'estampe a, comme nous l'avons dit déjà, un empâtement de noir sur le fond ; les arbres sont des sycomores et un chêne, suivant la formule dont nous avons parlé. Ce fond d'une seule teinte se retrouve au *Calvaire* (nº XII) de notre liste, et à la *Fuite en Égypte* (nº X).

Cette scène a été bien souvent traitée dans les manuscrits, les tapisseries, les peintures murales et les images. Le thème que nous voyons ici a peu varié dans l'estampe. Les inventaires des ducs de Bourgogne mentionnent divers *Jardin des oliviers*, et nous savons qu'une pièce de ce genre était à l'abbaye de Clairvaux [1]. Le petit escalier de la haie se voit dans une gravure en criblé publiée par le comte Delaborde [2] ; dans cette dernière pièce le fond est étoilé suivant la formule des Venaissins. A signaler aussi le diptyque d'ivoire aux armes de Diesbach en Suisse [3], qui paraît un travail jurassien, peut-être de Saint-Claude. Cependant les apôtres n'y ont pas les cheveux « aux enfants d'Édouard », ils n'ont que les plis doux de la robe, c'est-à-dire les plis en boucles.

Si nous comparons cette estampe aux autres de la série, nous n'hésitons pas à la dire supérieure, tant par la science de la composition, le naturalisme naissant dont elle est imprégnée, que par la grande noblesse des attitudes. Le graveur s'y révèle un technicien consommé. Les plis y ont une liberté très caractéristique ; l'original devait en être une œuvre de tout premier ordre.

L'épreuve est unique et provient de M. Hennin en 1832 [4].

---

1. Alex. Assier, *Pièces curieuses de Clairvaux*, 1856, p. 57.

2. *Hist. de la gravure*, p. 51. Voir nº 11 de notre cat. C'est l' « eschalier » du Berry.

3. Publié par Hefner Alteneck, pl. 147. Voir également le travail français de 1390 environ, pl. 206.

4. Lorsque la pièce cédée par M. Hennin a été trouvée par lui en Allemagne il en fournit l'indication. Les autres n'ont pas cette mention dans le registre des acquisitions, parce que, dans la confiance, où l'on était alors, d'après Heinecken, que tous les incunables fussent allemands, Hennin n'osait se prononcer, ayant rencontré ces pièces en France. En revanche il comptait pour allemandes toutes celles achetées par lui à Munich ou ailleurs.

II. — *Saint Bénigne* (ci-devant saint Cassien), Paris.

Cette estampe porte le n° 446 du catalogue Courboin et le n° 1315 de Schreiber. Passavant en parle, I, p. 34 (n° 25), et Renouvier, p. 39.

Schreiber, qui a dirigé les opinions du *Catalogue de la Réserve*, par l'autorité que son *Manuel* avait acquise, a fait donner le nom de saint Cassien à cette figure d'évêque ou d'abbé, et l'a fait classer à l'école allemande. Il dit à ce sujet : « Je garde le nom du saint ici (saint Cassien) parce qu'on l'a préféré à Paris. » Ce choix d'un nom venait de M. Duchesne, qui, lors de l'entrée de la pièce au Cabinet des Estampes, l'avait baptisée, sur les indications de M. Hennin, sans rechercher d'autres identifications possibles. Or, dans les séries hagiographiques il n'y a que saint Bénigne de Dijon dont les doigts soient ainsi percés d'alènes à leurs extrémités, Schreiber l'indique d'ailleurs. Il ajoute, guidé par la fausse détermination du saint, que l'estampe a dû être gravée dans le Tyrol, parce que saint Cassien, évêque d'Imola, fut enterré à Brixen. Ces raisons, un peu spécieuses, sont en contradiction avec le style général de la pièce. Si nous nous reportons au ms. de la Bibliothèque nationale (français 437), qui est le *Rational des divins offices*, nous voyons un évêque français sacrant une reine française, Jeanne de Bourbon (au fol. 50) ; c'est, moins la barbe, le Saint Bénigne dont nous parlons. Un autre évêque (au fol. 51), bénissant l'oriflamme, est encore davantage rapproché de celui-ci. Nous retrouvons la chappe, la robe identiques, la mitre, la crosse semblables à Étienne de Paris en 1378 [1].

J'emprunterai à M. Schreiber son argumentation à propos d'une *Sainte Affre*, au n° 1176 de son *Manuel*. Ce ne peut être saint Cassien, lequel n'est jamais représenté avec des alènes plantées dans les doigts ; au contraire saint Bénigne *les a toujours*. Or, comme saint Bénigne n'était vénéré qu'à Dijon (ou dans le pays de Gex, c'est-à-dire la région des chefs d'ordre), « il faut que la gravure ait été faite dans cette ville ».

Postérieurement au passage des Flamands à Dijon, les représentations de saint Bénigne s'accroîtront de hampes, de lances placées en croix derrière son corps [2], il aura le crâne traversé par une broche [3], mais le

---

1. Dép. des Estampes Pe 1 a fol. 17, et fol. 19. Les Allemands ont la mitre plus élevée.

2. Voir la statuette conservée au Musée de Dijon. Le saint y est barbu, il a les mains croisées sur la poitrine et percées d'alènes ; la tête est fendue par une hache.

3. Voir la représentation du Rotulus cité plus haut, *Portefeuille arch. de la Champagne* (Peintures), pl. 9.

cas n'est pas général. Dans une suite de douze martyrs ci-après reproduite, où l'on aperçoit des saints de Bourgogne et de Franche-Comté, saint Bénigne, assis sur une chaise, offre ses mains à son bourreau [1]. Il a la mitre, ses doigts sont percés d'alènes. Le doute ne semble pas permis.

Renouvier, qui cite souvent, à la légère, les caractères d'une œuvre étudiée par lui, écrit ceci : « Les traits purs, les plis droits, les mains faites *de pièces rapportées* donnent à cette estampe l'aspect d'un vitrail avec ses armatures [2]. Certes le rapprochement est juste, mais les « pièces rapportées » des mains sont les gants du saint. Je ne serais point étonné que l'un ou l'autre des peintres flamands, occupés à Dijon, eût donné le carton d'une verrière, et que le graveur y eût pris l'idée de cette figure. La traîne de la robe, les plis en boucles, la barbe pareille à celle du *Jésus au Jardin des oliviers*, les coloriages même, que M. Schreiber dit de la région du Rhin, écrivent des rapports indiscutables.

D'ailleurs, sans parler des représentations d'évêques bourguignons, ou d'abbés mitrés, dont le nombre est considérable, et qui, tous, portent la mitre basse, et les crosses historiées en feuillages, nous ferons remarquer quelles différences se présentent entre la coiffure de notre saint et celle des évêques rhénans ou bavarois. Conrad de Weinsperg, à la cathédrale de Mayence en 1390-96, porte une mitre de forme haute. Celle du Saint Bénigne est très rapprochée des coiffures du même genre, aperçues au retable de Cluny autrefois à M. Baudot [3]. Une tête d'évêque peinte sur bois au musée de Clermont, datant du xve siècle, est également fort rapprochée [4]. Quant à la crosse avec feuille de vigne ou d'érable, on la voit partout en France ; entre autres, à deux abbés de Saint-Denis, à l'abbé de Fontaines dans l'église de Cernay-la-Ville [5], etc.

Au point de vue de l'art religieux, le *Saint Bénigne* de Paris est supérieur à toutes les estampes de même ordre classées parmi les incunables. Il a été reporté par Schreiber au premier quart du xve siècle ; je le crois un peu antérieur, très vraisemblablement des dernières années du xive siècle, au temps où Malouel entaillait ses planches de laiton. Tout

---

1. *Catal. de la Réserve des Estampes* n° 417 et n° 76 de notre catalogue. Il est quelquefois aussi représenté avec une palme (Prost, *Trésor de Saint-Bénigne*, n° 66).

2. Renouvier, p. 39.

3. Catalogue de la collection Henri Baudot, n° 1012 (avec reproductions), Dijon, 1894, in-4°

4. Gelis Didot et Laffilée, *Peinture décorative*, t. I, pl. 7.

5. Guilhermy, *Inscriptions de la France*, II, 180, III, 448.

concorde expressément à lui conférer cet honneur. Je dirais aussi que, si jamais image de saint a pu servir à la transition de l'étoffe au papier, comme je l'indiquais plus haut, et marquer la première phase de l'estampe définitive, celle-ci semblerait réunir le plus de vraisemblances. L'absence de fonds, au temps où les fonds étaient indispensables, donne une grande consistance à cette présomption.

L'épreuve est unique ; elle a été acquise de M. Hennin en 1839. Elle a dû être trouvée en France [1] ?

III. — *Saint Léger* (ci-devant saint Wolfgang). Paris, E. de Rothschild.

Cette estampe de dimensions plus petites que la précédente a été cataloguée par Schreiber, n° 1734. Elle provient de la collection Weigel, n° 20. Passavant en parle, I, 28. (n° 2).

On a fait généralement un Saint Wolfgang de cette image, parce que le saint représenté dans le costume d'évêque, comme le *Saint Bénigne*, tient une hache à la main. Au cas où cette attribution serait prouvée, on ne verrait nulle gêne à l'admettre ici, parce que saint Wougan, comme on disait en France, était le patron des charpentiers, lesquels furent vraisemblablement les premiers graveurs, si nous nous en référons à la note concernant Baudet de Dijon. Cependant beaucoup de raisons s'opposent à l'identification. Saint Wolfgang n'est jamais représenté avec une simple hache, il a en outre, ou bien le diable qu'il menace de cette hache, ou, le plus souvent, une petite église dans laquelle cette hache est fichée. Il faudrait donc qu'un étranger, c'est-à-dire un Français, ignorant la caractéristique, l'eût gravé pour qu'on le retrouvât si incomplet. Un autre saint de la région bourguignonne peut être indiqué cependant, c'est saint Léger, d'Autun. Saint Léger est ainsi montré tenant une hache, comme aussi saint Andoche ; seulement saint Andoche, également d'Autun, ne fut pas évêque. Ceci, à la rigueur ne serait pas un obstacle, parce que, dans les représentations du moyen âge, qui accordaient un chapeau de

---

1. Le registre des acquisitions, au n° 2900, qui est celui du saint porte ceci : « Évêque par un ancien graveur allemand » c'est la formule adoptée pour les pièces retrouvées en Bavière ou ailleurs par M. Hennin. Cependant un autre évêque, sans nom, est à quelques numéros plus loin. Celui-là n'est pas dit exécuté par un artiste allemand. N'y a-t-il pas eu transposition comme je l'ai constaté pour d'autres pièces, à diverses reprises ? Je n'en suis pas certain cependant, et je veux avoir mentionné tout, même ce qui peu t avoir une apparence contradictoire.

cardinal à saint Jérôme, les hiérarchies de costumes comportaient la mitre et la crosse pour les martyrs.

L'estampe est des plus remarquables par son allure de sérénité et de calme ; comme le *Saint Bénigne*, elle rappelle les verrières du XIVe siècle ou les grandes peintures murales. M. Schreiber la donne au Tyrol, il ne nous dit pas quelles raisons l'y poussent. Nous la reportons à la Bourgogne parce que tous les éléments du costume sont clunisiens, et que la représentation d'un abbé sur le retable de Cluny, autrefois à M. Baudot, se rapproche étonnamment de l'estampe. La barbe, que d'ailleurs les *évêques allemands ne portaient pas à la fin du* XIVe *siècle ni au* XVe, est un apport flamand de Broderlam ou des Malouel.

Elle fait partie aujourd'hui de la collection de M. le baron Edmond de Rothschild à Paris. Elle est unique et a été reproduite en couleur dans le cat. Weigel, sous le n° 20.

IV. — *Sainte Opportune* (ci-devant Sainte Dorothée). Munich.

Cette estampe, fort belle de proportions, a été décrite par Schreiber sous le n° 1394. Le Dr Wilhelm Schmidt l'a publiée dans l'album de Soldan, n° 4.

On n'aurait aucune difficulté à reconnaître sainte Dorothée, dans cette représentation « grandiose », n'était que le même graveur a fourni une autre sainte Dorothée, également au Cabinet de Munich. On pourrait s'étonner aussi que la sainte fût ainsi représentée seule, sans l'enfant Jésus de sa légende, que les vieux graveurs n'ont guère manqué de lui adjoindre. On penserait à sainte Élisabeth de Hongrie, à cause du panier de fleurs. M. Schreiber, qui la maintient sous le nom de sainte Dorothée, nous fournit lui-même le nom vrai au n° 2716 de son *Manuel*. Il décrit à cette place une gravure en teinte, exécutée en France, et portant la lettre manuscrite *Sainte Opportune*. Il dit : « comme on adorait cette abbesse presque seulement en France, la gravure aura sans doute tiré son origine de la France. » Il ajoute à propos de la lettre, corroborée d'ailleurs par un cachet d'indulgence, que cette désignation a une grande importance « pour la détermination de la sainte, puisque, sans cela, on songerait à sainte Dorothée bien plus connue. » Or, tous nos doutes sont à peu près levés par la petite gravure en question. La couronne ducale que nous voyons à la sainte de Munich, son manteau princier, son panier de forme flamande se retrouvent dans la petite Sainte

Opportune. La couronne faisait plutôt songer à sainte Élisabeth, encore que ces attributs, donnés généralement aux vierges martyres par nos vieux maîtres français, ne fournissent guère de certitudes[1].

L'estampe de Munich présente toutes les particularités signalées au chapitre IV à propos de ces pièces ; la sainte y a les cheveux ondulés, le manteau à plis en yeux ; elle a l'inflexion médiévale du buste, et elle repose sur un large socle troué de petites fenêtres gothiques. Dans son style général, elle serait la plus rapprochée des œuvres italo-provençales du miniaturiste de Pétrarque rencontrées dans le ms. 8500 de la Bibliothèque nationale. Elle a le fond étoilé que nous voyons, à la figure de la Rhétorique, au fol. 31 de ce manuscrit. Le socle a aussi beaucoup d'analogies avec ceux des diverses figures de la série. Mais une considération tout à fait péremptoire incline l'opinion dans le sens d'une œuvre de la région du Rhône ; la sainte est exactement placée, drapée et couronnée comme une figure allégorique de la *Foi* ou de la *Religion* qu'on voit au-dessus du portrait du roi Charles V, dans une des niches d'encadrement du *Parement de Narbonne*, au Musée du Louvre. Il y a même cette particularité que les mains ont, dans les deux figures, une attitude calquée. Les cheveux ont les mêmes ondulations, les manteaux des plis semblables; à la place du panier de fleurs de la sainte de Munich, la figure du *Parement* tient un calice. Il ne peut être douteux que ces œuvres, en apparence si éloignées, proviennent d'un même centre d'art, et qu'elles sont dues, sinon à un seul dessinateur, au moins à deux artistes très voisins, s'inspirant d'un modèle unique. Le peintre du *Parement*, qui était un maître qualifié, employé par le Roi de France, a pu fournir le thème original sur lequel aurait été gravée l'image de Munich ; mais il reste évident que le type primitif provenait plutôt des Avignonnais que du Nord. C'est le graveur qui, par la façon de ses plis, a uniformisé les éléments, et qui a eu d'autant moins de peine que les Flamands, eux aussi, employaient les socles semblables. On a loisir toutefois, qu'on adopte sainte Dorothée, sainte Élisabeth, sainte Rosalie ou sainte Opportune, de reconnaître combien cet art s'éloigne des œuvres allemandes postérieures ; et comme il serait impossible de retrouver à la fin du xiv⁰ siècle, en Bavière ou ailleurs,

1. Sainte Rosalie, sainte Agathe ont été quelquefois représentées ainsi. Je crois à sainte Opportune pour la raison invoquée plus haut, encore que les lettres manuscrites m'inspirent presque autant de défiance — moins cependant — que les lettres gravées allemandes ou françaises.

aucune œuvre *indigène* à lui comparer ; l'hypothèse que cette pièce fut gravée par les moines de Tegernsce est impossible à discuter sérieusement.

Au Cabinet de Munich. Voir ci-après, n° XI.

V. — *Mort de la Vierge.* Munich.

Cette estampe est décrite par Schreiber sous le n° 709 ; elle a été publiée par le Dr Schmidt chez Soldan n° 19.

La composition en est une des plus complètes et des plus belles de la série ; M. Schreiber la reporte à 1410, sans nous fournir de raisons. La scène comporte quinze personnages dont les attitudes et le style font penser aux maîtres vénitiens à la fois et aux grands flamands d'Ypres et de Bruges. Les plis en boucles, fournis par le graveur, ont conformé l'original primitif aux exigences personnelles du traducteur, lequel n'est sûrement pas un peintre graveur. Ces plis souples font de longues traînes en avant et en arrière ; on les croirait d'un sculpteur, et la même scène, exécutée au xiiie siècle sur le portail de Notre-Dame de Paris, n'est pas sans analogie avec l'estampe [1].

Nous avons parlé déjà du lit, assez singulier de forme, que nous retrouvons ici. Devant ce lit, un banc est réservé dans toute la longueur, à la mode provençale ou bourguignonne. Nous le voyons dans les fresques de Jean de Milan à Santa Croce de Florence, en 1365, et surtout nous le trouvons absolument semblable dans la miniature du fol. 54 verso, au manuscrit 8500 provenant de Pétrarque. Aristote est sur son lit de mort, il discute avec ses amis, les plis de son manteau sont ceux de notre artiste. Mais le banc du lit surtout est à retenir ; il est à peu près calqué sur le nôtre. Or, cette mode n'est pas italienne du centre, car Giotto n'a pas donné un lit de ce genre à la Mort de la Vierge, aujourd'hui à Chantilly [2], ni lui, ni son école. Les Milanais ou les Venaissins sont les seuls Italiens qui l'admettent, parce qu'ils en ont reçu les modèles de Provence ou de Bourgogne.

L'estampe est au Cabinet de Munich depuis 1803.

1. Le même sujet traité par Wolgemut à Hersbrück nous montre l'énorme divergence de composition, de style, entre les disciples de l'art flamand en Allemagne, et les Flamands-Venaissins. D'ailleurs les deux compositions sont à soixante ans l'une de l'autre.

2. A. Gruyer, *La Peinture à Chantilly, Écoles étrangères*, Paris, Plon, 1896, in-4°, pl. 1re.

VI. — *L'Annonciation*. Rouen, E. Dutuit, et Nüremberg.

Cette estampe est décrite par Schreiber n° 34. Weigel l'a publiée dans
le t. I de sa collection, n° 23. Dutuit l'a acquise de Weigel et décrite dans
son *Manuel*, I, 19.

M. Dutuit, qui avait ses raisons cependant pour suspecter les affirmations de Passavant ou de Heinecken, se rend une fois de plus à leur
opinion. Il fait de cette *Annonciation* une gravure exécutée à Ulm,
entre 1425 et 1435, et il retrouve dans les costumes la preuve en
faveur du deuxième quart du xve siècle. Pourquoi Ulm ?

Si M. Dutuit parle des costumes allemands, il se trompe, car il ne saurait montrer un seul exemple de costumes semblables dans une œuvre
allemande d'Ulm avant le xvie siècle. S'il en eût trouvé, ce n'est pas 1435,
c'est 1480 qu'il eût fallu dire. Par contre, s'il parle de costumes français,
les seuls dont il puisse couramment trouver des exemples en 1435, et
par français il peut entendre la Bourgogne, Paris ou les Flandres, il abaisse
de trop sa date. M. Dutuit va plus loin, il assimile son estampe à la
Vierge de Lyon du Cabinet des Estampes. Celle-ci n'est pas d'Ulm cependant, et bien des raisons font qu'elle ne peut pas en être ; ne serait-ce que
sa couronne française et son allure médiévale. A l'époque où la Vierge
fut gravée, Ulm avait des cartiers, mais pas un artiste sérieux. Au fond,
tout ce qui dirige les inductions de Dutuit, c'est que l'estampe fut trouvée sur la couverture d'un livre daté de 1449, et conservé au couvent de
Inzighoffen près Sigmaringen. Voilà donc un produit du « Maître aux
boucles » rencontré hors du bercail de Tegernsee, car il serait puéril de
nier les rapports de style et de technique entre la pièce de Dutuit et la
mort de la Vierge de Munich. Mais si elle a échoué au couvent d'Inzigho-
fen, elle n'y a pas été taillée, elle a voyagé pour y venir ; alors pourquoi
ne viendrait-elle pas d'un chef d'ordre ?

Passavant semblerait indiquer dans le t. I, p. 31, n° 18 de son *Peintre
graveur*, que ce voyage eut lieu. Il exprime : « Une copie a été faite en
Franconie ». Je sais que cette parole est en l'air, que cette affirmation
autoritaire dissimule l'absence de toutes preuves, mais s'il disait vrai,
cette fois, ce serait donc que, pour être copiée en Franconie, elle n'en
était pas originaire. Il reporte la date de la pièce Dutuit au commencement du xve siècle ; Schreiber dit qu'elle fut rencontrée avec un autre
exemplaire aujourd'hui à Nuremberg, dans la reliure d'un manuscrit

écrit en 1449 près de Sigmaringen. Ce pays est très rapproché du lac de Constance. Le fait que l'épreuve de Nuremberg est coloriée, quand celle-ci ne l'est pas, montre que l'abbaye avait reçu un dépôt d'images, et qu'elle les enluminait.

Pour nous, cette estampe est du « Maître aux plis en boucles », l'original dessiné ou peint en devait être français, et la date, en dépit de prétendues tailles d'ombre, doit être reportée à l'extrême début du xvᵉ siècle. M. Schreiber, pour les mêmes raisons que Dutuit, tient pour 1430. Il ne remarque ni les cheveux crépelés de l'ange, ni les ailes en « tailloir » si françaises, ni les fameux plis, les plis en « épingle à friser » figurés sur la robe de la Vierge, en un mot, tout ce qui constitue l'attirail de l'artiste dont nous cherchons à établir l'œuvre.

Acquise à la vente de Weigel, 1872.

VII. — *Le Couronnement de la Vierge*. Munich.

Cette estampe est décrite par Schreiber sous le nº 729, elle a été publiée par le Dʳ Schmidt chez Soldan nº 72.

Cette pièce, capitale dans le classement des incunables, a été vaguement donnée à l'Allemagne par Schreiber, qui lui assigne 1400-20 pour dates extrêmes [1]. Remarquons la particularité des deux personnes de la Trinité égales en âge, ce que nous retrouverons dans les Flandres et en France, aussi en Italie chez les quattrocentistes, et chez Jean Fouquet dans le xvᵉ siècle. Les têtes des deux personnes divines sont exactement celle du *Saint Bénigne* décrit ci-devant. La couronne de la Vierge est de forme française, pareille à celle de la reine Jeanne de Bourbon, femme de Charles V, que Lenoir nous a conservée au t. II de la *Statistique Monumentale*. Les cheveux de la mère de Dieu y sont enroulés en tresses souples également comme à la *Vierge de Lyon*. Ceux des hommes sont ondulés à la française. Les plis ont la traîne en volutes symétriques, dans le genre de celles que les sculpteurs dijonnais disposent aux pieds de leurs statues. D'ailleurs nous voyons au manuscrit français 166 de la Bibliothèque nationale, de la main d'un des grands enlumineurs franco-flamands, peut-

---

1. Un couronnement de la Vierge du Maître Berthold à Saint-Laurent de Nuremberg, nous montre la scène identique, mais avec Jésus-Christ seulement. Les couronnes sont tout à fait dissemblables. Cette œuvre, flamande de tendance, n'est allemande que dans la représentation des donateurs, dont les femmes, affublées de la coiffe nurembergeoise, ne sont jamais aperçues sur un incunable gravé.

être Jacquemard de Hesdin (au folio 11 verso, pièce 4), un *Couronnement de la Vierge* identique, cheveux, couronne et plis; cette fois cependant le Christ est seul.

L'espèce de fauteuil drapé sur lequel sont assises les deux personnes divines rappelle celui de Valentine de Milan dans un autre manuscrit de la Bibliothèque nationale cité par M. Camille Piton, *Le quartier des Halles* (Paris, Rothschild), p. 313. Ces sièges sont assez rares dans les représentations pour que nous fassions état de celui-ci, et que nous en signalions les affinités avec notre estampe. La technique du graveur pour cette pièce comme pour la précédente ferait penser à des reliefs sur métal; le fait de Malouel taillant le laiton autorise, on le sait, cette supposition.

VIII. — *Sainte Dorothée*. Munich.

Cette estampe a été décrite par Schreiber sous le n° 1395, par Schmidt dans les *Interessante*, et publiée par Soldan n° 67.

Nous avons déjà parlé de cette pièce à propos des fonds diaprés de André Beauneveu. Schreiber lui accorde une sorte d'influence italienne, il la croit de la Haute-Bavière entre 1400 et 1420. Elle était collée dans un manuscrit de 1410 (?) provenant du Tyrol.

Cette fois nous avons affaire à sainte Dorothée, la présence de l'Enfant Jésus le prouve. Les terrains, où sont indiqués les herbages, témoignent de l'influence bourguignonne. M. Schreiber a remarqué lui-même, numéros 959 et 1732 de son *Manuel*, que les terrains gazonnés et fleuris sont de l'Est de la France, d'Alsace ou de Franche-Comté. Mais il ne tient pas compte des plis en yeux, ni des inclinaisons de corps, ni surtout du fond en arabesques fleuries, qui sont un apport flamand indiscutable [1]. Un Italien eût placé des « fabriques », et un Français des damiers ou des quartefeuilles. Cette pièce a été mise en valeur, à son arrivée à Tegernsee; un moine facétieux a dessiné, postérieurement, des traits à

---

1. Il est curieux que M. Schreiber n'ait pas parlé de Pfenning à ce sujet. Dans ses lourdes peintures de l'église des dames à Nuremberg, Pfenning a prodigué ces fonds décoratifs. Malheureusement les plis de ses étoffes, tarabiscotés, saccadés, donnent une date à ces œuvres. C'est à cinquante ans de la *Sainte Dorothée*. Et puis, Pfenning comme tous les artistes travaillant en Allemagne au XVe siècle, — je ne dis pas artistes allemands — s'inspire à longue distance de ce qui a été la mode des pays directeurs. Le Maître, dit de Breslau, très Flamand aussi d'origine, a de pareils fonds dans le tableau en cinq compartiments de l'histoire de sainte Barbe.

la plume sur diverses parties de la scène. Je ne vois ni le rapport de
style, ni surtout celui d'époque entre cette Sainte Dorothée, et une Sainte
Catherine du Cabinet des Estampes, que M. Schreiber rapproche d'elle.
La nôtre date de l'extrême commencement du xvᵉ siècle comme type
original, et la technique de la taille ne se met pas en discordance.

IX. — *L'Annonciation. La Nativité.* Munich.

Cette pièce à double représentation a été décrite par Schreiber sous
les numéros 51 et 65, et publiée par Schmidt chez Soldan. Passavant en
parle I, 30 (nᵒ 10).

Ce dernier, qui a vu l'estampe, dit justement qu'elle est dans le style
du xɪvᵉ siècle, que les figures, allongées comme on les voit, sont celles
des environs du Rhin. Il ne précise pas.

La Vierge de l'*Annonciation* est habillée d'une robe plaquée qui est
celle des Françaises de 1370-90; les Allemandes, même celles des bords
du Rhin, n'ont jamais connu ces formes gracieuses et souples; lorsque
ces modes pénètrent en Allemagne dans un objet d'art quelconque, on
peut s'enquérir de la provenance, celle-ci est toujours flamande ou
française. Le grand écueil des contrôles établis par les érudits allemands
vient précisément de ce fait, que l'alliance matrimoniale entre la France
et la Bavière aux xɪvᵉ-xvᵉ siècles, a multiplié, dans les contrées de Bavière,
de Souabe, de Franconie, les menus objets d'origine française, souvent
avec langue française, qui servent à nos voisins pour dater leurs
produits indigènes. On imagine où peut conduire une semblable
manière d'opérer.

Dans cette estampe, plusieurs choses sont dignes de remarque. D'abord le
petit meuble contourné et médiéval, emprunté à Beauneveu ou à Jacquemard de Hesdin, devant lequel la Vierge est agenouillée; cette espèce
de pupitre a les petites meurtrières que nous avons indiquées au chapitre IV, p. 116. Sur l'image de la *Nativité*, l'enfant Jésus est couché dans
un berceau en treillage, de même travail que la haie dans *Jésus au Jardin
des oliviers*. Ces berceaux en branchages sont une mode essentiellement
française, qui a persisté jusqu'à nous. Au xɪvᵉ siècle, un usage voulait
que, la veille de la Saint-Jean, les nouvelles accouchées exposassent leurs
petits enfants dans des berceaux de branchages et les laissassent veiller
par des matrones à qui on offrait du vin et une tarte. M. Siméon Luce
cite une pièce des Archives qui nous apprend cette particularité (*Duguesclin,*

p. 56, note 4). Un autre fait, très spécial dans cette représentation, c'est le bourdon de pèlerin que tient saint Joseph. L'exemple est effectivement très rare au xive siècle, mais nous avons au moins une preuve que les Dijonnais connaissaient le cas. Dans l'Inventaire du *Trésor de Saint-Bénigne* (Dijon, Darantière, in-8°, 1894), à la note 8 de la page 9, M. Bernard Prost a fourni cette mention qui l'intrigue un peu à cause de sa note inaccoutumée. « Item une imaige de St Joseph qui *porte un bourdon*, une robe, ensemble le barry (baril) qui pend à une chaînotte, et tout est d'argent... » Le bourdon et la robe sont donc bien bourguignons, il n'y a guère de doute. Si l'image fut à Tegernsec, il y a beaucoup à penser qu'elle y a été apportée.

X. — *La Fuite en Égypte*. Vienne.

Cette estampe a été décrite par Schreiber sous le n° 637, et publiée par lui dans le tome VI de ses planches, n°4.

M. Schreiber est enthousiaste devant cette gravure ; il la proclame la plus belle de tous les xylographes connus. Il la fait remonter au xive siècle et, de sa part, le cas est assez inhabituel pour être spécifié. Il la dit exécutée dans un couvent Alpin, sans fournir de raison à cette opinion ; ensuite il la répute italienne. Il ne note pas les plis singuliers, ou du moins il n'en tire pas les conséquences utiles ; il ne nous dit pas la forme un peu étrange de la couronne, qui est en somme celle du roi Charles VI sur les tombeaux de Saint-Denis, ou mieux encore, celle que nous verrons à une *Sainte Lucie* flamande dans notre recueil Ea 6, fol. 325 [1]. Les cheveux de la Vierge sont ondulés comme ceux de la *Sainte Opportune* ci-devant discutée. Elle a un large manteau, elle est assise sur un des trônes que Beauneveu affectionne ; elle porte l'enfant sur le bras droit. Près d'elle un Saint Joseph bizarre, pareil à un gnome ou à un korrigan, petit, coiffé d'un bonnet singulier, portant de longs cheveux et une barbe macaronique, s'emploie à faire cuire la bouillie dans une poêle. Cette scène réaliste et un peu brutale n'a certes rien de l'idéalisme hiératique des Italiens ; on sent que pas un « Alpin » n'eût tenté l'aventure. Cependant la Vierge a de la majesté, et par hasard, — car ceci aussi est très rare — un sourire aux lèvres.

La présence de ce farfadet cuisinier tourne Schreiber vers l'Allemagne ;

---

1. *Catal. de la Réserve*, n° 609. Pièce gravée au burin.

on le sent, ce bonhomme empêche qu'il ne proclame l'Italie. On a
grand'peine à se défendre des légendes, et celles des nains barbus et mali-
cieux, des follets et des « Elfes » est ancrée chez nos voisins. Nous serions
peut-être inclinés à quelque compromission du côté du Rhin, si nous
n'avions rencontré au manuscrit 166, véritable dictionnaire abrégé de ces
figurations, et ceci, de la main du miniaturiste flamand le plus admirable,
la scène précise : le Saint Joseph coiffé de l'inénarrable bonnet et veillant
sur la Vierge endormie. Reste la bouillie ; je l'ai retrouvée aussi, et pour
le coup absolument complète, dans le manusrit des *Heures du duc de Berry*
(ms. fr. 18014, fol. 143, r°), saint Joseph porte le fameux bonnet ; sa poêle
à frire est à ses pieds [1]. Enfin je retrouve la Vierge avec la couronne
absolument pareille, la même pose, dans un titre de charte aux archives
nationales, avec le roi Charles V à ses pieds [2].

Ces constatations péremptoires suffisent, je pense, à établir la parenté
entre la *Fuite en Égypte* et les peintres flamands, abstraction faite de la
Bavière, du Tyrol, ou du couvent Alpin. J'ajouterai que les cheveux, la
barbe, la robe ample du Saint Joseph de Vienne sont également dans le
ms. 166, fol. 18 v°, deuxième colonne, pièce 2 et pièce 4. On pourra se
convaincre facilement.

Disons de plus que le fond de l'estampe est noir, uniformément,
préparé pour la dorure, comme celui du *Jardin des oliviers* ; que
l'ange, dans le ciel, est porté sur des nébules en fraise, identiques à ceux
de la main divine dans la même estampe et à ceux des anges du *Parement
de Narbonne*, nous aurons assez prouvé que, dans la *Fuite en Égypte*, l'art
flamand seul a fourni le thème, et que le graveur alpin ne peut être
qu'un Bourguignon de Cluny ou de Saint-Bénigne, pourvoyeur de l'abbaye
de Mondsee.

Car cette estampe n'est plus de Tegernsee, elle est de Mondsee cette

1. Ce bonnet très spécial de forme et de disposition était porté par le duc de Berry
lui-même. Tous les manuscrits ayant appartenu au prince, antérieurs à 1416 par con-
séquent, offrent de nombreux exemples de cette coiffure. Voir les mss. de la Bibl. de
l'Arsenal 5057, 5058, 5193. Les Allemands de Nüremberg l'adopteront vers 1430 et la
tombe d'un pharmacien, enterré à Nüremberg, nous montre ce personnage affublé d'une
toque de ce genre, absolument déformée et rendue grotesque. Le pharmacien a poussé
l'amour de l'emprunt jusqu'à nous prendre les fleurs de lis pour ses armoiries ! (Cf. Hefner
Alteneck, t. IV, pl. 243).

2. Voir Musée des archives nationales, n° 385. Cette pièce si curieuse est certainement
de l'un des artistes du Roi, probablement de Jean de Bruges.

fois, c'est-à-dire d'Autriche, du couvent qui a enrichi le Cabinet de Vienne de ses collections.

XI. — *Saint Sébastien.* Munich.

Cette estampe est décrite par Schreiber au n° 1677. Schmidt l'a publiée dans l'album de Soldan, n° 82.

Cette pièce du plus haut intérêt iconographique a été trouvée, avec la Sainte Opportune ci-devant (n° IV), dans un manuscrit de 1410 au couvent de Zeno près de Reichenhalt dans le Tyrol. Elle a donc aussi échappé à Tegernsee. M. Schreiber parle de l'influence italienne, la répute exécutée vers 1400-25 et lui donne l'abbaye d'Altœtting pour lieu de fabrication. Pourquoi Altœtting ? Il ne remarque pas les plis en épingle à friser, diminutifs des plis en yeux. Le saint étant représenté, à peu près nu, ne nous fournit pas de ces grands plis. En revanche il est sur un socle, il a sur la tête un bonnet que M. Schreiber qualifie d'électoral, sorte de mitre bombée avec gros galons, que nous retrouverons à saint Émeric, fils de saint Étienne roi de Hongrie, dans une estampe de Munich de 1450 environ, décrite par Schreiber, sous le n° 1418. Les deux bourreaux sont coiffés de bonnets ; l'un en fourrure, l'autre d'un style bizarre, pointu avec dentelure, que les peintres flamands donnent généralement aux Juifs des scènes religieuses. L'un d'eux, à droite, porte à la ceinture un carquois très spécial, de forme allongée, semblable d'aspect à une queue de renard. Ce thème étrange persistera dans les représentations jusqu'au milieu du xvie siècle[1]. Dans le xve, nous avons le Saint Sébastien dont une épreuve est à Munich, et la copie (?) à Paris (n° 1686 de Schreiber qui n'indique pas celui de Paris comme imitation). Toutes ces considérations, sauf le socle, ne nous donneraient guère d'assimilations à produire avec les autres pièces décrites ci-devant, si nous n'avions les cheveux, la barbe du saint qui sont identiques à ceux du *Jésus au jardin des oliviers*, du *Saint Bénigne*, du *Saint Léger*, des personnes divines dans le *Couronnement de la Vierge*.

Le bonnet électoral indiqué par M. Schreiber est bien fait pour intriguer un peu, mais à l'étude on se convainc facilement que rien n'est moins électoral que cette toque. C'est la mitre des anciens empereurs de Constantinople, Alexis Comnène entre autres[2], au xiie siècle. Munie de cornes,

---

1. Voir au D[r] des Estampes E a 49 (n° 2544 du Catal.) la planche attribuée à Jacopo de Barbari, et qu'on a parfois donnée à Dürer (Hirth et Muther, n° 52).

2. Jacquemin, *Hist. du Costume*, I, 362.

elle sera celle de l'évêque d'Angers, Ulger (✝ 1149), dont la châsse émaillée, connue de tout le monde, était autrefois dans la cathédrale d'Angers, sous une arcature[1]. Au XIVe siècle, cette toque diminuée, arrondie, est la coiffure des officiers Hongrois, dont les soldats portent justement le bonnet pointu d'un de nos archers[2]. Je dois dire que ni les électeurs représentés dans le manuscrit des archives de Coblentz, montrant l'élection d'Henri VII, ni la *Chronique d'Ulrich de Richental* ne nous fournissent d'électeurs allemands avec cette mitre. Où je la retrouve, encore embryonnaire, mais parfaitement établie, c'est dans le ms. fr. 18014, dont nous avons parlé déjà, les *Heures du duc de Berry*, au fol. 4 verso, sur la tête du prophète Joël.

La rencontre est curieuse, on l'avouera, mais voici qui est peut-être plus singulier encore. Cette toque, telle que nous la voyons sur la tête du *Saint Sébastien*, est donnée, dans une miniature, aujourd'hui conservée à Cracovie, dans la Bibliothèque du prince Czartoryski, à des ducs Polonais de Mazovie et de Cujavie. Le manuscrit, datant environ de 1420-30, n'est pas très loin de notre Saint Sébastien. A première vue ceci paraît nous éloigner un peu de la Bourgogne.

Nous y sommes au contraire. L'abbaye Saint-Bénigne de Dijon a donné asile, en qualité de moine d'abord, puis d'abbé, à un curieux personnage, Wladislas, duc de Cujavie, qui s'en ira mourir à Strasbourg en 1389, et dont la tombe se voit encore à Saint-Bénigne. Les chroniques contemporaines, écrites dans le monastère, le nomment « dux abbas Poloniæ », familièrement on l'appelait le roi Lancelot[3]. Toutefois la tombe ne nous montre pas la toque; nous avons la figure d'un prince barbu, à cheveux assez longs, portant une robe française à létices; la couronne royale prime, le duc Casimir y tenait plus qu'au bonnet de duc de Cujavie.

Dans l'esprit du temps, la représentation du roi de Pologne errant et malheureux, assimilant à sa fortune le sort de saint Sébastien, est une concordance naturelle; mais une pièce nous renseigne mieux encore. Il y a dans le trésor de Saint-Bénigne, dès 1395, et encore en 1519, un reliquaire en orfèvrerie ainsi désigné : « Item un reliquaire de saint

1. Voir les reproductions diverses, Dép. des Estampes, Oa 9, fol. 33. Voir aussi les nos 2716, 2720, 6658-59 du Catalogue de Roger de Gaignières.

2. Parmentier, *Album historique*, II, 103.

3. Bibl. Nat., Dép. des Mss. (collection de Bourgogne), XI, fol. 470 vo, et B. Prost, *Trésor de Saint-Bénigne*, p. 12.

« Sébastien auquel est l'image dudict saint Sébastien attachée à une
« colonne de la longueur dudict imaige, lequel imaige, a, ou costé dextre
« 3 flèches, et ou costé senestre deux flèches, et y a es costés d'ice-
« luy deux tirans (bourreaux) tenant chascun un arc et une flèche, la
« corde de l'un est d'argent, et l'autre de fils rouges. Et au bout du reli-
« quaire est un roy couronné d'une couronne à quatre fleurs de lis. »
(B. Prost, *Trésor de Saint-Bénigne*, n° 29 de 1395 et 41 de 1519.) Il n'est
pas douteux que le roi soit Wladislas, duc de Cujavie, duc Blanc, abbé
de Cîteaux et de Saint-Bénigne, mort en 1389, et qu'il ait offert ce
reliquaire. La tête de roi couronné *se retrouve, précisément, dans les armes
de son tombeau*. Les autres armes sont un aigle à deux têtes et un lion
rampant [1].

On a, je crois, tiré un argument en faveur d'un travail bavarois, de
l'arbalète à pied qu'on voit à l'un des bourreaux. C'est le « fussbogen »
dont un spécimen a été trouvé à Hohenaschau en Bavière. Je ne dis pas
qu'il n'y en ait pas en Bavière, je ferai simplement remarquer que les
mss. 166 et 167 de la Bibl. nationale nous en fournissent de nombreux
exemples, que les Hongrois en sont pourvus au moyen âge, et, pour un
artiste de la fin du xive siècle, les *Hongres* sont le type du bourreau par
excellence. Mais comme ces arbalètes et ces carquois se fabriquaient
surtout dans la Suisse, les Bourguignons en possédaient au même titre
que les Bavarois. Ce que les Bavarois n'avaient pas, c'était le duc de
Cujavie [2], et ce qu'ils avaient moins encore, même à Altœting, c'était
l'artiste capable de dessiner et de graver une figure de ce genre dans le
style italo-flamand.

XII. — *Le Calvaire*. Munich.

Cette estampe a été décrite par Schreiber sous le n° 389, et publiée
par Schmidt chez Soldan sous le n° 18.

M. Schreiber n'a pas remarqué que la tête du Christ en croix est celle
du *Jésus au jardin des oliviers* et, si l'on veut, du *Saint Bénigne*, décrits ci-devant;

1. Dép. des Estampes, Pe 4, fol. 30. Tombeau du roi de Pologne à Dijon. C'est une
tombe un peu surélevée à biseaux; la figure du roi est dans un encadrement gothique
très fleuri qui n'est pas sans analogies avec certaines images xylographiques.

2. Le Saint Sébastien se retrouvait à Saint-Bénigne sur une mitre. Prost, *ouv. cité*,
p. 24, n° 127. « Item une mitre blainche en laquelle est le martyre St Lorant et St Sebas-
tien ymaigés d'or et bien viels. » La vétusté constatée nous empêche de penser à
Wladislas cette fois, car, en 1395, il y a six ans que le roi de Pologne est mort.

il ne nous dit pas que les cheveux des trois personnages sont ondulés, que
saint Jean a la coupe de cheveux aux « Enfants d'Édouard » que le mot
INRI est en onciales, et que les plis des vêtements sont en boucles.
Pourquoi cette fois M. Schreiber dit-il Salzbourg en Bavière, et indique-
t-il la date 1400-20? Je ne parle même pas des dates proposées dans
l'album Soldan, elles sont trop fantaisistes et trop peu raisonnées.

On a fait cas à propos de cette pièce d'un filigrane en cor de chasse
retrouvé dans le papier, et naturellement, on en conclut à un filigrane
plutôt allemand, le *Horn* étant rencontré dans les armoiries de ce pays. Il
l'est non moins en France, en Franche-Comté où les Chalon-Arlay,
princes d'Orange, ont justement le *buchet*. D'ailleurs ce papier a été
rencontré en nombre dans toute la Provence, et ceci dès 1339 (Briquet,
ouv. cité, 171-184).

XIII. — *Le Calvaire*. Munich.

Cette estampe a été étudiée par Schreiber sous le n° 399, et publiée
chez Soldan, n° 105.

La contradiction concernant ces pièces se remarque justement à propos de ces deux dernières. L'album Soldan, qui d'ailleurs n'a nulle prétention critique, donne au premier Calvaire la date 1410, à celui-ci la date
1370! On ne remarque ni la coiffure, ni les boucles des étoffes. Saint
Jean est encore coiffé ici « aux Enfants d'Édouard », il a les cheveux
ondulés. M. Schreiber a eu un pressentiment, il rapproche cette pièce du
Jardin des oliviers de Paris, mais il verse aussitôt dans la Franconie. Il
n'est nullement douteux que cette pièce soit d'origine romane et
bourguignonne. Les gestes de douleur de la Vierge, qui viennent des
naturalistes flamands, sont constatés dans un bas-relief bourguignon
donné par M. Timbal au musée de Cluny. Ils seront passés, dans la deuxième moitié du XVe siècle, au maître Pfenning de Nuremberg[1].

Ce Calvaire était collé dans un manuscrit écrit vers 1480, et provenant des Franciscains de Munich. Ce devait donc être une chose fort
antique déjà au moment où il fut recueilli.

---

1. H. Thode, *Die Malerschule von Nürnberg*, 1891, in-8°, pl. 7. Un siècle semble séparer
les deux compositions. Sauf le geste de la Vierge, aucun rapport. Mais le geste en question,
chez Pfenning, est plus rapproché de celui du n° XXIX ci-après, provenant de Weigel.

XIV. — *Le Christ au pressoir*. Nuremberg, Staadtbibliothek.

Estampe décrite par Schreiber sous le n° 841. Publiée par Weigel et Zestermann, pl. 75.

M. Schreiber nous apprend que le *Christ au pressoir* est très aimé à Nuremberg, mais il ne nous dit pas si ce culte remonte très haut. Ce qui est très certain, c'est que le pressoir est au moins autant bourguignon qu'allemand.

La figure du Christ, identique à celle de *Jésus au jardin des oliviers*, se trouve, par une coïncidence plus singulière encore, tout à fait rapprochée comme style général, d'une peinture murale de l'église de Fravaux dont nous avons déjà parlé. Le fragment d'étoffe que porte le saint et celui du Christ sous le pressoir sont identiques. Puis, Jésus porte, dans l'estampe, le tortil de joncs que nous retrouvons à la plupart des œuvres de la région bourguignonne au xive siècle, et notamment à un ivoire champenois. Je doute que l'art allemand du xive ou du xve siècle, même à Nuremberg, nous puisse fournir des rapprochements aussi formels, surtout en ce qui concerne le *tortil* [1].

XV. — *Saint Jérôme*. Londres (British Museum).

Estampe décrite par M. Schreiber, n° 1546 et publiée par Weigel, pl. 24.

Cette pièce a les caractères généraux des pièces du « Maître aux boucles », c'est-à-dire les plis particuliers, et les meubles à meurtrières. Les arbres et les rochers du fond sont aussi un indice. La petite lanterne à potence se voit plusieurs fois aux représentations du ms. 166, elle était surtout en usage dans le Lyonnais et la Bourgogne, mais c'était un meuble parfois précieux. Jeanne de Bourbon a une lanterne d'argent prisée dix francs d'or (De Laborde, *Glossaire*). Les verres étaient en corne amincie, ce qui se trouve encore en Franche-Comté, dans les étables. Quant à la représentation du Saint Jérome en habit de cardinal, elle est constante pour l'imagerie française du xive siècle. Dans l'inventaire du roi Charles V, on trouve cette mention : « Saint Jérôme oste à un lyon « l'espine de son pié, seant en une chaière sur un entablement à six

1. H. Thode, *Die Malerschule von Nürnberg*, 1891, in-8°, pl. 7. Les Christs de Nüremberg, dans la deuxième moitié du xve, au temps de Wolgemut, ont des couronnes très épineuses

« escussons de France. » (1399, De Laborde, au mot *Images d'or*). On sait que le saint a son chapeau de cardinal près de lui [1].

II

Indépendamment de ces estampes, facilement groupées entre elles par des caractères généraux et que nous n'avons pas toutes connues, un certain nombre d'autres pièces méritent d'être citées et semblent pouvoir se rattacher à celles-là, d'assez près pour que nous les réunissions ici dans un second paragraphe.

XVI. *Portement de croix* (Paris, Cabinet des Estampes). Cat. ci-après, n° 26.
XVII. *Portement de croix* (Paris, Cabinet des Estampes). Cat. n° 25.
XVIII. *Saint Christophe* (Paris, Cabinet des Estampes). Cat. n° 91.
XIX. *Flagellation* (Paris, Cabinet des Estampes). Cat. n° 15.
XX. *L'homme de douleurs* (Paris, Cabinet des Estampes). Cat. n° 159.
XXI. *Série de petites pièces avec le caractère spécial des cheveux taillés en billes* (Paris, Cabinet des Estampes). Cat. n° 5, 27, 54, etc.
XXII. *Suite semblable* (Munich, Kon. Kupferstich-Kabinet).
XXIII. *Jugement dernier* (Rosenthal, Munich).
XXIV. *Bible des Pauvres* (Heidelberg).

Mais il serait audacieux de prétendre que ces œuvres procèdent du même lieu et du même artiste. Les n°ˢ XVI et XVIII, cependant, sont à peu près sûrement encore du « maître aux boucles ».

XVI. — *Portement de croix*. Paris (cat. Rés. 252).

Schreiber, n° 344, assigne la date 1430 à cette pièce, acquise en 1839, de M. Hennin. Il suffira de la rapprocher du *Saint Bénigne* pour saisir les concordances de style et d'époque. L'un des bourreaux a le costume flamand-bourguignon de la fin du xivᵉ siècle ; les traits des figures sont taillés avec beaucoup de soin. L'opinion de M. Schreiber, qui en fait un produit de la Haute-Allemagne, nous paraît donc d'autant plus erronée

---

1. Une pièce dont je n'ai malheureusement vu qu'une reproduction imparfaite paraît être également de notre graveur. C'est un autre Saint Jérôme de même style, à la Bibliothèque de Saint-Pétersbourg.

qu'il ne pourrait citer un seul exemple de pareilles représentations dans ces contrées; au contraire nous en avons par centaines dans les manuscrits et les verrières. (Voir ci-après cat. n° 26.)

XVII. — *Portement de croix*. Paris (cat. Rés. n° 251).

Schreiber, n° 342, fait de cette pièce un pendant à une *flagellation* dont nous parlerons au n° XX; il donne cette estampe aux années 1425-40, mais il hésite sur le lieu. M. Georges Duplessis, qui a dirigé la confection du catalogue de la Réserve, tenait pour l'Allemagne; toutefois il n'a pas fourni ses raisons. Pour nous la pièce est bourguignonne, la barbe du Christ est celle du Saint Bénigne; l'homme au bacinet est celui que nous voyons dans les enluminures bourguignonnes du XIVe siècle. Le Cyrénéen porte un chapeau aperçu dans les *Heures* du duc de Berry. Ce chapeau se retrouve sur une pièce de Munich dite des quatre saints, où les robes sont à plis en boucles (publié par Schmidt, n° 10); quant aux gros boutons de l'un des bourreaux, ils sont français d'origine. (Voir ci-après cat. n° 25.)

XVIII. — *Saint Christophe*. Paris (cat. Rés. n° 450).

Cette pièce, étudiée par Schreiber sous le n° 1369, nous fournit diverses particularités de style et d'esthétique générale qui écrivent un rapport formel avec les œuvres du « Maître aux boucles ». Les rochers et les arbres sont ceux du *Jardin des oliviers* (n° I), la figure du saint n'est aucunement bavaroise, comme le dit M. Schreiber. Quant à la date 1430, elle est un peu basse, je croirais 1410.

Un filigrane formé d'une fleur, traversée par une croix, date de 1328; du moins on le retrouve dès cette époque sur des papiers, en Dauphiné, en Provence, à Lyon, en Suisse, à Strasbourg et en Silésie. On n'en peut donc rien déduire. (Voir ci-après cat. n° 91.)

XIX. — *La Flagellation*. Paris (cat. Rés. n° 227).

Cette estampe, étudiée par Schreiber sous le n° 288, a les caractères flamands-bourguignons tellement accentués qu'il est presque inutile de la discuter. Les costumes déchiquetés de l'un des bourreaux sont un produit des Flandres; le côté grimaçant et légèrement caricatural marque

l'apport franco-bourguignon. Le Christ est couvert de plaies. A défaut
d'autres raisons on a donné, fort injustement, cette pièce à l'Allemagne,
parce que les types en sont grotesques. J'estime que les Allemands n'ont
eu cette tendance que dans le xvie siècle, après la venue des Bourguignons
chez eux, et la vue des œuvres du maître E. S. ou d'autres. La charge,
la caricature sont au xve siècle un côté typique de notre esthétique. Ceci
provenait des Mystères, où les acteurs, chargés de représenter les bourreaux du Christ, se faisaient les corps et les attitudes les plus ignobles,
pour inspirer le mépris. (Voir ci-après cat. n° 15.)

XX. — *L'homme de douleurs*. Paris (cat. Rés. n° 646).

Estampe décrite par Schreiber, n° 891. M. Schreiber donne cette pièce
à l'Allemage, sans remarquer les rapports formels entre la tête du Christ
et celle du *Saint Bénigne* ou même celle du *Jésus au Jardin des oliviers*. Les
plis arrondis des jupons, certains détails de corps et d'accessoires, tels les
pieds un peu démesurés et rapprochés de ceux des n°s XVIII, XIX ci-
dessus, les deniers français à la croix qui figurent parmi les objets de la
Passion, une épée à quillons incurvés, etc. (Voir ci-après cat. n° 159).

XXI. — *Pièces diverses d'une vie du Christ*. Paris (cat. Rés. n°s 160, 253, 333).

Ces pièces, de dimensions très petites, ont été décrites par M. Schreiber
sous les n°s 117, 357, 44, et par nous ci-après n°s 5, 27, 54. Ce sont de
petites figures de quelques centimètres dont les caractères de style, bien que
sensiblement inférieurs à ceux des précédents, attestent d'un temps et d'un
lieu d'origine semblables. Les cheveux des enfants y sont généralement taillés en billes, comme nous disions au chapitre précédent, ce qui est un moyen
employé par les Bourguignons et les Lyonnais (voir la Vierge de Lyon).
La Vierge y est habillée encore des robes plaquées du xive siècle ; au
commencement du xve, les plis au corsage et les ceintures se montrent.

1° L'une d'elles représente l'*Annonciation*. L'ange y a de véritables billes
sur la tête. Le prie-Dieu de la Vierge est un petit meuble à fenêtres
(cat. de la Réserve, n° 333).

2° Une *présentation au Temple*. L'enfant a les cheveux en billes, saint
Joseph y porte la barbe comme le Saint Christophe (ci-devant n° XVIII).
L'enfant Jésus est debout sur un petit meuble à fenêtres (cat. de la
Réserve, n° 160).

3° *Portement de croix*. Cette petite pièce est exécutée comme l'estampe ci-devant n° XVI. On y voit un soldat à bacinet, et Simon le Cyrénéen avec un chapeau en cloche (cat. de la Réserve n° 253).

M. Schreiber ne nous dit pas quelles raisons lui font reporter ces petites images à 1430-50. Peut-être ont-elles été taillées à une date relativement basse, cependant je crois l'original très proche de 1400.

XXII. — *Pièces diverses d'une vie du Christ*. Munich.

La feuille est ici restée entière, elle a été étudiée sous le n° 21, par M. Schreiber qui lui attribue la date 1440-45 à cause des plis brisés. Je la crois en effet assez récente, mais l'influence bourguignonne est incontestable. Elle a été publiée par M. Schmidt chez Soldan, sous le n° 9. Les enfants y ont les cheveux en criblé. Dans cette suite, le Christ aux oliviers rappelle celui du « maître aux boucles » n° I.

La feuille dut être apportée en Bavière encore vierge pour permettre aux moines les décorations dont ils étaient coutumiers.

XXIII. — *Jugement dernier*. Munich (Rosenthal).

Schreiber a étudié cette pièce française sous le n° 2899, il l'a publiée dans son tome V, pl. 6. On voit très nettement le pli en « épingle à friser » sur la robe du Christ. Le fond en était noir semé de fleurettes à la main. Malheureusement l'estampe est à demi détruite, il n'en subsiste qu'une partie supérieure assez maltraitée. La tête du Christ est celle des apocalypses franco-bourguignonnes, et celle du Christ de notre *Jardin des oliviers*. Les dimensions in-folio de ce morceau capital montrent que nous avons affaire à l'une de ces estampes du début destinées à tromper l'acheteur.

XXIV. — *Fragment d'une Bible des Pauvres*. Heidelberg.

Pièce étudiée par Schreiber et publiée par lui au t. VII, pl. 45, de ses planches. Ce feuillet est fort ancien et d'origine bourguignonne ou française. Rapprocher les plis, les couronnes, les socles, les meubles, les cheveux en billes de ce que nous avons signalé ci-devant. L'ornement d'une frise est semblable au fond de la Vierge de Lyon.

III

Cinq pièces ont retenu notre attention à des titres divers. L'une appartient au Cabinet de Paris, une à M. Edmond de Rothschild, deux à Munich, une à Nuremberg. Ce sont très sûrement des estampes de la première époque; peut-être antérieures à celles dont nous venons de parler; en tous cas rapprochées par le temps et le lieu d'origine.

XXV. *Petit calvaire* (Paris, cat. Rés. n° 283). cat. ci-après n° 45.
XXVI. *Christ en croix* (Munich, Kon. Kupf. Kabinet).
XXVII. *Grand calvaire* (Munich, Kon. Kupf. Kabinet).
XXVIII. *Saint Christophe* (Nuremberg).
XXIX. *Calvaire* (Paris, coll. Edmond de Rothschild).

XXV. — *Petit calvaire*. Paris (cat. Rés. n° 283), cat. ci-après n° 45.

Cette petite pièce, étudiée par Schreiber sous le n° 435, n'a pas été remarquée encore. C'est une œuvre excessivement fruste, taillée d'après un modèle excellent, mais dans une technique un peu rudimentaire. Il semblerait que ce fût là un essai de moine, peut-être l'une des plus anciennes estampes connues. Le verso a laissé transparaître l'encre qui était l'encre ordinaire de l'écriture, tirée au pouce. La Vierge et saint Jean sont des figures gothiques; les plis de leurs robes sont en boucles; les pieds fort longs nous rappellent ceux du *Saint Christophe* ci-devant XVIII, et des bourreaux du n° XIX. Nous sommes encore à peu près sûrement en Bourgogne. Une particularité, c'est que la tête du Christ avec son tortil de joncs, est celle du grand Christ de Tegernsee aux estampilles dont nous avons tant parlé déjà et que nous allons étudier au n° suivant. L'exemplaire provient de Hennin, mais il a été touvé à Lyon et cédé à la Bibliothèque en 1839.

XXVI. — *Christ en croix*. Munich et Nuremberg.

Publié par Schmidt sous le n° 44 chez Soldan. Étudié par Schreiber sous le n° 932.
Il suffira de mettre à côté l'un de l'autre le Calvaire précédent et celui-

ci pour reconnaître la conformité absolue des deux Christ. Ils procèdent du même modèle. Le jupon du Crucifix a des boucles.

J'ai dit à la page 22 que les deux armoiries de Tegernsee placées à droite et à gauche, et que M. Schmidt, dans les *Interessante* considère comme une marque de fabrique, ne sont qu'une simple prise de possession. Appliquées l'une sur l'autre, ces armoiries tombent trop exactement avec tous leurs contours, leurs tailles, leurs évidages pour que le doute soit permis. M. Schreiber les dit *gravées* (t. III, p. 322), il n'a pas fait la constatation utile. D'ailleurs la précaution manuscrite, *Attinet monasterio Tegernsee* atteste l'importation mieux que nos discussions ne sauraient faire.

Une autre épreuve provenant de Gutekunst est à Nuremberg. Je ne la connais pas ; elle demande à être examinée.

Le papier de tirage, *tête de bœuf couronnée*, n'est pas signalée par Briquet ; mais la tête de bœuf ordinaire est partout ; elle n'a aucune valeur de présomption, comme d'ailleurs la plupart des filigranes.

XXVII. — *Grand Calvaire*. Munich.

Cette belle estampe publiée par Schmidt chez Soldan, n° 89, est une des pièces primitives les plus largement taillées. Elle se rapproche de la *Mort de la Vierge*, ci-devant n° V, mais l'absence de plis en boucle, nous la fait décrire à part. Elle n'est pas sans points de contact avec le petit Calvaire n° XXV et le *Bois Protat*, elle est de plus belle allure que le Calvaire.

XXVIII. — *Saint Christophe*. 1° Nuremberg. 2° Vienne (Mlle Przibram).

Cette estampe a été fort remarquée, elle était autrefois à Weigel qui l'a publiée dans son catalogue sous le n° 12. Passavant en parle I, 24 et 96. Elle a été donnée dans *Anzeiger für Kunde der Deutschen Vorzeit neue Folge* (Nuremberg, 1853-62), vol XIX, p. 273. Schreiber l'a décrite n° 1355. Elle a été publiée dans *Un ancêtre de la gravure sur bois*, p. 42.

Tout ce qu'on a écrit était destiné à la réclamer pour allemande ; or, la barbe en lyre est un produit bourguignon-comtois (voir le n° 155 du présent cat. que M. Schreiber lui-même attribue à Besançon). Cette particularité vient des originaux de Beauneveu, qui se plaît à ces barbes entortillées. La date présumable est fort rapprochée de 1400, ce qui exclut toute possibilité de travail allemand. Cette date nous est fournie par

l'arbre, les cheveux et la barbe du saint, la largeur des traits et l'absence
d'ombres portées. C'est une œuvre fort rapprochée du *Bois Protat.*

XXIX. — *Calvaire.* (Paris, coll. Edmond de Rothschild).

Schreiber étudie cette pièce sous le n° 370 ; elle a été publiée dans le
catalogue Weigel n° 31.

L'estampe a été donnée à la Bavière parce qu'elle est un peu brutale
et inattendue, que la croix est un arbre non équarri et noueux. Les plis
fort arrondis, la taille tremblotée et peu nette indiquent un bloc métallique
peut-être obtenu par un clichage. Passavant la reporte au commencement
du xvᵉ siècle, à cause de la croix.

Cette forme de croix est constante chez nous ; on la voit à une petite
Crucifixion attribuée à Beauneveu, mais à coup sûr d'un très grand
maître, en tête du ms. fr. 166 de la Bibliothèque nationale. La
petite pièce est dans l'embrasure d'une fenêtre, derrière un saint
Jérôme. Elle est brute comme ici. D'ailleurs une Crucifixion de Saint-
Philibert de Tournus, datant du xivᵉ siècle, est la reproduction arrangée
de notre Calvaire. Les gestes de la Vierge se retrouveront beaucoup plus
tard au Maître Pfenning de Nuremberg, qui les a empruntés à quelque
maître flamand.

IV

LA « VIERGE DE LYON » ET QUELQUES PIÈCES DE LA RÉGION
(Cat. de la Réserve n° 360), ci-après cat. n° 64.

XXX. — Nous la nommons *la Vierge de Lyon,* parce qu'elle fut trouvée
à Lyon dans un manuscrit lyonnais, par M. Hennin, et cédée par lui
en 1832 moyennant le prix de 20 francs.

Elle a été publiée par Lacroix et Séré, *Moyen Age et Renaissance,* V, pl. 2,
examinée par Passavant qui la reporte au xivᵉ siècle, et la donne à la
France. M. Schreiber, que le xivᵉ siècle effraie, parce qu'il ignore Malouel
de Dijon, le *Bois Protat* et plusieurs faits nouveaux, écrit cette phrase : « Ce
n'est certes pas un travail allemand, et il est très difficile de la dater. »

Il suppose 1425, mais le nimbe orné lui laisse croire que cela est trop tôt (Schreiber n° 1069). Trop tôt en Allemagne sûrement, pas en France.

L'aveu de ces deux savants nous serait précieux s'ils l'étayaient de bonnes raisons, ce qu'ils ne font pas ; je regrette toutefois que M. H. Delaborde, dans son *Histoire de la Gravure*, p. 26 et le *Catalogue de la Réserve*, revu pour cette partie par M. G. Duplessis, aient appliqué à cette pièce capitale, l'épithète « allemande ». Les iconographes raphaélistes ont affecté longtemps de dédaigner les incunables et, vu leur médiocrité, de les confondre dans un commun mépris. Cependant Renouvier, p. 40 (pièce 7), traite ce monument avec quelque considération. A propos de la Vierge de Lyon il constate que l'édicule est gothique et non flamboyant, il y voit une accointance avec l'école flamande. Personne toutefois ne remarque la couronne de la Vierge, les cheveux de l'enfant, en globules, ni le fond fretté.

Faisons, avant toutes choses, cette observation intéressante pour ce qui va suivre. La figure de la Vierge de Lyon se retrouve en diminutif, sur le blason du roi *Artus*, de la suite des *neuf Preux* à la Bibliothèque nationale (Schreiber, n° 1945).[1] Ce menu fait a son intérêt. J'ajouterai que l'édicule, sous lequel se tient la Vierge, est identique à celui de Notre-Dame-du-Puy en Velay (Bibl. nat., Estampes, Rc. 36 a.) et que la pose des personnages rappelle Notre-Dame de Moutiers en Tarentaise. Quant au nimbe orné qui empêche M. Schreiber de dater la pièce [2], il y a le *Parement de Narbonne* qui fournit des nimbes absolument identiques ; on en voit aux mss. 166 et 167, partout enfin durant le xive siècle *français*. La couronne que porte la Notre-Dame est une pièce datée pour ainsi dire ; c'est celle de la reine Jeanne de Bourbon (Lenoir, *Statistique Monumentale*, t. II), la couronne royale fleurdelisée que nous retrouvons dans nos miniatures nationales. Pour ce qui est du nimbe de l'enfant, et de ses cheveux en globules, nous avons indiqué la région où l'on avait adopté cette formule bizarre.

1. Dans notre reproduction (ci-après n° 184) cette vierge ne se voit pas sur le bouclier d'Artus qui a été enluminé par le héraut Berry et chargé d'autres figures. La reproduction de Pilinski la donne, et on l'aperçoit sous la couche de couleur de l'original.

2. Il est facile de comprendre pourquoi M. Schreiber qui a surtout vu les œuvres de maîtres allemands du xve ou de peintres travaillant en Allemagne dans la première moitié du xve siècle, ne trouve jamais de nimbes ornés. Le maître de l'*homme de douleurs* d'Heilbronn, le Maître Berthold ou Pfenning n'ont pas connu cette décoration, ou ils l'ont faite autre. Pfenning y met des lettres, ce qu'on ne voit pas dans les incunables gravés.

La décoration losangée du fond est absolument française et quattrocentiste. Matteo Giovanni l'a employée au Palais des papes à Avignon,
mais ultérieurement les Flamands en tireront un thème de pavages que
nous rencontrerons fréquemment sur les « interrasiles », c'est-à-dire les
tailles de teinte dénommées « criblés ». Au XIVe siècle, le motif décoratif
semblable au nôtre, est un *lacis* ou une *frette*. Dans l'inventaire du duc
Louis d'Anjou, publié en 1853 par M. de Laborde, on trouve à l'année
1360 « Branches laciées par manière de frettes » comme thème d'ornement.
Dans les manuscrits le losangé n'est pas rare, et comme il s'agissait, dans
la gravure, de rappeler la peinture enluminée, on grava la frette en question d'après un motif courant.

Le papier épais et spongieux a laissé transparaître l'encre d'écriture
ordinaire avec laquelle on a tiré la planche. Je rapprocherais donc la
« Vierge de Lyon », du n° XXV ci-devant, et je la daterais expressément de
l'année où Malouel opérait à Dijon soit, au plus tard, 1398.

XXXI. — *Deux saint Georges.* Paris (Collection Rothschild).

De ces deux pièces provenant de la collection Weigel, n°s 22 et 37,
l'une représente le saint à pied (n° 22), l'autre à cheval (n° 37)[1]. Schreiber les a décrits respectivement sous les n°s 1434 et 1450.

Il indique la Lorraine comme lieu d'origine de l'un d'eux (n° 22),
parce qu'il a certains indices de costumes fournis par les publications
d'Hefner-Alteneck. Il aurait pu comparer au petit *saint Georges* de Jacques
de Baezre, aujourd'hui au Musée de Dijon, il aurait trouvé là un terme
de comparaison excellent.

D'ailleurs, à la fin du XIVe siècle, la confrérie franc-comtoise de Saint
Georges, dont les Allemands feront plus tard le modèle de la leur (fin
du XVe siècle, remarquons-le bien) fonctionne à Rougemont dans le
département du Doubs actuel. Le saint avait ses reliques à Rougemont,
et ses armes étaient d'or à la croix de gueules. Ces armes sont celles
de nos deux saints. Les statuts de la confrérie furent rédigés seulement
au XVe siècle, mais on se réunissait « de toute ancienneté » à Rougemont

---

1. On peut comparer, dans ses grandes lignes et son style, cette pièce à un objet en cuir
repoussé avec légende française *du* XIVe *siècle*, aujourd'hui en Allemagne et publié par
Hefner-Alteneck, pl. 206. Le saint Georges de cette dernière pièce est exactement aussi celui
de Jacques de Baezre sur le retable de Dijon. Ce sont là des rapprochements très intéressants à signaler.

(Gollut, *Mémoires de la Répub*. *séquanoise*, p. 1418), et elle existait virtuellement dès 1390. Nos images ont dû être taillées vers ces époques. De Rougemont et de Comté, les confréries de Saint-Georges passeront en Souabe vers 1450. Il ne faut pas oublier que les Avignonnais (peut-être Simone di Martino), avaient peint un saint Georges à Notre-Dame des Doms. On assurait même que Aja, l'héroïne enchaînée, était représentée sous les traits de Laure, l'amie de Pétrarque (Prince d'Essling et Müntz, *Pétrarque*, 14-15).

Le point important de ces constatations, c'est le très grand rapport entre l'esthétique de ces deux saints Georges, et les figures de guerriers des premières Apocalypses xylographiques, par l'armement et les attitudes générales[1].

XXXII. — *Saint Claude. La Trinité*. Paris, Cab. des Estampes
(cat. Rés. n° 457), ci-après cat. n° 95.

Cette pièce capitale paraît avoir échappé à M. Schreiber, bien qu'elle fût conservée au Cabinet des Estampes, à l'époque où ce savant y vint chercher les éléments de ses discussions.

Elle se compose de deux parties distinctes ; une à gauche, de 1460-70 environ, représente un pèlerinage au tombeau de saint Claude, à l'abbaye de Saint-Oyan, dans le Jura. Et c'est bien de saint Claude qu'il s'agit et non d'un saint quelconque, parce que saint Claude est le seul dont le corps, entièrement retrouvé, était offert à l'adoration des gens. Dans la représentation, nous voyons sortir les deux pieds par la petite porte du reliquaire. Les assistants ont la coupe de cheveux bourguignonne dite encore « à la casserole » qui était celle de Louis XI jeune, et des gens riches dans le premier quart du xve siècle. L'un des pèlerins tient un chapeau rappelant celui que Van Eyck a mis à ses personnages, celui de Charles VII et du duc Philippe le Bon. Les taillés d'ombre toutefois nous dénoncent un travail exécuté au milieu du xve siècle.

Au contraire, la Trinité de droite est sans tailles d'ombre ; elle est fort rapprochée comme style d'une Trinité du ms. fr. 18014, fol. 132, verso (*Heures du duc de Berry*). D'ailleurs le trône de Dieu le Père est ici resté

---

1. Voir *Un ancêtre de la gravure sur bois*, pp. 113 et 129.

celui des miniatures d'André Beaunevcu [1]. Comme nous ne pouvons
guère douter de l'exécution d'estampes à Saint-Claude, où tous les arts
graphiques fleurissaient dans le xve siècle depuis neuf cents ans, nous
reporterions cette pièce à 1415-20 au plus tard. Les plis de la robe de Dieu
le Père sont ceux du « Maître aux boucles » avec les atténuations appor-
tées par le temps, mais ils sont davantage encore ceux des Apôtres ou des
prophètes de Beaunevcu, ou de Jean de Bruges. Remarquons aussi que le
Christ a le *tortil*, comme dans les ivoires bourguignons et sur les Calvaires
décrits ci-devant (n°s XXV, XXVI).

XXXIII. — *Pieta*. Paris (Cabinet des Estampes, cat. Rés. n° 389),
ci-après cat. n° 72.

Cette estampe est donnée à la Suisse par Schreiber, n° 984. C'est une
petite pièce de la région comtoise, probablement taillée à Saint-Claude
vers 1440. Le Saint Jean a des embryons d'ombre dans son manteau. La
couronne d'épines, très spéciale, est passée dans les figurations juras-
siennes, lorsque les théories de Vincent Ferrier sur les plaies du Christ
devinrent populaires. La croix d'épines était dans le Calvaire du *Parement
de Narbonne*. Celle-ci rappelle la couronne d'une autre *Pieta*, aujour-
d'hui à Maihingen, étudiée par Schreiber, n° 973. Herbes sur le terrain.
Je rapprocherais notre *Pieta* du *Saint Christophe* de 1423, et ne serais
point étonné que tous deux eussent la même origine jurassienne.

XXXIV. — *La Vierge et l'enfant*. Paris et Munich (cat. Rés. n° 357),
ci-après cat. n° 61.

Schreiber, n° 1023, Schmidt, n° 3, étudient cette pièce. L'un en fait
une œuvre de 1440, le second de 1425. Schreiber ne dit 1440 que
sous la préoccupation de rapprocher la Vierge en question de celle du
maître Stephan de Cologne. En vérité, je ne saisis pas le rapport. Sauf

---

1. Comparez la *Trinité* du British Museum autrefois à Weigel (Schreiber, 788). Cette
pièce est Lorraine comme l'indique la croix patriarchale, placée de chaque côté de la tête
du Père Éternel, la date 1462 a pu être imprimée après coup. Le Christ a la couronne
d'épines comme dans la *Pieta* de Maihingen, n° XXXVIII, ci-après. Voir aussi pour les
éléments généraux de cette pièce capitale, le manuscrit du duc de Berry, Arsenal,
ms. 5193, passim. Les hommes y ont les cheveux coupés « à la casserole » et cela
avant 1416.

qu'elle est couronnée dans notre image, ce serait alors beaucoup plutôt
Notre-Dame de Cambrai (D^t des Estampes, Rc 36 a.).

Les cheveux ondulés et les plis ronds nous ramènent à la Bourgogne
de 1430 environ.

XXXV. — *Trois saintes*. Paris (cat. Rés. n°s 592, 598, 610), ci-après cat. n°s 132, 136, 139.

Ces trois saintes sont celles que Schreiber a décrites sous les n°s 1251,
1317 et 1594, c'est-à-dire *sainte Barbe, sainte Catherine et sainte Madeleine*.
Je les réunis ici sous un même titre parce qu'elles sont visiblement de
même main et de même lieu. Leur esthétique courte, à grosse tête, a fait
que M. Schreiber songe à Wolgemut; il eût pu tout aussi bien penser
aux Picards et aux Artésiens dont cette exagération des anthropométries
fut la note spéciale. Une suite lorraine dite *des Preux*, à la Bibliothèque
de Metz, a conservé ce type particulier; je la signale ici (Sch., 1947); elle
explique d'ailleurs par une attribution à la France le *Saint Étienne* et le
Saint Émeric de Munich (Soldan 16) qui sont dans ces proportions.

Quant aux trois saintes, *sainte Barbe, sainte Catherine et sainte Madeleine*,
ce sont des saintes vénérées surtout en France, et Wolgemut ne les
connut pas. Le turban que portent les deux dernières est *essentiellement*
flamand-français. Il ne passera aux Allemands que dans le XVIe siècle, et
encore très modifié. Celui-ci rappelle ceux de Fouquet. D'ailleurs la décoration du fond de nos images est à fleurs de lis. Il serait étrange que
Wolgemut fît une pareille consommation d'accessoires français.

XXXVI. — *Crucifixion*. Munich.

Cette belle pièce a été étudiée par Schreiber sous le n° 487 et par
Schmidt, n° 8 de l'album Soldan. Tous deux indiquent une date, Schreiber
1450, Schmidt 1420. Ce dernier me paraît avoir raison, mais il n'explique
pas son opinion.

Schreiber reconnaît que le dessin de cette estampe « est tout à fait le
même que celui des miniatures d'une époque antérieure, cependant la
date indiquée (par lui Schreiber, 1430-50) doit être assez juste ».

Rien ne le prouve. Tout, au contraire, nous montre un travail plus
ancien; l'absence de plis, les vêtements surtout, les habits déchiquetés
de 1400-1420. Les épaulières des guerriers, leurs coiffures, leurs chaus-

sures sont flamand-bourguignonnes, de l'extrême fin du XIVᵉ siècle ou du commencement du XVᵉ [1]. Remarquons aussi que la façon de tailler les mailles des gourgerits est identique à celle constatée dans le *Bois Protat*.

Schreiber et Schmidt disent Alsace ou Cologne. Je propose la Bourgogne et voici pourquoi. C'est que la coiffure à garde-nuque est dans le ms. fr. 166, fol. 22, 32 (pièces 3 et 6 de la 2ᵉ colonne). Les épaulières sont aux mêmes endroits et au fol. 21 rᵒ (2ᵉ colonne, 3ᵉ pièce), au 24 (2ᵉ col., p. 3, cette miniature représente les Égyptiens dans la mer Rouge). Les épaulières resteront aux arts bourguignon et tourangeau (voir Fouquet) et persisteront jusqu'en 1480, dans le *Robert Gaguin* imprimé à Paris, en 1485. Je les vois à une miniature de 1430 représentant Xaintrailles (B. N., ms. 2679, fol. 154, vᵒ). D'ailleurs le bacinet pointu, le chapeau de fer des soldats nous disent la Bourgogne flamande vers 1415-20. Une tapisserie de Saint-Pierre de Beauvais, qui a beaucoup d'analogie avec la Crucifixion dont nous nous occupons, est de date plus basse (1460), les plis d'étoffe sont brisés. Quant aux solerets et aux bottes molles, ils sont de 1400-20 dans la Crucifixion de Munich.

Toutefois voici qui achève de lever les doutes. Le ms. 166 au fol. 30 (2ᵉ col., pièce 4) nous montre : 1ᵒ le Christ avec le même nimbe que le nôtre ; ce nimbe trilobé se revoit encore aux fol. 31, 32. 2ᵒ L'homme qui tient l'éponge a un chapeau comme celui de Munich. 3ᵒ Tous les soldats ont des jupons et des épaulières. 4ᵒ Un homme a les bottes molles (voir fol. 32, 2ᵉ col., p. 3 également). Au fol. 7 verso, 2ᵉ col., p. 4, un homme qui entraîne le Christ a une coiffure à oreillettes semblable à celle remarquée à Munich. Je ne crois pas que tant de concordances puissent être réputées un effet du hasard ; en tous cas je souhaiterais que MM. Schmidt et Schreiber pussent fournir les éléments de comparaison qui ont établi leur opinion sur le lieu et les dates [2]. Je ferai simplement

---

1. Si nous comparons cette pièce à la *Crucifixion* du musée national de Munich attribuée au Maître Berthold, nous jugeons des différences capitales. Le maître Berthold, quoique fortement imbu de tendances flamandes, habille ses figurants à l'allemande, aucun point de contact ne subsiste. On soupçonnerait plutôt une réminiscence lointaine de Simone di Martino et de la Crucifixion d'Anvers. Il n'y a rien de national, de réellement allemand dans cette œuvre (Thode, *Die Malerschule von Nürnberg*, pl. 3).

2. Le ms. de l'Arsenal nᵒ 5193, ayant appartenu au duc de Berry, nous montre à chaque folio des scènes semblables par les costumes (voir, entre autres fol. 321 vᵒ, les harnois militaires).

remarquer la rouelle d'infamie portée par un des Juifs ; elle n'apparaît, en Allemagne, qu'après 1434 [1]. Comparez cette pièce avec le *Portement de Croix* de Weigel n° 27.

Je dis donc la Bourgogne influencée par les Flandres vers 1420. Le filigrane à la cloche (si les filigranes ont quelque utilité) est constant en France dès le milieu du xiv° siècle. On le retrouve également dans le Palatinat et à Strasbourg.

XXXVI *bis*. — *Saint Bernard aux armes*. Vienne (Hofbibliothek).

J'ai déjà expliqué ci-devant la grosse erreur de M. Schreiber à propos du Saint Bernard de Vienne, et la fausseté présumée du nom *ierg Haspel zu Biberach* inscrit au bas de l'estampe (voir Schreiber, n° 1271 et t. VI, pl. 7). Nous savons que ce sont là les armes de Clairvaux données à saint Bernard par ses successeurs, et il n'y a pas vraisemblance que le graveur jurassien de cette figure ait eu souci des armes d'Ebrach ou de Bibrach, abbayes allemandes, qu'il ignorait probablement. Au contraire les abbayes cisterciennes en question s'étaient approprié le blason de leur patron.

Nous avons donc affaire à une planche bourguignonne arrangée par un Allemand, affublée de son nom, je n'oserais dire copiée par lui, parce que dans le premier quart du xv° siècle, pas un artiste allemand — du moins on ne me l'a pas prouvé — n'eût pu tailler une planche aussi hardiment. On le verra bien quand l'imprimeur allemand du *Torquemada* en Italie, s'avisera de façonner des figures pour son livre.

L'image qui porte une note manuscrite était une de ces estampes servant aux prédicateurs à raconter une anecdote sur un saint. On usait beaucoup de cette mnémotechnie graphique. C'est ainsi que le possesseur *Jerg Haspel* a mis son cachet sur la pièce pour s'en assurer la propriété, au même titre que le célèbre Bernard Milnet.

Je ne parle pas du cor de chasse dans le filigrane — bien que plutôt bourguignon — parce que ce ne peut jamais être une preuve. En tout cas, la représentation du Saint Bernard embrassé par le Christ se retrouvait à Clairvaux *sur un parement d'autel* (Al. Assier, *Pièces curieuses de Clairvaux*, 1856, p. 57).

---

1. Ulysse Robert, *Les signes d'infamie au moyen âge* (*Mémoires de la Société des Antiquaires*, 5° série, t. IX). Voir ci-devant p. 17-18.

Passavant, I, 22, considérait le saint comme un *Saint Benoît* et il croyait les armes celles de Kaisersheim près de Donauwerth. Ces armes de Clairvaux étaient simplement devenues banales là-bas, comme chez nous les fleurs de lis, grâce à l'imagerie champenoise.

V

Pour terminer et n'allonger pas, outre mesure, ce travail, il me reste à examiner diverses estampes d'un art expressif et d'une technique plus avisée. Les graveurs qui s'y sont employés ne sont peut-être pas tous du même lieu, ils paraissent d'habiles orfèvres ménageant leurs traits sur métal en vue d'émaux, et dont les essais sur papier, telle la *Paix* de Maso Finiguerra, nous sont parvenus. Une de ces estampes est l'une des plus importantes du Cabinet de Paris, et si jamais Malouel a gravé sur une planche de cuivre en épargne la figure de la Véronique, pour en semer un fond de peinture murale, on serait enclin à lui attribuer la pièce.

XXXVII. — La Véronique. Paris (cat. Rés. n° 618),
ci-après cat. n° 143.

L'estampe a été étudiée par Renouvier, p. 42 (n° 18), par H. Delaborde, p. 27. M. Schreiber (n° 1719) l'assimile à un *Saint Christophe* de Berlin (n° 1352), et la croit gravée dans le Bas-Rhin. C'est un aveu tacite d'influence lorraine ou française.

Les dimensions in-folio de cette pièce nous confirment dans l'opinion d'une figure destinée à « l'empreinture » soit d'une étoffe, soit d'une muraille. Les traits n'y ont pas la fermeté de certaines gravures sur bois, elles sont tremblées, sèches et grêles, mais d'un dessin impeccable. Les plis ne sont plus ceux du « maître aux boucles », ils sont contemporains cependant; ils rappellent les belles draperies des maîtres flamands. Le visage assez rudement traité, est dans une note de compassion naturaliste qu'un Italien eût à peine cherchée alors. La tête du Christ vient des Flandres, le nimbe, dans une jolie décoration, est ménagé en blanc sur noir; les cheveux sont en tire-bouchons. Comme la *Vierge de Lyon*, la Véronique a été trouvée dans un manuscrit de la région des Dombes. Elle est sans tailles d'ombre, ce qui lui assigne 1400-1410 pour date, mais elle peut remonter jusqu'au xive siècle. Il est impossible de se rendre compte des raisons qu'on a invoquées pour donner la Véronique à l'Allemagne, où nous ne rencontrons ni dans les manuscrits, ni dans les vitraux, aucune œuvre à lui comparer. D'ailleurs ce personnage de la légende apocryphe, dont le nom fait de latin et de grec signifie « Véritable image », est surtout l'Apôtre de l'Aquitaine ; sainte Véronique est vénérée à l'abbaye de Soulac, comme l'a très consciencieusement indiqué M. Schreiber.

La technique très spéciale de cette gravure, dont nous parlerons ci-après dans notre catalogue au n° 143, nous incline à l'assimiler au *Calvaire* de la collection Rothschild dont il a été parlé au n° XXIX ci-devant. Les traits un peu indécis, le dessin des figures, des yeux particulièrement, joints à la technique du procédé, nous font croire à une pareille origine pour les deux pièces. Le sentiment naturaliste de compassion est identique dans le *Calvaire* et dans la *Véronique*. Mon opinion est que ce sont là des clichés métalliques, obtenus par le coulage d'un métal en fusion dans des creux préparés à l'eau-forte, ou de toute autre manière. Voir ce qui sera dit ci-après au catalogue n°s 143, 165, 166.

XXXVIII. — *Pieta*. Maihingen. (Collection Œttingen Wallenstein.)

Estampe décrite par Schreiber, n° 973 et publiée par lui dans le tome VI de ses planches n° 2.

M. Schreiber, qui a le premier parlé en détail de cette pièce intéressante, lui attribue une date très basse, 1440-60, parce qu'il lui voit une couronne d'épines au lieu du tortil que les pièces bourguignonnes fournissent ordinairement. Il ne la rapproche pas de la *Pieta*, décrite ci-devant (n° XXXIII) sur laquelle le Christ mort est couronné d'épines semblables, d'une forme particulière, rudes et serrées. Je n'ai pas vu une seule représentation allemande qui montre cette forme très spéciale de la couronne du Christ.

Quant à la raison tirée de cette couronne pour l'abaissement de la date, je répondrai que le *Parement de Narbonne*, exécuté sous Charles V, que les miniatures françaises du xive siècle, nous offrent de nombreux exemples de couronnes d'épines, notamment au ms. latin 919, fol. 53 (*Grandes heures du duc de Berry*). J'observerai aussi que le corps du Christ décharné et osseux est une note spéciale aux Flamands. Remarquez à ce sujet une ligne sillonnant la poitrine, avec une petite croix à l'épigastre ; nous la retrouvons d'ordinaire aux « hommes de douleurs » de l'École flamande-bourguignonne, comme nous le verrons ci-après.

Passavant, I, p. 28, avait noté combien « ce groupe offre un caractère « de beauté grandiose dans le style du xive siècle », seulement il ne nous dit pas de quel style il entend parler. Serait-ce le style allemand? La date qu'il nous paraît indiquer répond de tous points à notre impression ; ce serait comme art et comme technique une œuvre à rapprocher de la *Véronique*, à cause de l'extrême élégance de l'exécution. Le tirage sur une feuille de vélin, peut-être à la presse, à la fin du xve siècle, offre un exemple très rare dans l'espèce.

XXXIX. — *La Flagellation. Le Couronnement d'épines.* Paris
(cat. Rés. nos 229, 237), ci-après cat. nos 17, 20.

Ces deux petites pièces, taillées par un véritable maître graveur, élégant et habile praticien, ont été données à la Bourgogne par M. Schreiber (298 et 314) ; il eût été difficile qu'il ne le fît pas, car ce sont là de véritables miniatures prises à un des livres d'heures du duc Philippe le Bon. Le Christ y présente justement les caractères de délabrement physique dont nous parlions à la pièce précédente (no XXVIII). La ligne de poitrine y est identique avec la petite croix de l'épigastre. La colonne à laquelle Jésus est attaché repose sur un dallage en mosaïque de pur style bourguignon, son jupon a les plis souples. Le bourreau qui le frappe a dégrafé ses hauts de chausse, comme font les exécuteurs dans les miniatures de Jean Fouquet. Ces hommes ont un petit pourpoint de 1390-1410.

Le no 237 nous montre le Christ sur un socle à la mode de Beauneveu ; au-dessus de lui un petit édicule gothique à peine surbaissé. La robe du Christ est semblable à celle de la Vierge dans la *Pieta* ci-dessus (no XXXVIII).

XL. — *Massacre des Innocents.* Paris (cat. Rés. omis.),
ci-après cat. no 4.

Cette petite pièce de même style que les deux précédentes est donnée à la Franconie ripuaire par M. Schreiber no 125, « parce que le corps d'un des Innocents est conservé à Soest ». Cette présomption nous paraît un peu cherchée. Je crois à la Bourgogne, parce que l'un des bourreaux a les cheveux de Philippe le Bon, que le roi y tient un sceptre fleurdelisé, et que son habit est une houppelande bourguignonne de 1430-40. On pourrait joindre, à cette petite image, l'autre (n° 31 de notre cat.) de même dimension et de même style représentant les *Préparatifs de la Crucifixion*. Toutes deux proviennent de Hennin en 1839.

XLI. — *Quatre pièces du Cabinet de Munich et de Berlin avec bordures semblables.*

Ces quatre estampes ont été décorées après coup d'une lourde bordure; trois sont collées sur des manuscrits provenant de Tegernsee (les n°s 700, 1466 et 1681 de Schreiber), l'autre (le n° 1397) est à Berlin.

M. Schreiber qui a vu ces pièces à des époques différentes, date les deux premières de 1430-50, ainsi que la quatrième. Il indique 1440 pour la troisième.

Les traces d'yeux sur les robes, la fine gravure, le corps du *Christ* (n° 700), les cheveux en globules des anges de l'autel de forme flamande de *Saint Grégoire* (n° 1466), les archers du *Saint Sébastien* (n° 1681), si pareils à ceux du *Saint Sébastien* (n° XI ci-dessus), les arbres, les fleurs du terrain font de ces quatre estampes des œuvres bourguignonnes indéniables. La bordure a été si bien ajoutée en Bavière, que l'une de ces pièces, le n° 1681, restée en France (Cabinet de Paris Rés. n° 567), mais d'une autre main, n'a pas de bordure (Schreiber n° 1686).

Plusieurs autres estampes de la même date et peut-être de la même main ont été aperçues par nous en reproductions ou étudiées sur les originaux. Les voici brièvement indiquées :

XLII. — Une *Sainte Apolline* provenant de Weigel (n° 25) et aujourd'hui à Nuremberg.

XLIII. — Une *Madeleine* de Weigel (n° 70), chez M. Edmond de Rothschild.

La bordure imposée à cette pièce est différente de celles de Tegernsee, mais les fleurs et le feuillage sont de même style lourd.

XLIV. — Un *Saint Jérôme* provenant de Weigel (n° 72), chez M. Edmond
de Rothschild.

Cette estampe a été mise dans une bordure. Passavant la dit française, mais les traces d'ombre la reportent à une date plus basse que les
autres.

XLV. — *Martyre de Saint Jean*, de Weigel (n° 73). Nuremberg.

Texte allemand et bordure ajoutés après coup. J'ai déjà dit, à la
note 2 de la p. 105, que la tablette, réservée par le graveur pour les
textes ultérieurs, était trop grande pour la légende allemande qu'on y a
ajoutée. Celle-ci *danse* au milieu du trop grand espace. La preuve d'une
interpolation de texte explicatif me paraît faite une fois de plus. Je ferai
remarquer les grands rapports entre cette pièce et le Saint Bénigne du
rotulus conservé à la Bibliothèque de Troyes, dont il a été parlé ci-devant
p. 58. Schreiber indique (n° 1524) le Haut-Rhin pour lieu d'origine.

XLVI. — *Sainte Véronique*. Munich (Soldan n° 39).

Pièce identique en plus petit à la *Véronique* du n° XXXVII ci-dessus.

XLVII. — *Mariage mystique de sainte Catherine*. Munich (Soldan, 98).

M. Schreiber (n° 1150) donne à cette pièce la date 1420. Il trouve que
les saintes femmes ont les cheveux tressés de la Souabe orientale. Or,
lorsque la Souabe adoptera ces coiffures, les flamandes les auront quittées
depuis vingt ans. Les plis souples et à traîne, l'enfant nu, les cheveux du
petit Jésus taillés en billes témoignent en faveur de la Bourgogne.
L'architecture surbaissée est précisément celle que nous retrouvons à
Évreux, dans une verrière donnée par le roi de Navarre, Charles II, avant
1388 (Dép. des Estampes, Oa 14, fol. 17). Quant aux cheveux des saintes,
on les aperçoit à Mersburg dans une pièce reproduite par Hefner-Alteneck,
pl. 166. Or, on lit sur cette pièce l'inscription : « Coment Fesonas
rechut Alixandres aveckes les XII pères. » C'est là un travail Picard sans
nul conteste possible, et ceci clôt le débat.

Bien d'autres estampes de Munich, de Berlin, de Paris, mériteraient des études à part ; je n'ai voulu que préciser certains faits sans m'astreindre à tout décrire. Cependant, dût-on m'accuser de parti pris, je placerais, au nombre des pièces que je viens d'énumérer, le célèbre *Saint Sébastien* de Vienne, avec légende allemande et la date 1437. Cette pièce de Peste, expédiée en Allemagne, a reçu une lettre là-bas, comme d'autres une bordure. Elle a été publiée par M. P. Heitz dans ses *Pestenblätter* (n° 17).

Certaines estampes retrouvées à Ravenne, qui n'ont pas toutes les mêmes caractères, ont donné à penser que cette ville avait pu être un centre de graveurs au commencement du xvᵉ siècle. M. Schreiber cite un *Saint Antoine de Padoue* (1233), un *Saint Bernardin* (1279), une *Sainte Claire* (1380), un *Saint Dominique et Saint François* (1391), un *Saint Pierre de Milan* (1664), un *Saint Juste* (1579), un *Saint Philippe de Florence* (1651) qui ne sont pas sans rapports avec les pièces étudiées ci-dessus. La tapisserie de M. d'Odet nous a montré que des méridionaux, sinon de purs Italiens, ont taillé le bois à une époque éloignée, peut-être dans la première moitié du xivᵉ siècle. Je croirais plutôt aux Avignonnais. M. Schreiber attribue à ces estampes une date moyenne, 1470; je la crois trop basse, comme on pourra s'en convaincre par une reproduction du *Saint Antoine de Padoue* dans *Quatre siècles de gravures sur bois* par Hirth et Muther (livraisons 3 et 4). M. le Dʳ Max Lehrs a découvert vingt-cinq gravures, la plupart d'origine italienne, et dont il a publié une étude dans l'*Archivio Storico dell'arte*, 1888, p. 444. Ceci me confirme dans l'opinion d'un apport étranger en Italie, car ces estampes ne sont ni de même main, ni de même lieu. Je me réserve d'ailleurs d'aller étudier ces pièces et d'en publier un rapport. Je ne parle pas non plus d'une estampe représentant *saint Jérôme et son lion*, conservée à la Bibliothèque impériale de Saint-Pétersbourg; celle-là me paraît faire partie de la suite du « Maître aux boucles » comme je le disais plus haut, au même titre que le *Saint Jérôme* de Weigel. Elle a été publiée par M. Minzloff, *Souvenirs de la Bibliothèque de Saint-Pétersbourg*, Leipzig, 1863, pl. 2.

XLVIII. Deux autres pièces du Cabinet de Munich qui ont été publiées par Schmidt chez Soldan l'une (n° 1), et l'autre (n° 107), nous semblent d'origine italo-provençale ou peut-être milanaise (?). Ce qui nous le confirme c'est que la tête du Saint Antoine aperçue dans la première est très exactement retrouvée dans le ms. 4939 (folio 28) à la Bibliothèque nationale, lequel a été exécuté en Provence. D'ailleurs saint Antoine est essentiellement un saint du Dauphiné, et le filigrane du papier sur lequel l'estampe a été tirée (une tête de bœuf) est signalé dans le Dauphiné dès 1360, et sur le Rhône à la même date. Les grands pèlerinages dauphinois en l'honneur de saint Antoine sont célèbres. Le style de cette pièce est encore inspiré de Beauneveu et des Flamands (Schreiber dit le Haut-Rhin).

L'autre image *Le Christ entre un religieux et un mondain* (Soldan, 107 et Schreiber, 968) nous montre un seigneur richement habillé à la Provençale. Cette pièce a des tailles d'ombre. Six petits tableaux à droite de la planche sont censés représenter les préoccupations de l'homme riche dans la vie. Une femme, qu'on y voit, porte la calotte d'Agnès Sorel de 1430 environ.

XLIX. — *Le Bon Pasteur*. Breslau (St.-Bib.)

Une estampe d'un très grand caractère et d'une affirmation de technique remarquable se trouve à Breslau, à la Bibliothèque. Elle est collée dans un incunable de 1470-80 environ. Schreiber la signale sous le n° 838 et il l'a publiée, t. VIII, pl. 20. C'est un *Bon Pasteur* flamand-bourguignon de 1450 environ, dont l'art rappelle de très près certaines figures des *Apocalypses* et des *Bibles des Pauvres*. La bordure de la robe du Christ a été plusieurs fois signalée par nous comme une caractéristique des Flandres. Le nimbe crucifère est de forme bombée, ce qui est aussi un indice. Les plis de la robe sont en forme de 7, autre preuve. Mais nous avons ici mieux que ces considérations graphiques. La légende, écrite en deux langues sur des phylactères séparés, nous montre péremptoirement l'origine de la pièce. A gauche, l'inscription est en flamand-néerlandais; à droite, en français du Nord.

> Pour mee. v. plaie qui sont saucie [1]
> Ay je mee brebiis retrouveiie

M. Hymans croit que cette forme philologique est liégeoise, ce qui est possible. Je n'aurais donné à ces légendes, qui ont pu être rapportées, qu'une importance secondaire, si les autres caractéristiques signalées plus haut n'écrivaient une concordance absolue. Je signale donc la pièce au

---

1. M. Schreiber a lu *laveie*, c'est *saucie*, de *sauciatas*; *laveie* ne se comprendrait pas.

nombre des œuvres liégeoises, bien que faisant des réserves sur l'attribution. A mon sens, la technique est plus de Bruges que de Liége, et plus près de France que d'Allemagne. Je ne se serais point étonné que la figure fût picarde et qu'elle eût reçu sa lettre postérieurement. En tout cas, je signale les rapports de l'estampe de Breslau avec les *Douze apôtres* (ci-après n° 77) et je daterais de 1450 au plus tard.

Comme je le disais, je n'ai nullement la prétention de passer en revue à cette place toutes les estampes des Cabinets d'Europe offrant quelque indice de taille française. Lorsque des gens nouveaux, possédant à la fois l'histoire, l'archéologie, une paléographie impeccable, une philologie définitive, et une science approfondie des écoles de peinture, d'enluminure et de gravure, reprendront notre travail sur de nouvelles bases, ils toucheront aux certitudes. Ils conviendront, en tous cas, que les recherches antérieures, sauf celles de Schreiber et de Lehrs, auront beaucoup contribué à embrouiller la question des incunables et des origines de l'imprimerie. Tous nos travaux modernes sur les xylographes, même ceux de savants émérites tiennent compte des opinions du baron de Heinecken, et suivent aveuglément Passavant ou Bartsch. Je leur ai donné la mesure dans laquelle ces spécialistes opéraient, et quelle était leur règle de conduite. J'ose espérer qu'avant d'admettre leurs dires, on les contrôlera, et que nous ne verrons plus donner en bloc à l'Allemagne des œuvres dont elle recueillait les épreuves, avec l'empressement naïf des gens pauvres et dénués.

CHAPITRE VI

LA TAILLE DE TEINTE DANS LES INCUNABLES

I

Les graveurs primitifs qui touchaient à tous les genres d'imagerie ont pratiqué la *teinte* conjointement avec l'*épargne*.

La gravure de *teinte* procède de la taille-douce des orfèvres; elle est née chez eux. Ce fut à l'origine une pièce d'orfèvrerie, gravée pour l'émail ou le nielle, et tirée comme un cachet, qui fournit le premier *criblé*, ou comme disent les Allemands les *interrasiles* [1].

Le mot *gravure de teinte* que j'emploie ici, est notre expression contemporaine, créée pour désigner les procédés des graveurs modernes, Bewick, Brevière et Pannemaker, opposés à ceux de Lavoignat si l'on veut, c'est-à. dire des graveurs au trait d'épargne, restés fidèles à la vieille observance.

Cette double tendance exista dès le principe, et toutes les phrases écrites sur les criblés, tous les mots cherchant à expliquer le procédé, et à en faire honneur à un certain Milnet, tombent aujourd'hui.

La taille de teinte consiste donc en ceci :

Au lieu de ménager péniblement ligne à ligne tous les traits d'un dessin, de le *champlever*, de le mettre en saillie, en évidant, autour de ces lignes, le bois inutile, on creuse le trait, en faisant une véritable gravure en taille-douce. Tantôt les graveurs primitifs employèrent les simples coupes qu'ils dégradaient et laissaient se perdre dans la partie franchement évidée, en constituant ce que les érudits d'autrefois nommaient l'*éraillé*; tantôt, faisant rouler un canif sur la pointe, ils produisaient des trous multiples dont les semis répétés fournissaient des demi-teintes, des *tons* et donnaient ce qu'on a appelé le *criblé*.

1. Ils disent plus ordinairement *Schrotblätter*, sans distinguer la teinte criblée de la teinte éraillée ou « en pluie », sauf M. Schreiber qui les mentionne le plus souvent.

Généralement le criblé est taillé dans le métal, parce que sa destination la plus ordinaire, fut le gaufrage des cuirs de gainiers ou de relieurs. Cependant on ne dédaigna pas de l'employer en vignette dans l'intérieur d'un livre, ou d'en fabriquer des images [1].

Entre les deux procédés l'*épargne* et la *teinte*, la dernière se prêtait davantage à la décoration des fonds. Aussi les gravures de cette sorte eurent-elles toujours des décorations en arabesques, en figures géométriques. Au lieu du travail pénible qui eût champlevé ces motifs dans un bois d'épargne, la taille de teinte n'avait qu'à écrire, au burin, en creusant très peu la ligne nécessaire. Tous les creux se reproduisaient en blanc au tirage.

Depuis Bartsch ou Passavant, toutes les hypothèses les plus invraisemblables ont été émises en vue d'expliquer l'*interrasile*. L'histoire de Bernard ou Bernardin Milnet a amusé toute une génération. Le nom de ce personnage qu'on peut tout aussi bien lire Cuisnet — et Cuisnet est un nom retrouvé encore dans le Jura — avait été placé comme celui de Jerg Haspel *dans le même caractère, dans un même petit encadrement* au bas d'une Vierge appartenant à lord Spencer et gravée dans la manière criblé. On partit de là pour réputer graveur en criblé ce Bernard Milnet — ou Cuisnet — et tous les criblés furent ultérieurement enrégimentés sous ce nom [2]. On y tenait d'autant mieux chez nous, qu'à défaut d'autres arguments, tirés de l'objet lui-même, ce nom semblait constituer une priorité pour la France.

Une singularité à signaler ici, c'est que la pièce sur laquelle on discutait, laquelle est flamande, était celle du Cabinet des Estampes de Paris, dont M. Schreiber a donné une description au n° 2482. Or cette pièce est la copie faite pour Hill en 1820; la lettre d'envoi à Van Praet est collée dans le livre à côté de la gravure [3]. Hill explique lui-même que le Bernhardinus Milnet est assez mal transcrit par le reproducteur [4]. On imagine à quelles histoires une pareille méprise peut donner lieu.

---

1. A remarquer en passant que les petites vignettes de Simon Vostre, véritables chefs-d'œuvre d'esprit, de dessin et de gravure, perpétueront la taille française des criblés, que les Allemands n'ont pas. Ceci dès la fin du règne de Louis XI. Voir ci-après cat. n° 117 a.

2. On aura sous le n° 2567 de M. Schreiber toute la bibliographie des livres et des articles publiés sur la manière de Bernard Milnet.

3. Datée du 26 septembre 1820. La lettre et l'épreuve ont les mêmes plis, ceux qui avaient été faits en les introduisant dans une enveloppe de lettre (ci-après cat. n° 60).

4. De fait comme je disais, on lit surtout *Cuisnet*. Mais je l'ai dit et répété, les noms, les

Pour se reprendre dans les contradictions des écrivains spéciaux, plusieurs choses sont à considérer.

Pourquoi certains *criblés* nous donnent-ils une inscription à l'envers?

Parce que, gravés sur métal, ils étaient destinés à une niellure ou à un émail, et constituaient ainsi une décoration directe sur une pièce d'orfèvrerie ou sur un meuble [1].

Pourquoi les caractères *cunéiformes*, on croirait, rencontrés sur les plus anciennes pièces gravées dans ce genre?

Parce que ces lettres ne se gravaient pas, mais s'obtenaient par la frappe d'un outil produisant le jambage, auquel on ajoutait un point en losange pour la queue des r, la boucle des b, etc. C'était une simplification, et en même temps la lettre était, sinon plus lisible, à tout le moins plus régulière.

La preuve d'ailleurs que certaines de ces pièces sont sur métal, c'est la trace *des clous de maintien* aperçue sur la plupart d'entre elles. C'étaient là, en réalité, de véritables clichés métalliques comme sont les nôtres. Je ne serais même point surpris que les vieux graveurs eussent connu le clichage par empreinte, et qu'ils eussent, par ce moyen, multiplié les planches. Le passage de certains clichés franco-flamands en Allemagne serait bien singulier sans cette explication.

On n'avait pas non plus trouvé de raisons plausibles à la gravure en criblé, « ces défectueux essais » contemporains de la taille d'épargne; on ne démêlait pas quels mobiles entraînaient les graveurs à cette décoration pointillée, alors qu'ils gravaient le *Saint Christophe* de 1423, plus académiquement. On convenait que réellement la passion pour ces productions étranges ne pouvait s'expliquer, sinon par une faute de goût; et alors les Français disaient : ce sont les Allemands!

Ce n'étaient pas les Allemands, c'étaient les Flamands, les Picards, les Lorrains, les Bourguignons et les Parisiens, les orfèvres qui préparaient ainsi des nielles ou des fers à gaufrer les cuirs. Comme nous avons de ces cuirs, empreints en criblé, le doute n'est plus possible [2]. Et la preuve

légendes, les textes ne peuvent pas plus compter que les filigranes. Toutes ces présomptions sont caduques, et du moment où un nom a été ajouté, tous les autres ont pu l'être. Ne fut-ce pas la manie séculaire des collectionneurs?

1. M. Schreiber, à propos d'une Sainte Barbe retrouvée dans un texte, prétend que la lettre à l'envers était aussi bien destinée à l'impression que les autres. Ceci ne paraît pas devoir se soutenir. L'épreuve rencontrée a pu être tirée sur un bloc, non utilisé pour la décoration directe.

2. Bibl. Nat. Départ. des Estampes, *Heures* de Simon Vostre, Re 26. Le gaufrage est

aussi que c'étaient des orfèvres, des tailleurs de sceaux qui opéraient, c'est que, au lieu de l'outil ordinaire des graveurs sur bois, le canif, ils employaient le burin des tailleurs de cuivre. Cette circonstance est surtout sensible dans la gravure des cheveux de certains criblés, notamment dans un *Saint Christophe* du Cabinet des Estampes, où les cheveux sont traités au burin par un praticien consommé [1]. Cette pièce comme le *Saint Georges* du même Cabinet, comme *Sainte Catherine* et le grand *Saint Christophe*, ont leurs fonds évidés. Les costumes, les armures, les terrains, la décoration sont de la Flandre bourguignonne.

La taille de teinte ne paraît pas s'être cantonnée dans le travail du point; il y eut d'autres essais. Sur le bois, des praticiens habiles et pressés tentèrent une simplification. Au lieu de l'épargne, longue et délicate, ils se prirent à fouiller le bois, au couteau ou à l'échoppe, en creusant, à la surface, des sillons plus ou moins rapprochés, plus ou moins réguliers, formant une série de lignes blanches, lors du tirage, et produisant à l'inverse, une série de lignes noires sur toutes les parties non entaillées. Ceci n'a jamais été remarqué. Certains graveurs de Liége ont employé ce procédé sommaire ; ils l'ont fait un peu brutalement, en exagérant le système technique des criblés ou des éraillés ; les pièces provenant d'eux sont au nombre de cinq ou six au Cabinet des Estampes.

Je parlerai tout à l'heure de ces images que M. Schreiber n'a pas connues ; quelques-unes paraissent anciennes comme on verra ; elles constituent un apport sérieux à l'étude de ces questions.

II

Naturellement les savants allemands ont revendiqué, comme leurs, les tailleurs de criblés. De nos jours encore on a insinué que certaines pièces du Maître E. S. ont été copiées par des graveurs de teinte [2].

---

sur le plat R° de la reliure. A signaler aussi la pièce publiée par Leber qui montre, sur une reliure française de 1495, l'*Annonciation* copiée sur notre gravure en teinte n° 145 du catalogue ci-après (625 du *cat. de la Réserve*, et 2481 de Schreiber). Voir Leber, t. I, p. 28, n° 154.

1. Voir au cat. de la Rés. les n°s 447, 479, 11656, 11657. Ci-après cat. 88, 102, 94, 134.

2. Voir les n°s 2493 (Madone de Vienne), 2552 et surtout 2513, 2517, 2663, 2736 de Schreiber.

Je me réserve de montrer sous peu, et dans un travail spécial, que le graveur bourguignon E. S., orfèvre de la comté de Bourgogne aurait été, dans ce cas, copié par ses compatriotes. Mais je ne crois pas qu'il en soit ainsi. Je pense que, à la façon des plus grands maîtres, tel Pleydenwurff, demandant à l'imagerie le type de son Saint Bernard [1] et ses armoiries, le maître E. S. cherchait son thème dans les modèles officiels d'une représentation, qui sait même? peut-être dans l'œuvre de son père, orfèvre comme lui? M. Schreiber dont l'intuition n'a pas été mise en défaut, ne manque pas d'indiquer la Bourgogne cette fois comme lieu d'origine probable des interrasiles copiés, soi-disant, sur le Maître E. S. [2].

J'ai eu la curiosité de rechercher combien de ces œuvres criblées étaient données à la France par M. Schreiber dans un total de 600 pièces. La statistique est intéressante : il y en a juste *huit*. Une vingtaine d'autres reçoivent le Bas-Rhin comme lieu probable, parce que des fleurs de lis, les terrains herbeux, certains motifs de décoration indiquent trop visiblement la Bourgogne ou la région limitrophe.

Il est incontestable que, malgré son extrême conscience et sa compétence, M. Schreiber a subi l'entraînement de l'École allemande. Une grosse erreur commise par lui, à propos de la date du Saint Bernardin nous fait un peu douter de ses lectures ; il a pris pour un 7 le 5 de la date 1454. J'ai dit ailleurs quelles preuves mathématiques lui donnent un formel démenti ; il dit donc 1474, et de cette date estropiée, il tire des conclusions contre ceux de ses confrères enclins à donner des dates trop hautes aux interrasiles [3]. En réalité il ne sait et ne peut savoir quand les tailles de teinte commencèrent ; je les crois justement les plus anciennes, parce que les graveurs au burin que nous voyons dans les Flandres, à Paris, en Bourgogne, un peu partout, qui sont dits *Graveurs*, dont l'un a taillé pour le roi Charles V un plat de reliure vers 1380, sont en somme les mieux préparés pour la confection de l'estampe *criblée*. La Vierge de Santin Eveillard [4] a les plis en boucles, elle est donc d'une époque assez haute, peut-être 1410. Beaucoup d'autres criblés ont les fameux « plis doux » avant les brisures, les « saccades », que les Flamands du XVe siècle

1. Nous avons parlé de ceci au chapitre I, p. 20.
2. Aux nᵒˢ 2513 et 2552.
3. Schreiber, nᵒ 2567. Comment n'a-t-il pas vu le 7 en Λ du Saint Sébastien de Vienne (nᵒ 1684)? L'auteur a d'ailleurs reconnu sa méprise depuis.
4. Cette Vierge est décrite ci-après nᵒ 67 du cat. M. Schreiber a publié la copie de cette planche conservée à Oxford.

imposeront aux draperies. Il est de toute évidence que le *Portement de Croix*, la *Sainte face* reportés, par M. Delaborde à 1406, sont plus rapprochés de ce temps que non pas de la date très basse imposée par M. Schreiber, lequel a surpris ces pièces, dans un texte allemand, à quarante ans de là. Les fonds diaprés, les bordures d'étoffes, les épaulières des bourreaux, les plis souples, les fleurs des terrains nous ramènent aux environs de 1440, plus tôt même si l'on ne songeait qu'à l'original primitif.

Divers points de détermination nous ont conduits à rendre à la Picardie, aux Flandres, à la Bourgogne des tailles de teintes trop visiblement inspirées par l'art français pour être discutables. Une de ces estampes semée de fleurs de lis, avec une inscription française manuscrite et un cachet d'authenticité française, nous a servi à identifier sainte Opportune. C'est le n° 673 du Catalogue de la Réserve. Cette pièce est une gravure éraillée, taillée « en pluie », dit M. Schreiber, ce qui est une expression très juste. C'est la taille de teinte avec ses tons et ses demi-tons surcoupés, aussi habile, aussi définitive que pourrait l'exécuter un graveur d'aujourd'hui. Mais le type de cette sainte avec ses yeux lourds, ses cheveux, arrangés comme ceux de la Vierge, sur la tombe picarde de la collection Rothschild au Louvre, nous présente des caractères trop nets pour n'être pas utilisés dans des rapprochements. Nous avons indiqué ces alliances formelles dans notre Catalogue, nous n'y reviendrons pas ; elles corroborent d'ailleurs mille autres faits démonstratifs. Elles sembleraient donner à Paris et aux Flandres une spécialité dans la *teinte en pluie*. Au contraire les criblés à gros et à petits points, qui font ressembler ces pièces au plumage d'un sansonnet ou d'un râle marouette, tendent à la Bourgogne, à la Franche-Comté et à La Lorraine. Lorsque les orfèvres de la région de l'Est s'essayent à la taille éraillée, ils la pratiquent plus lourdement, témoin les pièces franc-comtoises qu'on dit copiées d'après le maître E. S. Toutefois les « interrasiles criblés » les plus visiblement anciens, tels notre *Saint Christophe*, notre *Catherine d'Alexandrie* et notre *Saint Georges*, sont de la région de l'Est. Le Saint Georges avec sa cuirasse de joute, son aigrette et ses cheveux en bouffons rappelle les jolis seigneurs de la cour du duc Philippe. Les mêmes se voyaient aussi en Lorraine ; c'est donc entre les deux, en tout cas, dans cette partie de la France, qu'il faut chercher l'artiste de ces très anciennes œuvres d'orfèvres, destinées soit à des gaufrages de cuir, soit à des images. Au contraire les tailles « en pluie » ne pouvaient guère convenir qu'à un nielle, ou à un tirage ; c'est une nuance.

Les unes et les autres ont eu les honneurs de l'exportation aussi ; elles paraissent cependant avoir été moins répandues en Allemagne que les bois au trait. On en voit à Munich, telles les *trois saintes* publiées par Soldan sous le n° 93, qui sont d'origine française indiscutable. Quelques-unes ont subi la toilette obligée. Rosenthal possédait une pièce décrite par Schreiber sous le n° 2233, dotée d'un texte manuscrit, et d'un texte xylographique dans le dialecte de Souabe. J'ai dit ailleurs le petit nombre de celles pourvues d'un texte allemand. Celles là sont de Colmar ou des environs, de Montbéliard ou de Bâle. Je citerai aussi la particularité de la suite possédée par Santin Eveillard, dont nous avons parlé déjà, recueillie par lui dans sa fraîcheur, et que nous voyons passer en Allemagne sur le tard où on l'affuble de titres allemands. Plusieurs de ces pièces étaient en 1892 chez Louis Rosenthal à Munich [1].

1. *Katalog von Ludwig Rosenthal* 90, n° 119 (8 planches). Nous en possédons 12. Un des Schrotblätter les plus importants possédés par Rosenthal est le n° 122. Celui-là a une bordure *demi-nébulée* ; ses caractères sont bourguignons-lorrains, et le type des hommes, leurs costumes sont ceux des peintres du duc de Berry vers 1410. Comparez au ms. 5193 de la Bibl. de l'Arsenal où l'on voit des officiers porteurs de *baudelaires* dans le genre du soldat aperçu sur le criblé de Rosenthal.

CHAPITRE VII

DE QUELQUES PIÈCES EN TAILLE SIMPLIFIÉE
LES ESTAMPES DE LIÈGE

C'est encore ici une taille de teinte, car au lieu de champlever rigoureusement un trait dessiné sur le métal doux ou sur le bois, le graveur
opère par larges coupes, ménageant çà et là des traits utiles, sabrant
comme à plaisir et en hâte. A première vue les estampes ainsi produites
ressemblent à des cartes tirées au poncif, mais cette impression disparaît
si l'on se rend mieux compte de l'opération. Les solutions de continuité,
imposées par les liens de raccord des parties évidées sur un poncif
sans lesquels les découpures du milieu tomberaient, ne s'aperçoivent pas
sur les estampes dont nous allons parler. Ce sont incontestablement là
des bois gravés, gravés lourdement, pour la production courante, sans nul
souci d'esthétique ni de charme. Parfois même l'opérateur nerveux fra-
casse une ligne nécessaire ; il la rompt aussi volontairement à intervalles
réguliers, en *maçonnerie*. Au fond ces artistes ne sont-ils pas des charpentiers aux petits fers, de ces menuisiers dont était le Jean Baudet de Dijon ?
Ce qui est certain c'est qu'un nommé Jean *de Liège* travaille à Dijon dans le
xive siècle, et qu'on l'a chargé de tailler, aux armes du Roi de France, le revers
de l'autel de Saint-Jean. L'écu, timbré d'une couronne de taille, décorait un
lambris semé de lettres KK et RR, en « taille de maçonnerie [1] ».

Cette mention antérieure au xve siècle, nous confirme dans la pensée
que les menuisiers pouvaient à la rigueur « chapuiser » une figure sur
un morceau de bois. Si maladroit fût-il, Jean de Liège ne pouvait l'être
plus que ses compatriotes dont nous allons parler, et que personne n'a

---

1. De Laborde, *Les Ducs de Bourgogne*, III, 177, 181, et Dehaisnes, II, 777, 778.

indiqués encore. Mais avant d'en venir à eux, nous devons mentionner un opuscule relatif à la gravure incunable dans le pays liégeois. Ce pays qui a été le centre producteur le plus célèbre du moyen âge, dont les graveurs du xive siècle ont été célébrés en vers [1] ne possède qu'une seule épave de tant d'œuvres éparpillées ; c'est une *Adoration des Mages*, qui nous a valu un livre entier, et les remarques un peu sévères de M. Schreiber (n° 104) [2].

En réalité, l'opposition faite par M. Schreiber à cet ouvrage s'explique par l'argument un peu spécieux d'où l'auteur, M. Wittert, tire des conclusions inattendues. De ce qu'un des rois Mages offre à l'enfant une coupe en forme de corne (Horn en flamand) l'auteur déduit que cette corne est une allusion à l'évêque de Liège, Arnould de Horn, lequel vivait en 1389. Ceci pourrait à la rigueur se soutenir, si toutes les représentations de pareille scène ne comportaient le roi Mage à la corne. Or on le voit partout à Liège, à Bruges chez les Van Eyck, en Picardie, en France pendant plus d'un siècle [3]. Je crois, avec Schreiber, que « la littérature » de M. Wittert l'a entraîné ; pourtant la date ne m'étonne point aussi vivement que le savant auteur du *Manuel*. Je vais soumettre à son appréciation quatre estampes au moins venues en droite ligne de Liège, conservées en France dans un manuscrit de la Bibliothèque d'Arras, depuis passées au Cabinet des Estampes, et sur lesquelles le graveur, par une précaution rare, nous a implicitement écrit une date approximative. Ces images, comme je disais, sont taillées en teinte simplifiée, hâtive, sans aucun art, elles n'en sont pas moins des plus curieuses.

Elles nous montrent d'abord ce qu'étaient les images à Liège, et nous les voyons d'une telle médiocrité que M. Georges Duplessis rédigeant cette partie du catalogue de la Réserve du Cabinet des Estampes, les a formellement attribuées à l'Allemagne. Or les armes de Liège, la colonne surmontée d'une croix, et les armes de

---

1. Luc de Heere. Poème didactique publié et traduit par Delbecq dans le *Bulletin de l'Alliance des Arts*, 1845.

2. Le livre anonyme est de M. Wittert. Il est intitulé « Une gravure de 1389 ». Liège, Hahn, 1878, in-8°, 130 pp. M. Schreiber a vivemement combattu la date ; l'auteur a d'ailleurs fait de sa gravure un simple estampage de cartier, qu'il nomme « l'enluminure à jour ». M. Hymans croit pouvoir attribuer à Liège le *Bon Pasteur* de Breslau dont on a parlé ci-devant au n° XLIX. Je crois que mon éminent confrère n'a pas suffisamment tenu compte de la légende en français.

3. Voir notre n° 156 du Cat. de la Réserve, ci-après cat. n° 3.

La Mark avec chapeau de cardinal ne nous peuvent laisser de doute. L'auteur est Liégeois. Deux sur quatre portent le blason de Liège, une le blason des La Mark et celui de Liège, une celui de Liège seulement. Si nous en croyions Luc de Heere, le poète flamand qui se montre assez précis et affirmatif, l'art de la gravure aurait eu un représentant à Liège au milieu du XIVᵉ siècle, c'était un nommé Hubrecht. Un autre nommé Engilbert vivait à la fin du siècle, contemporain du peintre Cornélis, lequel gravait sur bois pour les cartiers. Ce Cornélis a pour nom Van Ootzanen [1].

Tout ceci est bel et bon, malheureusement, Luc de Heere en *a ouï parler*, et les dates qu'il applique à Van Eyck nous font craindre pour le reste. Toutefois il n'y aurait pas impossibilité absolue à ce que les médiocres pièces que nous allons décrire ne procédassent de gens lointains, précurseurs malhabiles. Qu'on ne voie pas, dans les pseudo-tailles d'ombre, un cas dirimant; ce ne sont pas, en réalité, des tailles d'ombre, mais des effouillements striés, produits naturellement par le genre de gravure. Derschau, l'allemand, nous a conservé une pièce de cette origine, « un saint à l'oratoire [2] », obtenu par des coupes brutales et indisciplinées en plein bois. J'y ajouterais une Vierge de notre Cabinet d'Estampes, estampe singulière, déconcertante, dont l'inscription est donnée en blanc sur noir, dont tout est taillé par le procédé indiqué ci-dessus. Schreiber, qui y croit surprendre des hachures, la reporte à 1450-70. Elle est de beaucoup antérieure; son style flamand la date de cinquante ans avant, au moins [3], on y pourra joindre aussi la *Nativité*, nº 152 du Catalogue de la Réserve [4].

Les quatre estampes de Liège avec armoiries, nous sont venues du Bréviaire dit de Béthune, nº 874 de la Bibliothèque d'Arras. Ce manuscrit renfermait 120 estampes diverses dont les plus anciennes sont celles dont nous nous occupons, dont les plus modernes datent des petits maîtres français et allemands du XVIᵉ. Le ou les collecteurs avaient donc acheté des pièces anciennes pour les joindre aux autres, et la preuve c'est que, dans l'ordre des insinuations aux feuillets du registre, les quatre images en question arrivent dans les dernières, fᵒˢ 218, 219, 291, 316.

1. Luc de Heere, *ouv. cit.* Les déterminations de dates ont été données par Delbecq ; nous n'avons pas confiance absolue.
2. Derschau A. 12.
3. Voir catalogue de la Réserve, 359, et Schreiber 1044. Ci-après nº 63.
4. Schreiber, nº 78. Ci-après cat. nº 2.

On pourrait en inférer que ces estampes, produits de la plus basse industrie cartière, datent du commencement du xvie siècle. Les armes de La Mark ne s'y opposeraient pas, la forme du chapeau cardinalice concorderait. Certains caractères répugnent à cette idée ; le buste du Saint Lambert est trop formellement des temps antérieurs pour être reporté, sans contestation, au temps d'Érard de la Mark, évêque de Liège et cardinal en 1520.

Précisons les faits.

Une figure de saint Barthélemy catalogué, sous le n° 439 du Catalogue de la Réserve, porte, à gauche, des armoiries timbrées d'un chapeau de cardinal : une fasce échiquetée de trois traits au lion issant, qui sont La Mark, descendants des comtes d'Altène, comme les Clèves. Les La Mark qui nous donneront « le Jeune Adventureux » dans le xvie siècle, les ducs de Bouillon, et d'où viendra un peu notre grand Turenne, sont les plus puissants seigneurs de ces contrées. L'un d'eux, Adolphe de La Mark, sorte de chevalier mitré, devint évêque de Liège, il fut cardinal. Sa vie fut des plus tourmentées, il mourut à 56 ans en 1344.

Pour retrouver un cardinal de La Mark, nous devrons sauter près de deux siècles, de 1344 à 1520, où nous verrons Érard, évêque de Liège en 1506, devenir évêque de Chartres, puis cardinal. D'un autre côté, les armes de Liège faisant vis-à-vis à celles de La Mark, nous contraignent à chercher la raison du chapeau rouge parmi les membres de cette famille.

Lorsque le batailleur Adolphe était mort, son neveu Engilbert était à Avignon auprès du pape ; il était dit « Prévôt de Liège ». Clément VI le créa évêque aussitôt, et le nomma successeur de son oncle. Il fut consacré à l'abbaye du val Saint-Lambert à Liège, le 17 décembre 1345. A partir de ce moment Engilbert continua l'existence séculière de son oncle, se battit avec les Liégeois, vécut assez vilainement et finit archevêque de Cologne en remplacement de son neveu Adolphe, alors titulaire de cette place, lequel venait de se marier ! Là Engilbert se fit préparer un tombeau, dilapida le trésor, et mourut à Brühl en 1368.

Jamais il n'avait été cardinal, le chapeau rouge ne devait donc pas s'appliquer à lui. Cependant ne fit-il pas comme certain évêque français qui, sur des paroles de politesse de la part du pape, se fit peindre en cardinal sur des vitraux et mourut avant d'avoir été créé [1] ?

---

1. Il se nommait Charles Villiers de l'Isle Adam, évêque de Beauvais, mort en 1535. Il était l'oncle du connétable Anne de Montmorency. Ce vitrail le montre, en habit de car-

Une certitude, c'est que le neveu Jean, archidiacre de Liège, et l'arrière-neveu Jean, archidiacre de Hainaut, tous deux vivants au xve siècle, ne peuvent être invoqués ici à propos du chapeau rouge; ni l'un ni l'autre ne furent cardinaux.

J'imaginerais assez volontiers que l'archidiacre de Liège, très fier d'avoir eu pour parent Adolphe, cardinal évêque, mort en 1344, aurait, par un sentiment de vanité, ordonné des images ainsi timbrées. Je livre cette explication pour ce qu'elle vaut, mais il semble bien qu'Érard de La Mark, cardinal en 1520, doit être écarté. Ces estampes ne sont point de l'art du xvie siècle, même chez les plus infimes cartiers. Le style des figures, qu'on devine assez bien dessinées, est du xve et encore plutôt du commencement que de la fin. Toutefois, il faut reconnaître que l'écu de La Mark timbré du chapeau rouge est de la forme adoptée plus tard. Les cordons en sont arrangés en cordelières, ce qui n'apparaît guère qu'à la fin du xve siècle [1]. N'y aurait-il pas eu insinuation de cet écu sur la planche au temps du Cardinal Érard, ou même estampillage, comme à Tegernsee pour le *Christ en croix* ? Il est difficile de conclure.

Voici la description de ces pièces, un peu plus détaillée que ne la fournit le Catalogue de la Réserve, t. I.

1° *Saint Barthélemy*, n° 439 du cat., ci-devant au folio 218 du Bréviaire de Béthune, ci-après cat. n° 85.

C'est sur cette pièce que nous voyons à gauche les armes de La Mark et le chapeau de cardinal, et à droite les armes de Liège. Ces armes ne sont pas identifiées par M. G. Duplessis. Le saint, de stature très courte est debout tenant un coutelas, devant une muraille à hauteur d'appui obtenue par la taille de teinte, et « maçonnée ». Ses cheveux, sa barbe, et en général tous les travaux sont en *blanc sur noir*, c'est-à-dire en teinte. Ce moyen rudimentaire donne à ces estampes une expression de rudesse singulière. Il y a un abîme entre ces artisans médiocres et bornés, et les graveurs du *Saint Bénigne* ou du *Jardin des oliviers*.

dinal dans l'église de Montmorency (Voir Dép. des Estampes Pe 5, fol. 57). Or il ne fut jamais cardinal.

1. Je signale un tableau, attribué à Roger de La Pasture, et qui figurait à l'Exposition de Bruges, en juin-septembre 1902. Cette œuvre appartient à M. E. P. Morreel de Londres; on y voit représenté Jérôme de Buysleden en chanoine. On aperçoit en arrière du personnage, sur un vitrail, des armoiries timbrées d'un chapeau de cardinal avec floches et cordelières entrelacées, comme sont celles de nos armoiries. Le panneau est du milieu du xve siècle. (N° 101 du *Catalogue* de la Première section. Bruges, Desclée De Brouwer et Cie, 1902, in-4°.)

2° *Saint Jacques le Majeur* (Saint Thomas du cat. de la Réserve, n° 578), ci-devant fol. 219 du Bréviaire de Béthune, ci-après cat. n° 126.

Cette pièce, taillée avec plus de dureté encore que la précédente, témoigne cependant d'un dessin assez bon. Les terrains, le manteau du saint sont engougés avec une brutalité peu croyable. N'étaient certaines raisons péremptoires, on estimerait ces traits produits dans un métal, *à jour*, et servant de poncif [1]. Les armes de Liège sont presque illisibles; cette image et la précédente doivent sortir du même atelier monastique de confection d'image dans le xve siècle.

3° *Buste de saint Lambert*, n° 528 du Catalogue. Ci-devant, fol 291 du Bréviaire de Béthune, ci-après cat. n° 118.

Ce buste de saint Lambert paraît être la reproduction intégrale du buste reliquaire conservé à Saint-Lambert de Liège. Le superhuméral crénelé est bien celui du reliquaire en question, et il est assez rare dans les costumes ecclésiastiques pour que celui-ci nous renseigne absolument. Les armes de La Mark aperçues, sont très vagues, et difficilement identifiées; mais après longues vérifications, je n'ai plus de doute aujourd'hui. Elles n'ont, en tout cas, ni le chapeau, ni la cordelière. Peut-être ce reliquaire fut-il un don du cardinal Adolphe; auquel cas toute notre imagerie s'expliquerait par une fabrication ultérieure dans les ateliers de l'abbaye Saint-Lambert, laquelle eût précieusement conservé le chapeau rouge en l'honneur d'un donateur généreux. J'ai parlé du superhuméral, ou rational; sa forme est essentiellement du xive siècle comme on s'en convaincra en comparant cette partie d'habillement aux habits civils du ms. 2813 à la Bibl. Nationale.

4° *Saint Léonard*, n° 534 du catalogue, ci-devant fol. 316 du Bréviaire de Béthune, ci-après cat. n° 119.

Pièce identique aux précédentes pour le travail de gravure, mais ne portant pas d'armoiries. Le culte de saint Léonard était très en honneur à Liège dans le moyen âge.

Je l'ai dit, ce sont là des œuvres très peu séduisantes, dont tout l'intérêt réside dans la signature, Liège et La Mark. Elles sont, avec la pièce de Saint-Claude, la tête de Christ de Montbéliard, le Bois Protat, le *Calvaire* de Gand, les rarissimes incunables dont l'origine ne peut guère être contestée. De plus, elles nous offrent des spécimens à peu près uniques

---

1. M. Wittert qui s'est trouvé à Liège en présence d'une pièce de ce genre, y voit un poncif et en décrit l'opération. *Une grav. de 1389*, ouv. cité.

de taille en large teinte de simplification, au contraire de leurs congé-
nères. C'est la raison qui nous a poussé à leur faire une place à part, tout
en souhaitant que leur publication en suscite d'autres, jusqu'à ce jour
réputées indignes d'intérêt, à cause de leur misérable apparence.

Elles sont entrées au Cabinet des Estampes, le 21 avril 1887, par
échange avec la Bibliothèque d'Arras (nº 920 du registre des échanges) en
compagnie des 118 autres dont nous avons déjà parlé, et dont la plupart
sont connues ; 69 cependant avaient échappé aux recherches de Bartsch,
de Passavant et de Schreiber [1].

1. J'ajouterai ici que, pour moi, la planche xiv du t. VI de Schreiber est de cette
origine, gravée à Liège, d'après un bel original flamand. M. Schreiber, nº 1200, ne discute
pas cette pièce qu'il dit gravée par un cartier. Ceci revient à ce que je disais, mais la date
1480 est trop basse. Les traits d'ombre que nous voyons sont des teintes facilement
obtenues, et point de tailles longuement travaillées. Je rappelle que la collection Derschau
(A 12) en contient une aussi, que le Catalogue nº 90 de Rosenthal en reproduit une autre
encore, un *Saint Antoine*, sous le nº 74.

CHAPITRE VIII

ORIGINE DES PIÈCES INCUNABLES DU CABINET DES ESTAMPES

Nous l'avons dit, la plupart des incunables xylographiques du Département des Estampes proviennent de la cession faite par M. Michel Hennin
dans le courant des années 1832 et 1839. M. Hennin avait offert à la Bibliothèque soit une acquisition, soit un échange; on s'arrêta à une acquisition.
L'échange ultérieur porta sur d'autres pièces. Le Cabinet avait alors pour
directeur M. Thévenin, conservateur, ancien directeur de l'École de France
à Rome, et pour premier bibliothécaire M. Duchesne aîné, le seul des fonc-
tionnaires du Département dont les connaissances spéciales pussent appré-
cier l'importance de la proposition Hennin. Sur la question des estampes
primitives, ou mieux des xylographes, le Cabinet était relativement pauvre;
il n'avait point eu l'apport d'une abbaye conservatrice, comme Mondsee
ou Tegernsee. Nous avons dit le peu d'état que nos moines avaient toujours fait de l'imagerie, car, sauf le cas isolé de Santin Eveillard, aucun
des innombrables manuscrits de notre riche dépôt ne renfermait d'estampes
en nombre [1]. Nous avons parlé des *Neuf Preux* collés dans l'*Armorial* du
héraut Berry, on citerait peut-être un ou deux autres cas isolés, mais les
pièces en suite, comme celles du manuscrit de Santin Eveillard, toutes
produites au même lieu, acquises en un même endroit, ne se sont rencontrées qu'une fois pour la France.

Nous fussions restés le Cabinet d'estampes le plus pauvre dans cette
spécialité, sans l'heureuse intervention de M. Hennin. Celui-ci avait laissé
des notes sur chacune de ses estampes; par malheur, ces papiers, jugés
inutiles alors, disparurent, il ne demeura que le rapport de M. Duchesne
aîné, et quelques notes éparses. Nous savons que l'une de ces estampes

1. Voir cat. de la Rés., n° 199, ci-après n° 7 du prés. cat.

fut rencontrée à Lyon dans un manuscrit français; c'est un cas presque unique dans l'espèce. Mais si l'on inférait que beaucoup d'entre elles viennent de Bavière, je répondrais que la suite des douze apôtres [1] cédée par Hennin en 1832 et munie d'une lettre française, serait une singulière preuve dans l'hypothèse d'une provenance bavaroise en bloc.

Voici dans sa substance le rapport adressé par M. Duchesne au nom du conservateur des Estampes pour demander au Ministre compétent l'autorisation de traiter avec M. Hennin [2].

RAPPORT DUCHESNE, 1832.

« La collection d'Estampes anciennes proposée par M. Hénin (*sic*) se « compose de :

193 pièces montant à la somme de . . . . 2.174 fr.

Il a été rejeté :

5 comme doubles 80
8 comme d'un prix trop élevé relativement à leur état ou à leur
    curiosité, montant à 464
49 comme peu intéressantes, montant à 144
——   ——
62   688 fr.

On propose d'acquérir un choix composé de :

8 en cuivre par le maître de 1466 ou autres . . . . 255 fr.
1 Saint Christophe sur bois (?) par Bernard Milnet auteur du Saint
    Bernard avec la date de 1455 (*sic*) (1454) 50
45 sur bois et coloriées appartenant à la première moitié du xvᵉ siècle. 431
11 sur bois, et d'un travail ayant beaucoup de rapport avec celui
    de Milnet 135
58 sur bois et coloriées de la fin du xvᵉ siècle 477
8 sur bois et coloriées du commencement du xviᵉ siècle 138
——   ——
131   1.486 fr.

---

1. Voir ci-après, n° 77.

2. *Archives du Département des Estampes*, année 1832. En général les pièces acquises en Bavière par Hennin sont indiquées au registre des acquisitions 1832 et 1839 sous la mention : *par un ancien graveur allemand*. Trouvées en Allemagne, elles ne pouvaient donc être qu'allemandes. Il y en a juste 6, les nᵒˢ 145, 146 (1832) et 2893, 2896, 2900, 2963 (pour 1839). Le Saint *Bénigne* 2900 est donc de provenance allemande, mais je crois à une confusion, comme je l'ai dit ci-devant.

« Cette acquisition offre plusieurs motifs du plus haut intérêt puisque,
« pour une somme de 1400 fr. environ :

1º On complète l'œuvre du Maître de 1466 en y ajoutant quatre pièces
« dont une est de la plus grande beauté, et de la plus étonnante conser-
« vation.

2º On acquerra une pièce de Bernard Milnet dont il ne se trouve
« qu'une seule pièce connue ailleurs qu'à la Bibliothèqué de Paris [1].

3º Le Cabinet des Estampes n'ayant que *quatre* gravures sur bois du
« commencement du xvᵉ siècle, il se trouverait par là, au-dessus du Cabi-
« net de Munich, *maintenant le plus riche dans ce genre* [2]. Il n'est pas néces-
« saire de rappeler que les essais xylographiques sont tellement rares que
« cette occasion passée, on pourrait à peine espérer d'en retrouver quelques
« pièces éparses et à des temps très éloignés. Les pièces de cette nature
« ne se trouvent que collées intérieurement sur la couverture d'anciens
« manuscrits reliés en bois ; par cette raison il est difficile de les ravoir,
« et souvent elles sont très détériorées par les mangeûres de vers. »

Le registre des acquisitions du Département des Estampes au 1ᵉʳ janvier 1832, renferme sous les nᵒˢ 128-178, l'acquisition d'une partie des
Estampes en question. Certaines pièces sont en lot de 3 ou de 4, ce qui
explique comment les 131 pièces sont contenues en 50 numéros.

Parmi ces numéros,

Les Numéros

133 *La Vierge debout* tenant l'enfant Jésus (Vierge de Lyon. Cat. de la Rés.
nº 360).

136 *Saint Christophe* attribué à Bernard Milnet (Cat. de la Rés. nº 11.656).

148 *Jésus-Christ au Jardin des Olives* avec ses apôtres endormis. Ancienne
gravure sur bois collée en plein sur une couverture de livre (Cat. de
la Rés. nº 205).

160 *Le Christ portant sa croix.* (Cat. de la Rés. nº 251).

166 *Flagellation de Jésus-Christ.* (Cat. de la Rés. nº 229).

167 *Les douze Apôtres.* (Cat. de la Rés. nº 418).

(Les quatre pièces du Maître de 1466 étaient le Sauveur du Monde, la Vierge
au sceptre, l'anachorète « à qui on apporte à manger » et un Calvaire.)

Le 30 août 1839, nouvelle acquisition noyée dans diverses choses achetées à M. Hennin.

1. M. Duchesne tenait beaucoup à Bernard Milnet. C'est lui qui avait obtenu de M. Hill
une épreuve de la Vierge copiée d'après l'original de Lord Spencer. Voir ce qui en est dit
ci-devant au chap. VI, et ci-après nº 60 du cat.

2. Depuis la sécularisation de Tegernsee en 1803.

A partir du n° 2894 et surtout de 2900 commencent les pièces incunables.

Le 2900 est le *Saint Bénigne* (cat. de la Rés. 446).
Le 2901 *Le Portement de Croix* (cat. de la Rés. 252).
Le n° 2905. Diverses pièces, entre autres, la *Nativité* (cat. de la Rés. 151).
Le 2920 *Le Calvaire* (cat. de la Rés. 283).

J'abrège. J'ai d'ailleurs donné ces références à la fin des notices de mon catalogue.

Dans les classements du Cabinet, la plupart des pièces, acquises en 1832, ont été reliées dans l'album de maroquin citron portant la cote Ea 5.

Celles de 1839 dans le recueil Ea 16.

Les indications de ces cotes sont données, après chaque description de pièce, dans le catalogue de la Réserve; nous n'avons pas cru devoir les répéter dans le nôtre.

M. Hennin a été prodigue de renseignements sur l'origine de certaines pièces; pour celles-ci sa discrétion est singulière. Les traditions orales du Cabinet des Estampes sont que la plupart ont été trouvées dans la région comprise entre Lyon et Dijon; plusieurs en Suisse, quelques-unes en Bavière. Certains renseignements oraux fournis à ce sujet par M. Hennin lui-même, ont été publiés pour la *Vierge de Lyon* dans Seré et Lacroix, *Le moyen âge et la Renaissance*, t. V.

M. Michel Hennin était né à Genève, de parents français, en 1777. Dans l'année 1809 il avait été nommé receveur général des pays conquis par l'armée d'Italie. Il fut créé chevalier de la couronne de fer, et proposé pour trésorier de l'ordre. Attaché au prince Eugène, vice-roi d'Italie, il refusa la place de trésorier de la couronne que Napoléon Ier lui avait fait offrir, et resta en Italie. Après 1815 il suivit le prince en Bavière et se fixa à Munich. Il fut créé chambellan; le prince Eugène le nomma ensuite son exécuteur testamentaire, et lui donna une place dans le conseil de tutelle de ses enfants. Après la mort d'Eugène, M. Hennin revint en France et s'y établit définitivement (1824).

Il avait autrefois trouvé dans la maison de son père un choix de livres et d'estampes dont il profita largement, et qui contribuèrent à lui donner le goût des recherches iconographiques. Sur ce point, il fut un précurseur de génie. Il devina, sous la pièce modeste, parfois détériorée, le document utile aux discussions. Lorsqu'il en avait consenti la cession, c'était moins une vente pure et simple, qu'un échange qu'il souhaitait réaliser. Ses goûts étaient orientés vers d'autres études et ce qu'il espérait obtenir du Cabinet des Estampes eût servi mieux ses recherches que des incunables dont il savait l'importance, dont il connaissait l'énorme valeur documentaire, mais dont il se déclarait incapable de tirer l'enseignement utile. C'est M. Michel Hennin qui, en mourant, léguait à notre Cabinet de Paris les pièces rarissimes de l'histoire de France, presque toutes réunies à l'étranger, et apportant à nos séries l'élément nouveau de documents hostiles ou critiques dont nous ne possédions que de rares spécimens. Il mourut le 29 décembre 1863, âgé de 86 ans, à Paris, rue des Martyrs [1].

Il faut savoir gré à M. Duchesne aîné, lui aussi plutôt incliné vers les études relatives à l'art italien, d'avoir tenu la main à ce que cette acquisition (1832-1839) eût lieu, et qu'on y consacrât la somme relativement élevée de 1486 francs. Comme le disait M. Duchesne dans son *rapport*, une pareille acquisition eût été impossible dans la suite. A partir de ce moment le Département des Estampes n'a pas recueilli plus de vingt estampes de ce genre, et encore peu de celles-ci offrent aux travailleurs des éléments de critique comparables à ceux rencontrés dans le lot cédé par M. Hennin, si on en excepte le *Saint Claude*, les épreuves du *Bois Prolat*, les *Cartes* de Jean de Dale, le *Chemin de croix* provenant de Piot, et surtout l'admirable *Vie du Christ* gravée par l'artiste des *Heures* de Simon Vostre, qui est venue se joindre tout récemment aux autres incunables du Cabinet de Paris [2].

1. Georges Duplessis, *Inventaire de la collection d'estampes relatives à l'Histoire de France, léguée en 1863 à la Bibl. Nationale par M. Michel Hennin*. Paris, 6 vol. in-8°. T. I, p. II de l'*Introduction*.

2. Cette pièce de dimensions extraordinaires a été trouvée à Lyon par M. Sewytz qui l'a cédée au Département des Estampes. Le coloriage est un chef-d'œuvre d'habileté et de goût. Malheureusement nos planches étaient tirées antérieurement à l'acquisition ; l'estampe ne figurera donc pas dans notre ouvrage.

CATALOGUE

Avis. — Le catalogue suivant note fort exactement les références et les numérotations de Schreiber ; c'est pourquoi on a jugé inutile de répéter les dimensions données par lui. Les reproductions de l'album sont d'ailleurs *strictement de grandeur égale aux originaux*. Nous avons joint à la numérotation de Schreiber celle du Catalogue de la Réserve du Département des Estampes rédigé, pour cette partie, par M. Georges Duplessis, et publié par M. Courboin. Les renvois de pièce à pièce sont souvent faits d'après les numéros du Catalogue de la Réserve ; lorsque nous renvoyons à notre classification spéciale, nous l'indiquons ainsi (n°... du présent catalogue). Les autres mentions de chiffres se rapportent au Catalogue de la Réserve.

C. signifie Courboin (catal. de la Réserve).
S.   —   Schreiber (*Manuel*, 3 vol. in-8°).

Si nous avons changé les attributions de MM. Duplessis, Courboin ou Schreiber nous en donnons toujours les raisons critiques.
On a joint, aux estampes conservées dans le Cabinet de Paris, diverses pièces tabellaires conservées aux Départements des manuscrits et des imprimés à la Bibliothèque nationale.

1. — *La Nativité.*

C. 151. — S. 64.

(Lorraine, vers 1430.) Cette pièce, dont M. Schreiber n'a donné qu'une description, sans beaucoup s'arrêter à ses origines, nous paraît se rapporter à toute une école lorraine dont les caractères principaux se trouvent groupés dans le manuscrit de la *Vie de saint Clément*, n° 5227 à la Bibliothèque de l'Arsenal de Paris. L'auteur de ces miniatures a travaillé à Metz en 1403, comme l'indique le texte français de la série des figures consacrées par lui à la vie de saint Clément. Plus tard (en 1411), il fera les dessins d'une Bible aujourd'hui au Cabinet de Berlin où elle est connue sous le nom de Bible de Toggenburg. M. Jaro Springer a parlé de cette dernière qu'il donne judicieusement à la France, mais il n'a pas connu le manuscrit de l'Arsenal plus curieux encore. Nous aurons occasion de reparler du dessinateur de ce manuscrit aux n°s 8, 22, 51, 52, 178 du présent catalogue; la *Nativité* que voici, procède sensiblement de ce dessinateur un peu lâché dans son dessin, mais qui est l'artiste le plus naturaliste, le plus formellement français et ironiste de la fin du XIVe siècle. L'influence du « Maître de la vie de saint Clément » est surtout marquée dans les figures, dont l'anthropométrie est courte, dans le terrain à fleurs rares, la claie de clôture, l'étable à toit et l'auge où mangent l'âne et le bœuf. Le paysage rappelle aussi ceux de l'artiste en question. Le saint Joseph est de la descendance directe de certains personnages du manuscrit; quant à la Vierge on pourra comparer ses cheveux ondulés avec ceux de *la Mise au tombeau* (n° 51 ci-après). Bien que la gravure de cette pièce soit, par les plis brisés et par son assurance, postérieure à la date du *Saint Clément* (1403), nous ne saurions la ramener en arrière plus loin que 1430. M. Schreiber disait 1450 date extrême, ce qui ne paraît pas possible; ses remarques sont pour le n° 184 (ci-après n° 8 du présent catalogue).

Impression au frotton à l'encre brune. Transparences. Écart des pontuseaux du papier, 4 cent.
(Voir Schreiber, n°s 64 et 184.)
Acquise de M. Hennin en 1839.

2. — *La Nativité.*

C. 152. — S. 78.

(LIÈGE, vers 1420.) Petite pièce fort curieuse taillée en teinte, dans le toit et les cheveux de la Vierge, comme les pièces de Liège que nous connaissons. Dessin flamand d'origine, dont le thème se rapproche sensiblement du n° 1 ci-devant (n° 64 de Schreiber). Sans les plis un peu brisés du manteau de la Vierge on pourrait croire à un travail plus ancien.

Papier léger, sans filigrane. Transparences de l'impression au frotton à l'encre noire.
Coloriage : rouge brun, jaune, vert, minium.
(Voir Schreiber, n° 78 et *Introduct.*, p. 173 et suiv.)
Acquise en 1839 de M. Hennin.

3. — *La Nativité et les Rois mages.*

C. 156. — S. 2208.

(FLANDRES, 1440.) Petite pièce taillée en teinte éraillée que M. Schreiber a placée dans ses « Interrasiles ». La bordure n'est pas indépendante du sujet. Le caractère du personnage, agenouillé sur le premier plan, rappelle étrangement les figurines françaises ou bourguignonnes du règne de Charles VI. A remarquer le vase en forme de corne que l'un des rois mages offre à l'enfant; c'est une preuve contre la théorie développée par M. Wittert dans son livre : *Une gravure de 1389* (Liège, in-8°). La haie en treillis est aussi une indication utile en faveur de notre attribution. Il se pourrait d'ailleurs que le sujet eût été inventé par un artiste picard.

Impression forte, transparence nulle. Papier fin.
Coloriage : rouge, jaune.
(Voir Schreiber, n° 2208 et 2775.)
Acquise de Leblanc en 1842, dans un lot de 10 pièces diverses.

4. — *Le massacre des Innocents.*

C. (omis). — S. 125.

(FLANDRE-BOURGOGNE, 1440.) M. Schreiber indique la Franconie comme le lieu d'origine probable; nous ferons simplement remarquer le siège flamand, venu de

Beauneveu et de Jean de Bruges, sur lequel est assis Hérode, l'habillement bourguignon des hommes, et les extraordinaires rapports entre cette petite pièce et celles des manuscrits du duc Philippe de Bourgogne. L'art en est d'ailleurs fort rapproché du célèbre *Saint Sébastien* de Vienne portant une légende allemande et la date 1437. Ce bois est de ceux que les imprimeurs d'outre-Rhin nous emprunteront ultérieurement pour les insinuer dans leurs publications. Comme l'opinion qui a prévalu jusqu'à ce jour attribue la taille de ces vignettes aux imprimeurs, on s'est habitué à leur conférer des dates assez basses. Or, la plupart de ces pièces avaient été gravées vingt ou trente ans auparavant, loin du pays où on les employait. Ainsi s'expliquent l'absence de taille d'ombre, l'allure des personnages, et tous les caractères d'ancienneté qu'on était contraint d'admettre et d'attribuer à des persistances de pratique peu en rapport avec les usages de ces temps. Ces remarques s'appliquent aux nᵒˢ 10, 17, 18, 20, 31 du présent catalogue et à quantité d'autres.

Impression sur papier mince sans filigrane.
Coloriage rouge, brun, jaune pâle.
Acquise en 1839 de M. Hennin, sous le nᵒ 2923.

5. — *La Présentation.*

C. 160. — S. 117.

(Bourgogne, 1400-10.) M. Schreiber assigne la Haute-Allemagne comme origine à cette petite pièce, et la date 1430-50. Les raisons invoquées par nous en faveur de la Bourgogne sont développées au nᵒ 15 du présent catalogue, et dans notre *Introduction* ci-devant, p. 145, nᵒ XXI, sur les incunables du Dᵗ des Estampes. On peut comparer d'ailleurs le Saint Joseph de la présente estampe au *Saint Christophe*, nᵒ 91 de notre catalogue ; l'ermite aperçu à droite est fort rapproché comme allure et comme style général. Les enfants Jésus des deux pièces ont les cheveux taillés en globules et le même nimbe. Peut-être cependant la *Présentation* est-elle plus ancienne ; elle devait faire partie d'une suite. Voir les nᵒˢ 27 (C. 253) et 54 (C. 333) de notre catalogue. Le nᵒ 54 nous offre un ange dont les cheveux sont taillés en globules.

Impression à l'encre brune au frotton, sans transparences.
Coloriage : jaune, rouge, noisette.
(Voir Schreiber, nᵒ 147.)
Acquise en 1839 de M. Hennin.

6. — *Images d'une Bible.*

(C. 165, etc.)

(Flandres, 1440.) Suite curieuse de figures flamandes inconnues à M. Schreiber, et qui nous montrent l'usage que les possesseurs de manuscrits faisaient des estampes en suite. Elles sont collées pour remplacer les miniatures dans un manuscrit de 1463 en langue flamande, provenant de Tongres, comme l'a indiqué M. Louis Paris de la Bibliothèque de Bruxelles. Le manuscrit porte la cote Ea 6. Les images sont ornées de rinceaux à la main ; elles sont donc antérieures à l'exécution du manuscrit. Toutes sont de même style, le style flamand, à carreaux de pavage, et ont été gravées dans le même atelier comme celles de la suite (ci-après n° 7). Elles ont été placées arbitrairement dans le livre, sans ordre logique. Toutes sont taillées en manière éraillée, mêlée au criblé très fin.

    1. Adam et Ève (fol. 7). — C. (omis)
    2. Circoncision (fol. 32). — C. 165
    3. Entrée à Jérusalem (fol. 85). — C. 192
    4. Crucifixion (fol. 98). — C. 288
    5. Résurrection (fol. 114). — C. 316
    6. Ascension (fol. 131). — C. 321
    7. Pentecôte (fol. 136). — C. 324
    8. Cène (fol. 140). — C. 193
    9. Visitation (fol. 184). — C. 343
   10. Christ Jardinier (fol. 197). — C. 317.

Impression au frotton, encre noire.
Coloriage : jaune, vert-bouteille, brun.
Acquise en 1860.

7. — *Passion* (suite de 12 pièces).
(C. 199, etc.)

(FLANDRE-BOURGUIGNONNE ou BOURGOGNE, 1445-50.) Cette suite a été imitée pour deux sujets, la *Cène* et la *Pentecôte* de la suite précédente, elle est d'ailleurs d'un art inférieur, mais de même style. Ces douze figures ont été trouvées au Déparᵗ des Manuscrits de la Bibliothèque nationale dans le manuscrit lat. 6244 a., autrefois copié à Florence, rapporté en France par le chancelier de l'Église de Tours, Santin Éveillard, qui y fit coller les images dans le xvᵉ siècle. Ces pièces sont uniformément de 0,058 de haut sur 0,043 de large. Comme nous y apercevons la fleur de lis, les armures bourguignonnes du commencement du xvᵉ siècle, les pavements, la gueule d'Enfer, quelques criblés dans les terrains, nous sommes fondés à donner la Flandre ou la Bourgogne comme lieu d'origine. Comparez ces estampes à celles du graveur au burin dit « du Saint Érasme » et la suite identique décrite au n° 58.

    1. La Cène. — C. 199. — S. 2247
    2. Jardin des oliviers. — C. 216. — S. 2237
    3. Baiser de Judas. — C. 206. — S. 2257
    4. Jésus devant Pilate. — C. 249. — S. 2376
    5. Jésus devant Hérode. — C. 220. — S. 2270

6. Jésus fouetté. — C. 231. — S. 2285
7. Couronnement d'épines. — C. 236. — S. 2292
8. Portement de croix. — C. 255. — S. 2308
9. Calvaire. — C. 276. — S. 2328
10. Pietà. — C. 304. — S. 2360.
11. Descente aux limbes. — C. 311. — S. 2427
12. Pentecôte. — C. 323. — S. 2403.

Taille de teinte éraillée et criblée.
Coloriage : jaune, brun.
Entrée au Cabinet des Estampes en 1867.

8. — *Le Jardin des oliviers.*

C. 204. — S. 184.

(LORRAINE, 1430.) M. Schreiber indique la Haute-Allemagne à propos de cette pièce, ce qui s'entend des imagiers de Souabe, de Suisse ou de la région. Le nimbe bombé du Christ exprime davantage l'influence flamande-messine. Les plis en crochets, le terrain, les arbres, les nébules de l'ange, et surtout le treillis de la clôture disent la Lorraine du maître de la *Vie de saint Clément* (Bibl. de l'Arsenal, n° 5227) ; remarquez les analogies, dans les figures, avec Martin Schongauer (*Passav.*, n° 118, et Bartsch, 9). La croix du calice est d'ailleurs un signe favorable à cette opinion. La pièce est de premier ordre comme importance, et comme habileté de pratique ; elle est fort voisine des *Preux* de Metz, conservés à la Bibliothèque de cette ville. M. Schreiber donne 1430-50 comme date, c'est vraisemblablement plutôt 1430 que 1450 (voir ci-devant n° 1 du présent catalogue).

Impression à l'encre noire, probablement postérieure à la taille de la gravure.
Coloriage : brun gris, laque rouge, brun, vert, jaune.
(Voir Schreiber, n° 184.)
Acquise en 1839 de M. Hennin.

9. — *Jésus au jardin des oliviers.*

C. 205. — S. 185.

(BOURGOGNE, 1390-1400.) M. Schreiber décrit cette pièce, mais il ne fournit aucune des indications utiles (voir ce qui a été dit de cette estampe capitale au n° I du chap. V, *Introduction*).

Impression au frotton, sur papier à larges pontuseaux, sans filigranes. Transparence absolue.
Coloriage brun clair, jaune, gris clair.
Provient de Hennin en 1839, n° 2515 (mais ce n° doit être erroné).

10. — *Le Jardin des oliviers.*

C. 207. — Néant.

(Flandre-Bourgogne, 1440.) 1. Pièce d'une suite d'images probablement tirées sur la même feuille et découpées, dont font partie le n° 4 *Massacre des Innocents*, (omis par Courboin ; S. 125), et le n° 263 ci-après. Cette pièce n'est pas sans analogie avec le n° 204, par la disposition de la scène, et le nimbe qui paraît bombé. Pas de tailles d'ombres, mais plis brisés.

Impression sur papier mince avec trace de filigrane illisible.
Coloriage : jaune pâle, vert.

2. Au verso, une autre scène du *Jardin des oliviers* dans le même style. Le Christ est tourné à droite, de profil, il prononce les mots de faiblesse, car il étend la main gauche contre le calice. Les apôtres dorment dans un ressaut de terrain. En arrière, une porte de jardin et le treillis. Ces deux estampes adossées et représentant la même scène dans des donnés différentes, montrent que les éditeurs avaient en leur possession un jeu de clichés divers. (Non décrite.)

Même coloriage.
Acquise en 1839 de M. Hennin.

11. — *Le Christ au Jardin des oliviers.*

C. 211. — S. 2243.

(Flandre-Bourgogne, 1440.) Cette pièce fait partie de la suite de la *Passion* que Schreiber étudie au n° 2500 et qui passa en Allemagne vers la fin du siècle pour y recevoir une lettre allemande, ou mieux, servir à l'illustration d'un livre publié en Bavière. Nous avons d'ailleurs un exemple curieux de ces voyages de clichés, ci-après n° 117 a. Les caractères bourguignons de cette pièce sont : le clos, le nimbe du Christ, le passage en escalier ou « eschalier » pour sortir de l'enclos, le terrain, les herbages, le double semis de points de la robe (voir les remarques au n° 28 ci-après). Le ciel est étoilé.

Tailles en teinte. Sans couleur.
(Voir Schreiber, n° 2243.)
Acquise en 1832 de M. Hennin ?

12. — *Le baiser de Judas.*

C. 212. — S. 2256.

(France, 1460-70.) Petite pièce que les costumes et les armures de caractère français, l'enclos en treillis, les gros boutons d'un des bourreaux nous font donner à la France, dans la deuxième moitié du xve siècle (voir n° 258, n° 29 du présent catal.).

Taille de teinte sans criblé.
Pas de coloriage.
Acquise en 1832.

13. — *Arrestation de Jésus.*

C. 215. — S. 2252.

(Suisse ou Colmar, vers 1450.) Le style de cette pièce est assez ancien, bien que M. Schreiber la reporte à 1475, et la dise un travail grossier. Le nimbe du Christ est bombé, la robe est semée d'étoiles, les tuniques ont des bordures; un drapeau porte des caractères sans signification comme en met Fouquet dans ses travaux de peinture. Comparez pour le style au *Moïse* de Munich (Soldan n° 68).

Taille de teinte au criblé, avec un fond papelonné. Filigrane un vase à pied.
Coloriage : jaune, rouge, bleu.
Acquise en 1839, sous le n° 2894.

14. — *Caïphe déchire ses vêtements.*

C. 219. — S. 237.

(Cologne ? vers 1495-1500.) Cette pièce sans importance est de l'Allemagne à une très basse époque; elle rappelle les médiocres clichés dont les imprimeurs allemands inondèrent l'Europe à la fin du xve siècle. Tailles d'ombre.

Impression noire, papier épais sans filigrane.
Coloriage lourd : vermillon, jaune, etc.
(Voir Schreiber, n° 237.)
Acquise en 1839 de M. Hennin.

15. — *Le Christ à la colonne, fouetté par deux bourreaux.*

C. 227. — S. 288.

(Bourgogne, 1410-15.) Cette pièce et les n°s 25, 91, 159 du présent catalogue sont de mêmes dimensions, de même esthétique, et faisaient probablement partie d'une suite d'images provenant d'un atelier unique. J'ai expliqué dans la préface les raisons qui nous faisaient attribuer aux Bourguignons ces œuvres primitives, peut-être des plus anciennes qui soient. Les gros boutons des bourreaux, les échancrures de leurs pourpoints, les tailles larges, la dimension inusitée des pieds, retrouvée aux n°s 91 et 159, sont aussi des remarques intéressantes. Le fouet des bourreaux porte les clous ronds. La tête du Christ est celle du *Saint Christophe* de Mlle Przibram à Vienne provenant de Weigel, et celle de la *Sainte face* ci-après, n° 155.

Impression avec transparences. Papier très fin, sans filigrane. Taille de teinte dans les cheveux et sur la corde.
Coloriage : jaune brun, vert, fond cinabre.
(Voir Schreiber, n° 288, et *Introduct.*, n° XIX.)
Acquise en 1832 de M. Hennin.

16. — *Le Christ à la colonne, fouetté par deux bourreaux.*

C. 228. — S. 291.

(Colmar, vers 1460.) Cette pièce est une copie, par un ouvrier très secondaire, d'estampes bourguignonnes plus anciennes. La taille est brutale, mais le dessin n'est point maladroit. Peut-être y aurait-il lieu de rapprocher cette pièce de certaines vignettes des livres de Leroy à Lyon vers 1483. Pas de tailles d'ombre.

Impression à la presse, encre noire, sans transparences ni filigrane. Papier léger.
Coloriage : jaune clair, brun rouge, etc.
(Voir Schreiber, n° 291.)
Acquise en 1832 de M. Hennin.

17. — *Le Christ à la colonne, fouetté par deux bourreaux.*

C. 229. — S. 298.

(France, Bourgogne 1410-15.) Cette pièce et son pendant (n° 237) sont donnés à la Bourgogne par Schreiber. Toutes deux appartiennent à l'art bourguignon qui nous a donné le *Saint Sébastien* de Vienne, daté de 1437, et pourvu à cette date d'un texte allemand contre la peste. Le bourreau porte un fouet à étoiles de fer, retrouvé dans le *Parement de Narbonne* au Louvre. Les plis du jupon du Christ sont sans ombre; le terrain est à pavements, suivant la mode de Bourgogne. A remarquer aussi la petite croix de l'épigastre sur la poitrine du Christ. Les rapports entre nos deux images et le *Saint Sébastien* de Vienne sont surtout sensibles dans la gravure et dans les costumes. Un des bourreaux de Vienne porte le chapeau de fer à talus aperçu dans les miniatures françaises du XIVᵉ siècle, notamment dans le manuscrit français 2813 de la Bibl. Nat. (voir le n° 20 du présent catalogue).

L'estampe imprimée sur papier épais ne transparaît pas. Taille fine et habile par un artiste lorrain (?).
Coloriage : brun clair, jaune clair.
Acquise en 1832 de M. Hennin.

18. — *Le Christ à la colonne et fouetté.*

C. 230. — S. 308.

(Flandre-Bourguignonne, 1450-60.) Remarquons la tête chauve ou rasée qui est la caractéristique du bourreau en France ; on la voit dans les tapisseries de la Chaise-Dieu. Les souliers pointus que M. Schreiber invoque en faveur d'une date, 1470, ne seraient utiles que dans le cas d'une pièce allemande, ce qui n'est pas. Le page tient un sceptre à fleurs de lis et il porte le chapeau des Bourguignons-Flamands du XVᵉ siècle. Pas de tailles d'ombres (voir la remarque ci-devant n°4 du présent catalogue).

Papier épais, tirage à l'encre noire.

Coloriage : jaune clair, laque rouge au patron.

Voir les nᵒˢ 315 et 672 qui font partie, avec cette pièce, d'une même planche découpée (ci-après nᵒˢ 53, 76 et 176 du présent catalogue).

(Voir Schreiber, nᵒ 30.)

Acquise avec les deux autres de M. Hennin en 1832.

19. — *Le Christ à la colonne.*

C. — 232. — S. 649.

(Flandre ou Picardie, vers 1460.) M. Schreiber évite de se prononcer sur l'origine de cette pièce, mais la figure de la Vierge, le corps du Christ, la colonne historiée en écrivent très nettement l'origine flamande. Le nimbe du Christ est bombé. Tailles d'ombres, et lettres prétendues hébraïques comme sur les bordures d'étoffe des maîtres flamands et français du xvᵉ siècle, depuis copiés par les Allemands au xvɪᵉ.

Impression à la presse sur un papier dont le filigrane est partagé en cette forme :

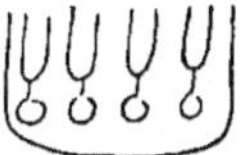

Coloriage : jaune pâle, laque carminée, vert, brun pâle.

(Voir Schreiber, nᵒ 649.)

Acquise en 1839, de M. Hennin, nᵒ 2920.

20. — *Le couronnement d'épines.*

C. 237. — S. 314.

(Bourgogne, 1410-15.) Comme pour la *Flagellation* du nᵒ 17 ci-devant, les rapports de cette pièce avec le *Saint Sébastien* de Vienne sont très curieux à observer. Le bourreau est rasé à la mode française (voir les tapisseries de la Chaise-Dieu). La robe du Christ est à longue traîne et à plis souples. Le trône est de Beauneveu, et le socle à avancée demi-circulaire est bourguignon. La taille très fine comme dans le *Saint Sébastien* de Vienne est aussi sans ombres. Au verso, traces de lettres comme dans le nᵒ 17 ci-devant.

Impression sur papier épais, sans transparences. Filigrane : une tête de bœuf à étoile de 0,090 environ.

Coloriage : brun clair, rouge, traces sur la robe du Christ.

(Voir Schreiber, nᵒ 314.)

Acquise en 1832 de M. Hennin.

21. — *Couronnement d'épines.*

C. 238. — S. 2290.

(BOURGOGNE, 1450.) Sol bourguignon parqueté en triangle, Christ avec manteau. Costume bourguignon des bourreaux.

Taille de teinte et criblé, bordure historiée.
Coloriage : néant (voir n° 267).
Acquise de M. Hennin en 1832.

22. — *Jésus présente au peuple.*

C. 242. — S. 327.

(LORRAINE, vers 1430.) Sans être du même art de gravure exactement, cette pièce concorde avec une suite de la *Passion* du Cabinet de Berlin dont il sera longuement parlé au n° 51 du présent catalogue. Le chapeau à longue queue des hommes, les bacinets et les chapeaux de fer rappellent ceux de 1410-20 en France, notamment ceux retrouvés dans le ms 5058 de la Bibliothèque de l'Arsenal, exécuté avant 1416 pour le duc de Berry. Mais la tenue un peu humoristique de la scène nous paraît plutôt devoir être rattachée à l'artiste de la *Vie de saint Clément*, n° 5227 de la Bibliothèque de l'Arsenal, qui procède nettement des artistes flamands-bourguignons employés par le duc de Berry. L'architecture d'ailleurs est pleinement messine du commencement du xve siècle et rappelle celle de la *Vie de saint Clément*. La gravure fort habile, très décisive, nous incline vers la Lorraine, pays d'Europe où les artistes du bois avaient la plus grande habileté de pratique. (Voir la même scène au fol. 5 du livre xylographique (*Passio J.-C.*) de Berlin.)

Impression au frotton sur papier de pâte fine avec pontuseaux espacés. Encre noire, sans beaucoup de transparences.
Coloriage : bleu, jaune clair, noisette, brun-rouge, vert-jaune.
(Voir Schreiber, n° 327.)
Acquise en 1839 de M. Hennin.

23. — *Le Christ présenté au peuple.*

C. 243. — S. 328.

(HAUT-RHIN ou MONTBÉLIARD?, vers 1460.) M. Schreiber attribue cette pièce à la Haute-Allemagne, ce que je ne crois pas à cause de l'un des spectateurs dont les cheveux sont coupés à la bourguignonne. De plus, ce travail ressemble beaucoup à celui du *Bon Pasteur* (C. 667. S. 839) que Schreiber donne à la Franconie. Cette hésitation en présence de certaines identités, et surtout les costumes, me font pencher pour Montbéliard ou le Haut-Rhin. Peut-être Reichnau ? Voir n° 667, (n° 171 du présent catalogue). Pas de tailles d'ombre.

Papier assez fin, impression noire, peut-être à la presse.
Coloriage (voir Schreiber n° 328).
Acquise en 1832 de M. Hennin.

24. — *Chemin de la croix et Calvaire.*
C. 11, 563.

(ARTOIS OU PICARDIE, vers 1450-60.) Cette pièce capitale de la taille en relief
dans le xve siècle n'a pas été vue par M. Schreiber. C'est, avec la vie du Christ
exécutée par le graveur des *Heures* de Simon Vostre, dans le format grand in-folio,
une des plus belles qui nous soient restées, tant par l'importance du sujet (près de
cent personnages) que par la composition. Tous les caractères de costumes, de
figures, sont ceux du *Jugement dernier* (ci-après n° 177 du présent catalogue) et
aussi celles des miniatures de l'enlumineur du duc de Berry dans le ms 5058 de la
Bibl. de l'Arsenal. Sur le premier plan, un archer affublé d'un jupon plissé et portant un bouclier à ombilic est copié, on dirait, sur l'un des archers du manuscrit.
Le ms 166 de la Bibl. Nationale fournit aussi nombre de points de contact. Les
coiffures sont celles des Flandres, de la Picardie et de l'Ile-de-France au temps de
Louis XI, mais plutôt à la fin du règne de Charles VII. Les hommes nus qu'on
aperçoit à gauche en bas de la pièce ne sont pas sans analogie de style et d'époque
avec la manière retrouvée dans le n° 178 du présent catalogue. La région comprise entre la Lorraine, l'Artois, l'Ile-de-France et la Bourgogne, renferme des
artistes qui ont cette compréhension particulière des nus, si éloignée de celle des
Allemands à la même date.

La pièce recueillie par le collectionneur Piot a beaucoup souffert d'un vernis-
sage brutal. Elle était coloriée avec art, et simulait assez bien un tableau peint. Le
nettoyage de la planche a été tenté à gauche par M. Piot. Son opinion au sujet de
cette pièce était en faveur de la célèbre école de Cologne, dont on ne connaît à
peu près rien ; en tout cas ce qu'on en sait ne concorde guère avec la pièce dont
nous parlons. Le coloriage à l'aquarelle et à la gouache avait été mis par un miniaturiste habile. La taille de la planche est éraillée au couteau, avec de nombreuses
surcoupes dans les ombres. C'est la taille de teinte dont il a été question dans
notre *Introduction*. Nulle part on n'aperçoit de pointillé, sauf dans les fonds. A
remarquer la Croix très haute venue des Italo-Venaissins dans le xive siècle et
que les Flamands ont adoptée. Cette pièce, longtemps illisible à cause de la
couche de vernis, a été récemment débarrassée de cet enduit, grâce à l'habileté de
M. François Courboin, bibliothécaire du Dép^t des Estampes. Le procédé, dont
il a le secret, a permis de lire toute la scène, sans altérer en rien les coloris
anciens qui ont une très belle patine.

Impression sur papier épais.
Coloris : jaune, rouge, brun, gris-noisette, ocre pâle, jaune d'or.
Acquise de M. Piot en 1868 pour le prix de 200 francs.

25. — *Le portement de croix.*
C. 251. — S. 342.

(FRANCE, BOURGOGNE, vers 1410-15.) A la description de Schreiber, il faut
ajouter que Simon le Cyrénéen porte un chapeau de bièvre ou castor, que le soldat

a un bacinet conique et un gourgerit, que les plis tombent sans cassures raides et
forment des *poches* à la ceinture du Christ et du Cyrénéen (voir ce qu'il est dit de
ces pièces au n° 15 ci-devant).

La pièce sur papier fin a été renforcée d'un papier moderne. Pas de filigrane apparent.
Taille de teinte dans les cheveux.
Coloriage : jaune foncé, noisette, peu de cinabre, le fond vert passé.
(Voir Schreiber, 342, et *Introduct.*, n° XVII.)
Acquise en 1832 de M. Hennin.

26. — *Le portement de croix.*
C. 252. — S. 344.

(BOURGOGNE, vers 1395-1400.) Cette pièce du « maître aux plis en boucles » ou
de l'un de ses successeurs est l'une des plus intéressantes du Cabinet des Estampes.
Le soldat romain y a le bacinet, le bourreau est bourguignon. Le Christ n'a pas la
couronne d'épines qu'on aperçoit dans toutes ces pièces influencées par les Italo-
Venaissins. Robe à traîne, pli en œil sur la hanche droite du Christ. Schreiber ne
donne aucun nom de lieu précis, il indique la Haute-Allemagne.

Impression sur papier très fin, transparence du coloriage.
Jaune pâle, violet grisâtre, brun.
(Voir Schreiber, n° 344, et *Introduct.*, n° XVI.)
Acquise en 1839 sous le n° 2901.

27. — *Portement de croix.*
C. 253. — S. 357.

(FRANCE, BOURGOGNE, vers 1400-1410.) Le soldat qui précède le Christ porte le
bacinet bourguignon du bois Protat, et le Cyrénéen un chapeau de bièvre. Pas de
couronne d'épines ; le tortil est fait de joncs, comme au n° 25 ci-devant, dont
notre image rappelle exactement la disposition (voir aussi le n° 160 de Courboin
et le n° 5 ci-devant).

Impression au frotton sur papier fin.
(Voir Schreiber, n° 357.)
Acquise en 1839 sous le n° 2923.

28. — *Portement de croix.*
C. 254 et 257. — S. 2302. — H. Delaborde. *Gazette des Beaux-Arts*, 1869, 1er vol., p. 238.

(BOURGOGNE-FLANDRES, vers 1440.) La date que nous attribuons à cette pièce nous
a été fournie par feu M. le Pasteur Samuel Berger qui avait étudié le texte manuscrit
dans lequel elle est insérée (voir n° 257 de Courboin). Toutefois les costumes bourguignons-flamands des personnages ne sont point en désaccord formel avec la date
1406 proposée par le comte Henri Delaborde. Le Cyrénéen est habillé comme un

Bourguignon du XIVᵉ siècle. La taille, criblée en points gros et petits, n'est point non plus en discordance. Le n° 254 que nous étudions porte à son verso un texte allemand en caractères mobiles ; elle est fort usée, elle est passée en Allemagne pour servir à un imprimeur, comme nous le disions ci-devant au n° 4 du présent catalogue. L'autre épreuve que possède le Cabinet et qui est celle que M. Delaborde a étudiée, est dans le manuscrit allemand coté Ea. 2. ; elle était donc une image recueillie par des Allemands, mais rien ne prouve qu'elle fût tirée là-bas, puisque, pour la commenter, le possesseur a dû ajouter derrière une prière *à la main*. Toutes ces remarques s'appliquent à la suite de cette *Passion* en criblé dont font partie notamment les n°ˢ 11, 33, 154 du présent catalogue et que Schreiber étudie sous le n° 2500.

Taille de teinte, impression à la presse.
Coloriage jaunâtre pour le n° 254. Pour le n° 257, coloriage jaune d'or et brun.
Acquis : le n° 254 en 1883, le n° 257 en 1868.

29. — *Portement de croix.*
C. 258. — S. 2306.

(FRANCE, 1460-70.) Les costumes, le bourrelet du Christ, le nimbe à fleurs de lis, les terrains, et surtout le travail nous font reporter cette pièce à la date fixée pour le n° 212 dont elle est le pendant. A remarquer un guerrier portant sur la tête un chapeau en forme de dé à coudre (voir n° 12 de notre cat.).

Copie d'un original beaucoup plus ancien.
Taille de teinte sans pointillé.
Pas de coloriage.
Acquise en 1832 de M. Hennin.

30. — *Jésus succombant sous la croix.*
C. 262. — S. 923.

(ALLEMAGNE, AUGSBOURG, 1480-85.) Cette pièce est de celles dont il faudrait posséder le bois pour conclure sans réserve en faveur d'une œuvre purement allemande; l'encochage d'un bois permettant d'ajouter un texte. Tailles d'ombre nombreuses et plis cassés.

Papier rude, sans filigrane. Impression à la presse.
Coloriage : jaune rosé, brun foncé, or dans le nimbe, vert bleu dans le ciel, la bordure cinabre.
(Voir Schreiber, n° 923.)
Acquise en 1832 de M. Hennin, n° 145.

31. — *Les préparatifs de la crucifixion.*
C. 263. — S. 668.

(FLANDRE-BOURGOGNE, vers 1440.) Voir ce qui a été dit ci-devant au n° 10

(C. n° 207) de ces pièces faisant partie d'une suite. La première était un *Massacre des Innocents* omis dans le cat. de la Réserve du D^t des Estampes (voir ci-devant n° 4 du présent catal.). Je ferai simplement remarquer que la toque à visière du bourreau principal est justement celle d'un homme d'armes français vers 1409, dans le Manuscrit du duc Jean de Berry (Bibl. de l'Arsenal, ms 5058, fol. 159).

Acquise en 1839 de M. Hennin.

32. — *Mise en croix.*
C. 265. — S. 2417.

(FLANDRE-BOURGOGNE, 1450.) Pièce dont les costumes, les nimbes et tous les détails portent le caractère franco-flamand du xve siècle ; noter surtout l'homme écrivant, qui est presque de l'Ile-de-France et de Fouquet. Le charpentier clouant le bras droit est dans une des miniatures de Fouquet à Chantilly.

Taille en teinte et criblé. La marge réservée pour une écriture.
Coloriage : jaune, rose, vert, brun.
Acquise en 1839 sous le n° 2905.

33. — *Mise en croix.*
C. 266. — S. 2416.

(FLANDRE-BOURGOGNE, 1440.) Pièce du maître que M. Delaborde estimait être de 1406. Cette pièce est d'ailleurs à Munich au verso du *Portement de croix* que M. Delaborde avait étudié. La coiffure des bourreaux, les herbages des prés ne laissent aucun doute sur les origines bourguignonnes de cette pièce, qui sera passée en Allemagne vers 1490 pour y être imprimée, on a dit, à Bamberg et en Bavière. Les Bavarois tenaient ces pièces d'un Bourguignon suivant toute probabilité.

Taille en teinte.
Coloriage : jaunâtre.
(Voir le n° 2500 de Schreiber et le n° 2416.)

34. — *Mise en croix.*
C. 267. — S. 2418.

(BOURGOGNE, 1450.) Les hommes qui clouent le Christ sont des Bourguignons flamands. Le château en arrière rappelle ceux du maître E. S. Le terrain est criblé.

Taille de teinte, bordure à fleurs. Voir n° 238 (ci-devant n° 21).
Pas de coloriage.
Acquise en 1832?

35. — *Le Calvaire.*

C. 268 et 279. — S. 406.

(FRANCE, PICARDIE, vers 1450.) Je donne cette pièce à la Picardie en la comparant aux apôtres (C. 418, ci-après n° 77). D'ailleurs l'expression des yeux, l'inclinaison des corps, le vêtement de la Vierge, se retrouvent dans les œuvres picardes du milieu du xve siècle. Le Christ a la couronne sans épines.

Le Cabinet possède deux états de cette pièce, ou plutôt deux tirages. Le premier n° 268 contient au verso les prières de la Messe en latin manuscrit. Le n° 279 est plus fatigué. Le coloriage jaune de cette pièce est plus accentué. Le terrain est couvert par une laque verte qui cache les pierres sur lesquelles repose la croix. Le mot INRI, qui n'était pas venu par suite de l'usure, est à la main, et très postérieur (xviiie siècle) ; on lit de chaque côté du Christ en écriture à la main de 1460-80 :

IN — RI

Jesus — Christus

Salvator — noster

Les tailles d'ombre apparaissent dans les plis.

Impression à la détrempe, au frotton. Tailles profondes.

Coloriage identique pour les deux pièces : jaune, brun, brun foncé, laque rouge.

(Voir Schreiber qui ne cite que le n° 268.)

36. — *Le Calvaire.*

C. 269, 281. — S. 409, 408.

(FRANCE, BOURGOGNE, vers 1460-70.) Cette pièce imitée et copiée du n° 268 ci-devant (voir n° 35 du présent catal.), note certaines adjonctions. Le Christ a la couronne d'épines, sa croix a des tailles d'ombre. Au bas, devant les rochers, l'os du tibia d'Adam. Le corps du Christ, la petite croix de l'épigastre, le nombril en œil, indiquent la Bourgogne ou la Franche-Comté. La Vierge a des souliers à poulaines. Dans le n° 269, le grand pli du manteau de saint Jean contient des traits d'ombre enlevés sur le bois avant le tirage du n° 281. M. Schreiber donne des dimensions différentes à ces pièces qui restent absolument identiques.

Le n° 269 est le premier état, le n° 281 le deuxième état.

Papier épais, sans filigrane.

Les tailles sont larges, un peu brutales, mais très manifestement imitées du n° 268. Certaines d'entre elles ont disparu dans le manteau de saint Jean.

L'impression des deux états est à la presse.

Coloriage : n° 269, noisette, jaune pâle, brun clair ; n° 281, jaune d'or, laque rouge, vert-de-gris, brun foncé.

Le n° 269 acquis en 1839, sous le n° 2905 de M. Hennin.

Le n° 281 en 1832 du même M. Hennin.

37. — *Le Calvaire.*

C. 270. — S. 434.

(Bourgogne ou Lorraine, vers 1420.) Cette pièce est ancienne. Le corps du Christ, les saints sont bourguignons. Cependant le Christ n'a pas l'inclinaison bourguignonne des jambes. Saint Jean a une indication de petit toupet. La Vierge a le voile blanc des Flamandes. Le Christ est sans couronne d'épines.

Papier léger. Impression à l'encre sépia au frotton.
Coloriage : rose, vert, noisette, etc.
(Voir Schreiber, n° 434.)
Acquise en 1839 de M. Hennin.

38. — *Le Calvaire.*

C. 271. — S. 392.

(Allemagne, vers 1500-10.) Pièce sans intérêt et d'une époque trop basse pour être étudiée. C'est bien là une œuvre allemande (?) inspirée des flamands, dont

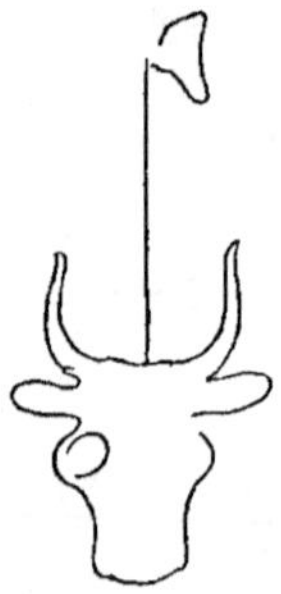

elle a gardé certains caractères, entre autre la croix veinée (voir n° 39 du présent catalogue).

(Voir Schreiber, n° 392.)
Filigrane, une tête de bœuf.
Acquise en 1860 de M. Grobon.

39. — *Le Calvaire.*

C. 272. — S. 444.

(Gand, 1480.) M. Schreiber n'a pas identifié la mention *Actum Gandavi* qui se trouve au pied de la croix, et qui nous donne un nom de lieu sans interpolation possible. Or, nous tirons de cette pièce, gravée à Gand, beaucoup de renseignements sur les travaux des Flamands dans le xve siècle. Le nimbe du Christ y est bombé

suivant la formule plusieurs fois relevée par nous ci-devant, le jupon s'envole
au vent ; le Christ porte une couronne d'épines ; le nimbe de la Vierge est strié
de rayons à la mode italienne du xɪvᵉ siècle. Les tailles d'ombre sont obtenues par
un travail de teinte dégradée et éraillée fort en rapport avec les similaires de Liège
ou de la région. M. Schreiber nous paraît donc se tromper lorsqu'il attribue à la
France cette œuvre très particulière et très flamande. Il a lu *Gaudavi* ce qui ne lui
a rien donné comme déduction plausible. L'image, autrefois collée dans un livre,
avait été décorée de rinceaux à l'aquarelle comme une miniature. Nous sommes
donc ici en présence d'une estampe des plus intéressantes, sinon comme date, au moins
comme descendance sûre. La croix veinée est une preuve que les Flamands avaient
dès longtemps adopté ce genre de décoration dont Passavant faisait volontiers un
thème d'influence germanique.

Impression sur papier léger.
Coloriage : noisette claire, bleu, vert, jaune, rouge.
(Voir Schreiber, n° 444.)
Don de M. Jecker en 1851.

40. — *Le Calvaire.*
C. 273. — S. 451.

(LORRAINE, vers 1440.) Petite pièce peut-être gravée sur métal pour un émail
champlevé de Verdun, et tirée avant l'émaillage. De forme et de style assez rapprochés du *Saint Jude* n° 502 ci-après (n° 113 du présent catalogue). Pas de
tailles d'ombre et plis cassés.

Impression dure sur papier épais sans filigrane.
Coloriage : brun clair, vert, rouge, bleu, or dans les nimbes.
(Voir Schreiber, n° 451.)
Acquise en 1832 de M. Hennin.

41. — *Le Calvaire.*
C. 274. — S. 456.

(FLANDRE, GAND ? vers 1480.) M. Schreiber donne cette petite pièce à Augsbourg,
vers 1470. C'est une indiscutable pièce flamande, et si quelque cliché analogue se
retrouve dans des publications allemandes, il provient des Flandres par colportage.
Tailles d'ombre.

Impression sur papier épais à la presse.
Coloriage : vert, rouge, brun clair.

42. — *Le Calvaire.*
C. 275. — S. 459.

(FRANCE, BOURGOGNE, vers 1410.) Cette petite pièce gravée sur métal a été tirée après l'oxydation du métal, d'où les bavochages remarqués dans l'épreuve. Les cheveux de saint Jean sont taillés en teinte criblée ; plis souples et arrondis ; formes archaïques des costumes. Pas de tailles d'ombre. Double filet pour émail.

Impression de la deuxième moitié du xvᵉ siècle. Papier lourd sans filigrane.
Coloriage : brun très clair et jaune tirant sur le vert.
(Voir Schreiber, nᵒ 459.)
Acquise en 1832 de M. Hennin.

43. — *Le Calvaire.*

C. 280. — S. 407.

(ALLEMAGNE, BAS-RHIN, vers 1470.) Copie rude et déformée du nᵒ 268 (ci-devant nᵒ 35) ; le nimbe du Christ est à fleurs de lis, les bouches de Jean et de Marie sont déformées par la douleur. Le livre de Jean a des lettres indiquées. Les taches de sang sur le corps du Christ montrent que le coloriage est mis non loin de la Bourgogne ; la couronne n'a pas d'épines.

Papier très fin, impression à la détrempe.
Coloriage : jaune d'or, laque rouge, vert noisette.
(Voir Schreiber, nᵒ 407.)
Acquise en 1832 de M. Hennin, nᵒ 149.

44. — *Le Calvaire.*

C. 282. — S. 429.

(FLANDRES, RÉGION DE GAND, vers 1480.) Le voile flottant du Christ rappelle le manteau du *Saint Christophe* ; le paysage est montagneux. Les figures de la Vierge et de Jean rappellent par leurs détails les vignettes rudimentaires des livres de Le Roy à Lyon en 1480-83. Au bas de la croix, la tête d'Adam et le tibia. Tailles d'ombre répétées.

Papier fin sans filigrane. Travail un peu brutal sur un dessin excellent. Impression à la presse.
Coloriage : or aux nimbes, vert, jaune clair, bleu sur la robe de la Vierge.
(Voir Schreiber, nᵒ 429.)
Acquise en 1832 de M. Hennin.

45. — *Le Calvaire.*

C. 283. — S. 435.

(FRANCE, BOURGOGNE, vers 1380.) M. Schreiber assigne à cette pièce la date 1410-15. C'est vraisemblablement la plus ancienne que possèdent les Cabinets d'Europe, avec quelques autres conservées à Munich. Les plis sont de l'art bourguignon influencé par l'Italie, et la pièce a dû être taillée par un moine dans l'une des abbayes chefs d'ordre. Comparez d'ailleurs cette pièce au célèbre Christ estampillé de Tegernsee, publié par Schmidt sous le n° 44 et daté par lui de 1425. Schreiber dit 1410, sans indication de lieu, remarquons-le. (Voir ci-devant, p. 147, n° XXV).

Impression au frotton ou à la main sur papier très fin. Transparence absolue au verso. Encre à l'eau.
Coloriage : rose, vert, noisette.
Acquise en 1839 de M. Hennin sous le n° 2921.

46. — *Le Calvaire.*
C. 284. — S. 438.

(FLANDRE, BOURGOGNE, vers 1430.) Cette pièce que M. Schreiber donne résolument à la Bavière vers 1460 est en réalité plus ancienne qu'il ne croit. La Vierge est flamande, comme le Saint Jean. Les plis indiquent la Bourgogne. Les erreurs entre l'art bourguignon et l'art bavarois proviennent des alliances des deux cours de ces pays. Mais les Bourguignons sont présumés les maîtres sur ces questions. Pas de tailles d'ombre. Cette pièce a été imitée dans la gravure n° 50 ci-après, et elle a été copiée servilement dans une *Passion*, dont il reste onze feuillets, conservés à Ermlitz, chez le docteur Apel (voir Schreiber, VIII, pl. 93).

Impression sur papier épais, sans filigrane.
Coloriage : vert, jaune, brun, or dans les nimbes.
(Voir Schreiber, n° 438.)
Acquise en 1839 de M. Hennin.

47. — *Calendrier pour ecclésiastiques avec un Christ en croix.*
C. 285. — S. 1905.

(ALLEMAGNE, vers 1490.) Cette petite pièce a pour nous un intérêt capital. D'abord elle nous montre, à gauche, un petit cliché de style et de date différant du calendrier de droite. Puis ce calendrier nous donne des chiffres allemands où les 4, les 5 et les 7 sont modernes et ne ressemblent en rien aux chiffres correspondants français ϱ γ $\wedge$ retrouvés sur la plupart des pièces bourguignonnes du xv° siècle et sur nos manuscrits. Cette remarque importante et qui n'a jamais été faite par les iconographes, mérite la plus grande considération ; elle permet de distinguer le lieu d'origine des incunables gravés. Les chiffres allemands ont induit en erreur M. Schreiber à propos du Saint Bernardin (voir ci-après n° 86).

Impression à la presse.
Coloriage : noisette, rouge, jaune pâle.
(Voir Schreiber, n° 1905.)
Acquise de M. Hennin en 1839.

48. — *Calvaire des Franciscains.*

C. 286. — S. 2470.

(Nord de l'Italie ou Comtat 1450-60.) Cette pièce en criblé rappelle par plus d'un endroit le fameux *Saint Bernardin* dont il sera question ci-après au n° 86 du présent catalogue. La présente pièce, et le *Saint Jérôme* du n° 115 ci-après, font partie d'une même suite dont les caractéristiques sont l'arcature surbaissée formant encadrement, le ciel pommelé, le paysage montueux pointillé très fin, les nimbes radiants. Le dessin en est fort soigné. Le nimbe des deux christs y est fleuronné-alaisé de même manière, le jupon très court ; le type du *Saint Jérôme* (voir n° 115) est peu habituel. L'influence bourguignonne est sensible dans ces deux estampes, mais l'art en est plus italien que français. Les graveurs d'Avignon ont pu entendre la taille de cette manière. Le procédé est à la fois éraillé et criblé en teinte.

Coloriage : jaune sur la croix.
(Voir Schreiber, n° 2470.)
Acquise en 1874, de M. Danlos pour 85 r.

49. — *Le Calvaire avec la Madeleine.*

C. 287. — S. (néant).

(Bourgogne ou Lorraine, vers 1420.) M. Schreiber a omis cette pièce dans son *Manuel*. Le Catalogue de la Réserve en fournit une description, avec attribution à l'École allemande. Le nimbe de la Madeleine vu par derrière, les plis d'étoffe, le corps du Christ et l'allure générale de la composition nous reportent à la Flandre bourguignonne ou à la Lorraine dans le premier quart du xv° siècle. L'encadrement fleuri est antérieur à l'impression de la gravure, puisque la robe de la Madeleine mord sur une partie de la bordure qu'elle recouvre, et l'une des fleurs recouverte transparaît par-dessous. Ce système de décoration, avec cadres d'attente, est ici signalé pour la première fois. Ordinairement, c'est le contraire qui se produit (voir l'*Introduct.*, ch. I, p. 29 et 32.). Sans tailles d'ombre, plis souples.

Papier épais. Tirage au frotton.
Coloriage : jaune, brun, carmin, vert.
Acquise de M. Hennin en 1832.

50. — *Le Calvaire avec la Madeleine.*

C. 293. — S. 470.

(Flandre-Bourgogne, 1440.) J'avais cru que M. Schreiber attribuait généralement à la Bavière le Christ portant le tortil au lieu de la couronne d'épines. Ici, ce même Christ est donné à Ulm, vers 1450. Je n'ai pas besoin d'insister sur le caractère flamand-bourguignon ou picard de ces figures. Pas de tailles d'ombre. Plis cassés et raides (voir ci-devant n° 46).

Impression sur papier au frotton. Transparence de la détrempe.
Coloriage : jaune pâle, brun clair.
(Voir Schreiber, n° 470.)
Acquise de M. Hennin en 1839, n° 2921.

51. — *Mise au tombeau.*
C. 305. — S. 517 et t. VIII, pl. 89.

(LORRAINE, vers 1430.) Cette pièce, que Schreiber n'a pas spécialement désignée, présente un intérêt considérable. Le sujet qu'elle traite est plus ordinairement recherché par les Lorrains jusque dans le xvie siècle. Elle faisait originairement partie d'une *Passion* identique à la *Passio D. N. J. C.* du Cabinet de Berlin, comme nous l'a montré M. Charles Gérard, bibliothécaire de M. le prince d'Essling. M. Kristeller pense que les planches de cette Passion de Berlin furent ensuite raccourcies d'en bas et insérées dans les *Meditationi* de saint Bonaventure imprimées à Venise par Hieronimo dei Santi en 1487. Mais si nous retrouvons notre image assez exactement imitée dans la *Passio* du Cabinet de Berlin au 8e folio de ce livre xylographique, on s'aperçoit vite des différences. Les deux planches, la nôtre et celle de Berlin, étant orientées dans le même sens, témoignent formellement d'une imitation faite par deux artistes différents d'une même œuvre primitive. Dans le feuillet de Berlin, le fond a été changé, il ne montre ni la croix, ni le château, ni le terrain semblable ; seuls les personnages et les anges portant la tablette du texte sont exactement concordants. Dans la *Passio* de Berlin, le fond de paysage a été utilisé par le dessinateur au fol. 9 représentant les *saintes femmes au tombeau.* Ces constatations intéressantes nous confirment dans l'opinion que le modèle original, dessiné ou gravé, renfermait les éléments aperçus dans les pièces dont nous parlons ; ensuite, que notre estampe faisait autrefois partie d'une *suite complète* et vraisemblablement plus ancienne et plus soignée que ne sont celles de Berlin et du livre de Hieronimo dei Santi. Le découpage de ces dernières pièces pour l'impression de Venise paraîtrait démontrer que l'éditeur vénitien avait acquis un stoc de clichés étrangers, sans valeur, car, au temps où il publiait ces figures, les accoutrements des personnages devaient profondément étonner ses contemporains.

En effet si nous considérons les scènes représentant le *Baiser de Judas, Jésus devant Pilate,* le *Christ à la colonne* rencontrées dans la *Passio* de Berlin et le livre de Venise, nous remarquons des coiffures d'homme étudiées par nous dans le chap. V, p. 136, à propos de la *Fuite en Égypte* de Vienne, et que nous retrouvons dans les mss fr. 166 de la Bibliothèque nationale, et au n° 5058 de la Bibl. de l'Arsenal. Comme ces manuscrits sont de la main de l'artiste préféré du duc de Berry, que d'autres concordances se notent dans l'architecture, la coupe des habits et les attitudes, nous ne pouvons douter de l'origine flamande-française des modèles sur lesquels ont été copiées les estampes qui nous occupent. Les châteaux, de silhouette très spéciale, se voient absolument semblables dans un autre manuscrit de l'Arsenal, exécuté avant 1416. Les armures, les bacinets, le chapeau très particulier du valet de Ponce-Pilate, au fol. 5 du livre xylographique de Berlin, la forme des nimbes, les pavements et les décorations sont absolument ceux du manuscrit de l'Arsenal. Toutefois il me paraît que l'exécution des planches sur bois est plutôt lorraine ; l'habileté de pratique, la finesse des traits nous rappellent les procédés des ouvriers de Verdun et de la région.

En ce qui concerne l'esthétique des personnages qu'on a crus italiens à cause du passage des clichés chez Hieronimo dei Santi à Venise, elle est absolument celle du Maître de la *Vie de saint Clément*, datée de 1403, à la Bibl. de l'Arsenal (ms 5227). Cet artiste a aussi donné l'illustration de la Bible dite de Toggenburg au Cabinet de Berlin. Cette dernière nous montre un Putiphar coiffé comme le Ponce-Pilate de la suite de la *Passio*. Dans le manuscrit de l'Arsenal, les scènes d'ensevelissement sont nombreuses, elles sont dans la donnée de la nôtre. Les terrains, et surtout l'architecture procèdent de la même façon d'entendre la nature et les édifices ; les arbres, les haies en forme de claies sont de semblable dessin. Les costumes de la suite gravée sont d'ailleurs essentiellement flamands-bourguignons comme nous l'avons dit, et jamais ne se sont rencontrés en Italie dans ces formes un peu spéciales. Le valet du Ponce-Pilate de la Passion est un seigneur français du règne de Charles VI. Je ne puis douter que le Maître de la *Vie de saint Clément* ait composé une *Passion* à Metz ou à Verdun, et que les graveurs du livre xylographique de Berlin et ceux des bois des *Meditationi* auront interprétée, conjointement avec le graveur de notre estampe. La preuve est que la même scène de l'Ensevelissement du Christ se trouve dans la première suite et dans notre image, sauf quelques différences imputables aux traducteurs. Les dimensions de notre estampe sensiblement supérieures à celles de la première suite apportent un argument en faveur de son antériorité. Elle est d'ailleurs plus complète, plus définitive ; les détails plus abondants et mieux écrits, le dessin plus correct s'accordent à cette opinion. Il était en effet extrêmement rare que des copistes augmentassent le champ d'une œuvre servilement transcrite par eux. C'est le contraire qui se produit toujours.

Toutes nos remarques nous feraient constater une fois de plus le trafic de clichés de pays à autre, et les mutilations que les imprimeurs leur faisaient subir, si nous étions absolument sûrs de cette mutilation. Ceux de la *Passio* de Berlin sciés pour être insinués dans les *Meditationi* de Venise, en 1487, nous montreraient le peu de cas qu'on faisait des blocs tombés au rebut et démodés ; les Vénitiens de 1487 n'avaient jamais vu de pareils accoutrements ; ils n'en riaient pas, pour la raison qu'ils ne leur rappelaient rien, et ils les admettaient comme une curiosité exotique ; et qui sait ? avec les idées du temps sur ces matières, peut-être y pensaient-ils voir une restitution sérieuse des habillements antiques. Toutefois nous devons présenter une remarque capitale à ce sujet. M. Kristeller n'a pas connu l'exemplaire des *Meditationi* que possède M. Jean Masson. Nous y voyons la scène du Ponce-Pilate, absolument différente, et en sens contraire de la même scène aperçue dans la *Passio* de Berlin. C'est la preuve que les bois des *Meditationi* ne sont pas ceux de la *Passio* comme le croyait M. Kristeller; il se pourrait donc qu'un graveur italien eût exécuté une série de clichés *réduits* d'après l'original primitif en simplifiant, en faisant disparaître des personnages, et en ajoutant des accessoires italiens.

Impression au frotton sur papier très mince. Transparence complète.
Coloriage : jaune, vert, ocre pâle, rouge.
(Voir Schreiber, n° 517, t. VIII, pl. 89.)

52. — *Mise au tombeau.*

C. 306. — S. 518.

(Lorraine, vers 1440-50.) Le sujet est de préférence lorrain comme nous le disions au n° précédent. La technique est assez voisine du *Saint Grégoire*, n° 488 (ci-après n° 106 du présent catalogue); mais ces analogies sont peu écrites. Le paysage tourmenté porte des constructions dans le style des édifices du manuscrit de la Bibl. de l'Arsenal, exécuté entre 1409 et 1416 pour le duc de Berry, surtout du manuscrit de la *Vie de saint Clément*, n° 5227, à la même bibliothèque. La forme du tombeau est d'ailleurs expressément flamande. La haie est une indice en faveur des pays français. Comparez au *Portement de croix* de Weigel, n° 13, aujourd'hui à Nuremberg et à la *Descente de croix* (Weigel, n° 157, égal. à Nuremberg). Ces pièces devaient faire partie de la même suite lorraine. On pourrait y ajouter *Sainte Dorothée* et *Saint Alexis*, avec un portement de croix autrefois à Weigel (n° 27).

Papier léger et très fin, impression au frotton, transparences.
Coloriage : jaune, vert, laque rouge, bleu dans le ciel, nimbes dorés.
(Voir Schreiber, n° 518.)
Acquise en 1832 de M. Hennin.

53. — *La Résurrection de la chair.*

C. 315. — S. 548.

(Flandre bourguignonne, 1450-60.) Pièce curieuse dont la principale particularité a échappé à M. Schreiber. Le Christ sortant du tombeau ressuscite deux cadavres. Analogies de style d'époque et de pratique avec la pièce des *Douze martyrs*, ci-après 417 (n° 76 du présent catal.). Voir aussi le n° 18 du présent catalogue et mêmes remarques à faire sur les deux pièces.

54. — *L'Annonciation.*

C. 333. — S. 44.

(France, Bourgogne, 1400-1410.) Les cheveux de l'ange obtenus en criblé et la robe de la Vierge, moulant la taille, le meuble à fenêtre constituent autant de précisions en faveur de l'art bourguignon, influencé par l'art italo-venaissin. Voir ci-devant n° 160 (n° 5 du présent cat.).

Même provenance que le 160.

55. — *L'Annonciation.*

C. 334. — S. 2183.

(FLANDRES, 1440.) Petite pièce présageant les figures en criblé de Simon Vostre, mais qui n'est pas de leur date comme le voudrait insinuer M. Schreiber. Celui-ci ne dit d'ailleurs rien ni sur le lieu, ni sur le temps. Le style des meubles et des costumes est du milieu du xve s. flamand. En Allemagne, ce serait 1480. Pavage et fleurs de lis. Lettre à rebours sur métal pour reliure directe (voir la suite énumérée au n° 82 du présent catalogue).

Taille en teinte avec criblé. Impression sur papier épais.
Coloriage : vert jaunâtre, rouge pâle.
Une épreuve chez Soldan, n° 78 (pièce 1).
Acquise en 1839.

56. — *L'Annonciation.*

C. 336.

(FRANCE OU ITALIE, vers 1450.) Double tirage d'une planche sur cuivre destinée à un émail ou à la gaufrure des livres. Ce tirage d'essai a été répété sur la même feuille. Un fond d'ornement et une architecture italienne pourraient faire reporter cette pièce au temps de Jean Fouquet. L'ange tient un sceptre franchement fleurdelisé. Les fonds éraillés sont produits par le grattage du cuivre.

Impression à l'encre noire en négatif moderne. M. Ludwig Rosenthal possédait en 1892 une épreuve de cette pièce dont la planche doit exister encore (Katalog. 90, n° 6).
Non coloriée.
Acquise en 1870 de Danlos, 80 fr.

57. — *L'Annonciation, la Visitation, la Nativité.*

C. 337.

(FLANDRE FRANÇAISE, vers 1470.) Cette planche qui appartenait à M. Victor Gay a été tirée au milieu du xixe siècle. C'est une planche sur métal taillée en teinte au burin, elle devait être destinée à un gaufrage à chaud, car les lettres se lisent à l'endroit et, sans cette explication, on ne pourrait admettre que ce négatif fût réservé à une estampe sur papier, toutes les figures restant noires au tirage. On lit sur une banderole que tient un ange dans le haut de la planche : *Gloria in excelsis*, et sur le phylactère de l'ange : *Ave gracia plena dominus tecum.* A remarquer le carrelage qui rappelle ceux de la suite Santin Eveillard (ci-devant n° 7 du présent catal.). Clou de maintien pour le métal vers la bordure du haut. Criblé et éraillé.

Impression moderne en taille-douce sur papier pâte, donnée par M. V. Gay.

58. — *Mort de la Vierge.*
C. 345. — S. 2434.

(FRANCE, BOURGOGNE, vers 1450.) Cette petite pièce et les trois suivantes font partie d'une suite de scènes analogues, comme art et comme style, à celles énumérées sous le n° 7 du présent catalogue. Elle comprend le Saint Erasme (n° 97 ci-après), le Saint Grégoire (n° 111) et la Véronique (n° 144), on peut y ajouter le Saint François (n° 99).

Tailles de teinte.
Coloriage : jaunâtre.
Acquise en 1832.

59. — *La Vierge et l'enfant d'après saint Luc.*
C. 352. — S. 1032.

(PROVENCE ou LYONNAIS, vers 1480 ?) Pièce fort curieuse, quoique d'époque relativement basse, et qui ne peut en aucune façon être attribuée à l'Allemagne comme l'indique le Catalogue des Estampes. Il faut rectifier ainsi les lectures.

Sur les banderoles : *Rosa speciosa formata in campis.*

Au bas : *Cum memor est quisquis virgo ge... aurea mater ades votis simul aie* (?) *nost...* Tailles d'ombre. Le Cabinet des Estampes possède une vierge xylographique semblable à celle-ci, sur laquelle le peintre Michel Schorp d'Ulm a gravé son nom en 1496. Cette vierge est étudiée par Passavant, I, p. 41. Elle porte le n° 10618 du Catalogue de la Réserve, et Schreiber la mentionne sous le n° 1032. Toutes deux paraissent copiées sur un même original qui doit être la célèbre vierge byzantine de Sainte-Marie-Majeure à Rome, ou peut-être la Madone de Pise, dite « sotto gli organi ». La première est attribuée à saint Luc.

Impression au frotton. Papier fort délabré, collé sur un fragment d'Énéas Silvius, imprimé en Italie. (Le pape Pie II.) Ce fragment contient l'éloge du Pape par Nicolas de Vuile.
Acquise en 1839 de M. Hennin.

60. — *La Vierge et l'enfant.*
C. 356. — S. 2482.

(FLANDRES, 1450.) M. Schreiber a fait figurer cette copie dans son catalogue. Pourtant la lettre qui en indique l'origine est jointe à la pièce. L'original était à

Lord Spencer. L'œuvre est flamande, de 1450 environ, et non de 1480, comme la
juge M. Schreiber d'après les costumes allemands. Ceci est du pur Van Eyck. La
bordure est celle du maître dont nous avons parlé sous les n°s 443 et 474 (n°s 86
et 100 du présent catal.) Le nom de *Bernhardinus Milnit Milnet* ou mieux *Cuisnet*
est postérieur et rajouté après coup à la façon du *ierg Haspel*, dont parle M. Schreiber, n° 1271 (voir notre *Introduction*, ch. I, pp. 20 et 33). La lettre d'envoi de
cette copie est signée de Hill, le 26 septembre 1820, elle est adressée à Van Praet;
il y parle de Duchesne. Le doute n'est pas possible, car la gravure a les plis de la
lettre d'envoi.

Copie sans valeur.

Il y a une pièce originale du même genre mais en sens contraire, à Cracovie, dans la
Bibliothèque Jagellon. La coiffure en faîtière rappelle la cape anglaise portée par les dames
de Londres dès 1450.

61. — *La Vierge et l'enfant.*

C. 357. — S. 1023. — Schmidt, 3.

(Lorraine ou Franche-Comté, vers 1430.) M. Schreiber a longuement décrit
cette pièce capitale; il ne note pas toutefois certaines circonstances qui nous la
font reporter aux graveurs lorrains ou comtois. La forme contournée de la couronne de la Vierge, est celle des branches d'arbres aperçues dans les planches
lorraines des *Meditationi* de saint Bonaventure notamment au fol. a verso (Venise
1487. Voir ci-devant le n° 51). D'ailleurs le style général procède des mêmes
idées. Les cheveux de la Vierge sont ondulés comme ceux des femmes de la scène
que nous signalons. La façon de dessiner les yeux, les ongles des mains, les draperies, se retrouve dans les diverses pièces de cette suite lorraine, signalée au n° 51
du présent catalogue. Entre la Lorraine et la Franche-Comté, ce sont alors beaucoup
de contacts, aussi ai-je voulu signaler cette dernière province comme lieu d'origine
possible. A remarquer la tête de l'enfant assez rapprochée de celle de l'enfant
Jésus n° 147 du présent catalogue. Sans aucune taille d'ombre. Une autre épreuve
a été publiée par Schmidt dans les Incunables de Munich (Nüremberg, Soldan,
n° 3).

Impression sur papier épais sans transparences, pas de filigrane. Large taille d'épargne.
Coloriage : jaune, laque rouge, cinabre, noisette.
(Voir Schreiber, n° 1023.)
Acquise de M. Hennin en 1832.

62. — *La Vierge et l'enfant.*

C. 358. — S. 1025.

(Région du Rhône, vers 1410.) M. Schreiber donne comme origine à cette
pièce la Haute-Allemagne en 1430. J'y vois de grands rapports de gravure avec la

Pietà de Maihingen. Le style du dessin est italo-venaissin, et l'Allemagne ne peut être invoquée. M. Schreiber relève « une fausse description » de Renouvier qui nous paraît fort juste. (Ren. 40 (6)). Pas de tailles d'ombre, taille fine.

Impression au frotton à l'encre noire. Papier très fin.
Coloriage : bleu, jaune, or au nimbe de l'enfant, double bordure rose.
(Voir Schreiber, n° 1025.)
Acquise en 1839 de M. Hennin.

63. — *La Vierge au voile et l'enfant nu.*

C. 359. — S. 1044.

(Liège, vers 1400-1410.) Cette estampe singulière et qui paraît avoir dérouté M. Schreiber, n'est pas un travail maladroit de 1470 comme il le dit. Il s'agit ici d'un travail en teinte, ce que montrent les cheveux de la Vierge et les lettres de la légende. Le caractère des figures est flamand. On serait porté à voir dans ce tirage une épreuve obtenue sur poncif à jour ; certains détails de la coupe s'opposent formellement à cette interprétation. Telle que cette image nous apparaît, dans sa grossièreté naïve, elle est une des plus intéressantes du Cabinet de Paris (voir *Introduction,* ch. VII p. 175).

Encre noire, papier fin sans pontuseaux.
Coloriage : jaune pâle et cinabre.
Acquise en 1887, de Rosenthal, pour le prix de 420 fr.

64. — *La Vierge debout et couronnée.*
C. 360. — S. 1069. — Pass., I, 154.

(France, Région du Rhône, 1398-1400.) Cette pièce est longuement étudiée au ch. V de l'*Introduction,* p. 149, n° XXX. A remarquer surtout le fond losangé en frettes, l'édicule gothique. Passavant la donne à la France et au xive siècle. Cheveux de l'enfant et moulures des pinacles taillés en *billes.*

Impression à la main, à l'encre à l'eau. Transparence complète. Papier épais, non collé et sans filigrane.
Coloriage : jaune foncé, jaune clair.
Acquise en 1832 de M. Hennin.

65. — *La Vierge glorieuse, tenant l'enfant nu.*
C. 361. — S. 1086.

(Suisse, Saint-Gall ? 1470.) M. Schreiber indique la Souabe comme lieu d'origine probable ; la coupe des cheveux de l'enfant, très rapprochée de celle des pèlerins au n° 95 ci-après, ferait plutôt penser au Jura français. Le nimbe de l'enfant est bombé. Une pièce identique taillée sur ardoise est conservée au Musée Carnavalet à Paris. La Vierge semblable à celle-ci est debout sur le vaisseau de la ville de Paris, qui porte cette lettre : LVT. PAR. (Lutetia Parisiorum). Ces indications nous éloignent un peu de la Souabe, mais le type primitif devait être jurassien (voir ci-après le n° 73 du présent catalogue).

Papier lourd. Impression au frotton.
Coloriage : laque rouge, noisette, jaune foncé et jaune pâle.
Acquise de M. Hennin en 1832, sous le n° 132.

66. — *La Vierge assise et couronnée tenant l'enfant nu.*

C. 366. — S. 1062.

(ALLEMAGNE, vers 1490.) Cette pièce n'a d'autre intérêt que d'avoir été copiée par un Allemand sur un primitif de l'École de Beauneveu ou d'un peintre français. Ce qui le prouve c'est le trône avec socle sur lequel elle est assise, et le sceptre fleur-delisé. Tailles d'ombre.

Impression sur papier épais.
Coloriage : jaune pâle, bleu pâle, cinabre, vert.
(Voir Schreiber, n° 1062.)
Acquise en 1839 de M. Hennin, n° 2919.

67. — *La Vierge et l'enfant.*

C. 374. — S. 2497.

(FLANDRES OU ARTOIS, 1410.) M. Schreiber qui n'a pas remarqué les plis en yeux de la robe de la Vierge, sans les brisures, ne donne aucune origine. Le style est de l'École des Flandres avec influence des Italiens. Le travail de criblure est des plus anciens, car les points sont très petits, comme dans notre Saint Christophe et notre Catherine d'Alexandrie. Cette circonstance que les pièces les plus anciennes en criblé reconnues par Schreiber, n°s 2497, 2569 et 2590 portent un travail semblable, est à noter ici. La Vierge dont nous parlons a été trouvée dans le manuscrit de Santin Éveillard, chancelier de l'Église de Tours, avec les pièces énumérées sous le numéro 199 de Courboin, lesquelles sont d'un style bourguignon beaucoup plus bas. Une copie est à Oxford, mais Schreiber ne le dit pas, il en fait le sujet de son n° 2497 et de sa pl. XXIX.

Taille de teinte au pointillé et au trait.
Coloriage : bleu, rouge brun, jaune, vert.
Entrée aux Estampes en 1867 par transmission des manuscrits.

68. — *La Madone debout tenant l'enfant nu.*

C. 375. — S. 1073.

(PARIS, 1480.) M. Schreiber donne ce travail d'un cartier parisien à la France et y trouve quelque beauté. Nous ne partageons pas son enthousiasme, mais l'auréole de l'enfant vue par derrière, la tenue générale de l'œuvre indiquent bien le produit d'un cartier français, sans beaucoup de tailles d'ombre.

Impression sur papier fin à pontuseaux.
Coloriage brutal, comme ceux des jeux de cartes.
(Voir Schreiber, 1073.)
Acquise de M. Hennin?

69. — *La Madone dans sa gloire étoilée et le Carme*
C. 380. — S. 1144.

(ALLEMAGNE vers 1500.) Pièce assez bien gravée, probablement d'après un original français, mais sans intérêt à cause de sa basse époque.

(Voir Schreiber n° 1144.)
Acquise de M. Hennin en 1839, sous le n° 2919.

70. — *La Pietà.*
C. 387. — S. 2472.

(FRANCE-BOURGOGNE, 1420.) Cette petite pièce est obtenue en teinte, à l'italienne, en laissant les fonds noirs suivant le procédé de Simon Vostre. Les jambes du Christ ont des traces d'éraillure obtenues au couteau.

Impression à l'encre noire.
Coloriage : jaunâtre.
(Voir Schreiber, n° 2472.)
Acquise en 1839 de M. Hennin.

71. — *La Vierge de douleurs.*
C. 388. — S. 1016.

(FRANCE-BOURGOGNE, vers 1430.) Je ne sais quelle cause fait reporter cette pièce à Augsbourg par M. Schreiber. Le système des plis, la taille des lignes, l'allure est bourguignonne, et Augsbourg est moins indiqué que ne sont le Haut-Rhin, ou la Suisse par exemple.

Impression au frotton, encre brune, papier fin.
Coloriage : vert jaune, laque carminée, noisette.
Acquise de M. Hennin en 1839.

72. — *La Pietà avec Jean et Madeleine.*
C. 389. — S. 984.

(SAINT-CLAUDE, 1430.) M. Schreiber donne cette pièce remarquable à la Suisse, à cause du coloriage. Le travail est certainement bourguignon-comtois. Les pré-

tendues tailles d'ombre sont obtenues par le procédé en teinte. Les plis sont ceux
du Saint Christophe de 1423, et je n'hésiterais pas à rapprocher ces deux pièces
comme date. Le Christ a la couronne d'épines très spéciale de la *Pietà* de
Maihingen. La manière de tailler le bois y rappelle celle des figures des *Meditationi*
de Venise citées ci-devant au n° 51 ; mais notre pièce ne faisait aucunement partie de la suite.

Impression au frotton à l'encre brune sur papier sans filigrane.
Coloriage brutal, mais harmonieux, rouge, jaune d'or, vert jaune.
Acquise en 1839 de M. Hennin, sous le n° 2921.

73. — *La Madone en gloire et le symbole des Évangélistes.*

C. 399. — S. 1098.

(Saint-Claude ? vers 1440.) MM. Schreiber et Renouvier pensaient à l'Allemagne à cause de la « maussaderie des bouches ». Le travail, comparé à la pièce de
Saint-Claude que nous possédons, trahit certains détails concurrents : la lettre, les
figures, la coiffure de l'enfant nu. Une copie en contre-partie est à Munich, n° 110
(S., n° 1100, ne signale pas cette particularité). La publication de Soldan en fait
une œuvre de 1390-1420, ce qui laisse un certain doute. Je dois avouer cependant
que la couronne est un peu singulière pour les Jurassiens ; en tout cas je pencherais pour la Suisse. Comparez au n° 65 du présent catalogue.

Impression au frotton sur papier épais.
Coloriage brutal, fond noir, jaune, vert, laque carminée.
(Voir Schreiber, n°ˢ 1098 et 1100.)
Acquise en 1839 de M. Hennin, sous le n° 2914.

74. — *La Vierge sur le croissant, entourée des apôtres.*

C. 400. — S. 2508.

(France-Artois, 1445.) Il est à peine besoin de faire remarquer les analogies
de cette pièce avec les figures de Simon Vostre. Les petits saints de la bordure
semblent taillés par lui. La tête de la Vierge est de cette esthétique à laquelle
nous devons la Sainte Opportune, n° 614. L'enfant a un nimbe fleurdelisé. Les
légendes sont à l'envers. Pièce destinée à une décoration directe, et probablement
gravée sur métal. Les nuées en fraise, dites nébules sont courantes alors. Voir ci-
après le n° 177 du présent catalogue.

Taille en teinte. Impression sur papier à larges pontuseaux, et filigrane
une tête de bœuf.
Coloriage : jaunâtre.
Acquise en 1839 de M. Hennin, sous le n° 2897.

75. — *Les quatre docteurs.*

C. 11658. — S. 1789. — H. Delaborde, 58.

(FLANDRE-BOURGOGNE, 1440.) Schreiber dit « Haute-Allemagne » ce qui signifie presque toujours la Lorraine, les Flandres ou la Franche-Comté. M. Delaborde
ne donne aucun avis. Les plis en forme de 7 nous ramènent dans les Flandres,
comme il sera dit ci-après au n° 524 (n° 116 du présent catalogue). Les
tailles d'ombre et les plis ne sont pas sans analogie avec ceux du *Saint Léonard*,
n° 533 (n° 119 du présent catal.). En un mot nous sommes en Hainaut ou en
Brabant, peut-être en Picardie.

Impression au frotton sur papier à pontuseaux sans filigrane.
Bariolage jaune tendre, laque rouge, vert, brun.
Acquise en 1832 de M. Hennin, pour 18 francs.

76. — *Douze martyrs.*

C. 417. — S. (néant).

(FLANDRE-BOURGOGNE, 1460.) Cette planche de douze pièces était destinée à un
découpage ; elle provient du même atelier que le n° 18 du présent catalogue. Les
bourreaux y sont chauves, et la particularité bourguignonne de coiffer les saints
d'une mitre est ici très caractérisée. A remarquer aussi les nébules de la main
divine, les sièges sur lesquels sont assis deux des personnages. Il est difficile
de reconnaître, sous ces figurines uniformément vêtues en évêques, les saints
spéciaux que chacune d'elles indique ; toutefois il semble qu'on aperçoive dans le
nombre, *saint Denis, saint Eugène, saint Ferréol, saint Bénigne, saint Léger, saint Vit,
saint Érasme* et *saint Symphorien*. Les bourreaux portent un habit mi-parti, ce qui
est parisien. Les images de ce genre, conservées dans leur feuille primitive, montrent
dans quelles conditions les producteurs livraient leurs œuvres aux revendeurs ;
ceux-ci colportaient les figures, après les avoir séparées, et les possesseurs pouvaient
ajouter un coloriage à la main, sur le coloris sommaire au patron appliqué à
chacune.

Impression au frotton, encre noire.
Coloriage : jaune clair, rouge, vert, au patron.
(Sans mention d'origine.)

77. — *Les douze apôtres, le credo et les dix commandements.*

C. 418. — S. 1759.

(PICARDIE, 1440-50.) Le catalogue de la Réserve des Estampes a donné ces pièces
à l'École allemande, Schreiber les dit françaises. En réalité, comme je l'ai dit ci-
devant à l'*Introduction*, p. 32, la légende en français toute seule ne prouverait guère,
parce que nous savons quelle était l'adresse des vieux graveurs sur bois pour

insérer un texte dans une planche encochée et évidée. Cependant nous nous trouvons ici en présence d'œuvres incontestablement picardes, si on veut bien les rapprocher des *Neuf Preux*, de certaines figures d'*Apocalypses* ou de la *Bible des Pauvres* de la première édition. Certaines inclinaisons de tête, les regards en coin, les plis d'habits à crochets, l'anthropométrie courte sont autant de présomptions. En réalité nous avons affaire à des œuvres contemporaines du *Saint Christophe* de 1423. Voici les rectifications à Schreiber pour le texte qui est *en dialecte picard*.

1° Reis dieux le roy.... iu
2° (bon)
3° (bon)
4° Pere et mere tos jours honoras
5° D'ochier nulluy ne t'entremés.
6° (bon sauf *tout* qui n'a pas d's)
7° Ne fais nulluy [per] te ne damaige
8° Lire : temoignaige
9° Ne convoit point la femme d'aultruy
10 (bon)
11 (bon)
12 Donat au lieu de Donas.

Impression au frotton, tailles d'ombre.
Coloriage : jaune, rouge gris.
Acquise en 1832 de M. Hennin, sous le n° 167.

78. — *Saint Alton, Sainte Brigitte et Sainte Catherine.*
C. 424. — S. 1186.

(Liège, vers 1490.) Pièce singulière dont les traits d'ombre des terrains ne se poursuivent pas jusqu'à la bordure et sembleraient indiquer un tirage au poncif des cartiers. C'est la copie et non l'original du n° 425 comme le croit Schreiber.

Impression à l'encre brun foncé. Papier épais.
Coloriage brutal : rouge, bleu.
(Voir Schreiber, n° 1186.)

79. — *Saint Alton, Sainte Brigitte, Sainte Catherine.*
C. 425. — S. 1187.

(Liège, vers 1480.) Pièce originale, ayant servi à la copie du n° précédent. Tailles d'ombre.

Impression au frotton.
Coloriage : vert jaune, bleu, violet, oranger, gris blanc, chamois.
(Voir Schreiber, n° 1187.)
Acquise en 1839 de M. Hennin.

80. — *Saint André.*

C. 427. — S. 2526.

(FLANDRE-BOURGOGNE, vers 1460.) Cette pièce est en taille de teinte dite éraillée. Je signale le terrain qui rappelle certains herbages des tapisseries allemandes. M. Schreiber qui n'admet pas les tailles de plis avant 1450 et qui n'a pas déterminé la taille de teinte, place cette pièce à 1480.

Impression à l'encre noire.
Coloriage (nul).
(Voir Schreiber, n° 2526.)
Acquise de Leblanc en 1842.

81. — *Saint Antoine* (fragment).

C. 433. — S. 2536.

(FLANDRES, 1440.) Cette pièce a beaucoup d'affinités de style et de technique avec le n° 334 (ci-devant n° 55). Les plis cassés du manteau indiquent les Flandres, la barbe est taillée au burin. Pour la coiffure du saint, comparez au n° 82 du présent catalogue (n° 97).

Taille de teinte fort habile dans le manteau, criblés.
Coloriage nul.
Acquise en ?.

82. — *Saint Antoine.*

C. 434. — S. 2540.

(FLANDRE-BOURGOGNE, vers 1450.) Cette petite pièce trahit des affinités de style et de costume avec la pièce 81 du présent catal. (C. 433). Les tailles éraillées, les criblés et les ornements diaprés du fond sont flamands. La lettre est latine. Je range dans la même manière les pièces suivantes : Saint Dominique (n° 96 ci-après), Sainte Catherine (n° 137) et le Bon Pasteur (n° 170).

Impression sur papier épais.
Acquise en 1839 de M. Hennin.

83. — *Saint Augustin et l'enfant.*

C. 436. — S. 1243.

(BOURGOGNE ou BASSIN DU RHÔNE, vers 1410-20.) L'opinion de M. Schreiber qui donne pour lieu d'origine à cette belle pièce la Souabe orientale, allemande, en un mot, ne se peut soutenir. L'attitude du saint, la noblesse un peu alanguie de sa pose, nous laissent entrevoir une influence italo-venaissine. Ce serait Lyon que j'indiquerais ou les abbayes bourguignonnes, par ce fait surtout que l'enfant a les cheveux en billes comme ceux de la *Vierge* dite de Lyon (n° 64 du présent catalogue). Les plis sont d'ailleurs sans tailles d'ombre et sans brisures. Une lettre manuscrite, française de forme, est en haut de l'estampe : *Sanctus Augustinus pontifex pater noster*. Le *pater noster* semblerait démontrer que la pièce fut recueillie par un couvent d'Augustins.

Impression sur papier fin.
Coloriage : laque carminée, brun clair, brun foncé.
(Voir Schreiber, n° 1243.)
Acquise en 1839 de M. Hennin.

84. — *Conversion de saint Augustin.*

C. 437. — S. 1246.

(Cologne ou Gand, vers 1500.) Pièce rhénane avec forte influence des Bourguignons-Flamands. L'époque basse la rend peu intéressante. Le saint y porte un costume de docteur (voir ci-devant n° 14 et les n°s 112 et 121).

Impression au frotton.
Coloriage brutal : cramoisi, jaune, vert, brun. La bordure vermillon.
(Voir Schreiber, n° 1246.)
Provient de Hennin ?

85. — *Saint Barthélemy.*

C. 439.

(Liège, vers 1445-50.) Les rédacteurs du catalogue de la Réserve ont indiqué les écussons, sans les expliquer. Ils donnent l'indication « école allemande » avec un point d'interrogation. Voir ce que nous avons dit de cette pièce ci-devant, ch. VII, n° 1. Peut-être les armoiries de l'évêque sont-elles estampillées au XVIe siècle.

Taille de teinte simplifiée, impression à la main sur papier épais.
Coloriage : jaune, brun, rouge vermillon.
(Description au n° 439 du cat. de la Réserve.)
Acquise en 1887.

86. — *Saint Bernardin.*

C. 443. — S. 2567.

(Région du Rhône ? 1454.) Cette pièce qui a fait le sujet de beaucoup d'articles énumérés par M. Schreiber (n° 2567), est fort intéressante. Elle fait partie des pièces gravées par un maître italo-bourguignon, vers 1450, et toutes encadrées dans la bordure nébulée. Cette bordure est constante en France, au XVe siècle, voir notamment la Vierge publiée par M. Male dans la Gazette des Beaux-Arts, 1er mars 1902, p. 169, et qui est de Bourdichon, avec monogramme des évangélistes aux angles. La date de 1474 au lieu de 1454 est une grosse erreur de M. Schreiber. Les chiffres 7 de ce temps sont un triangle Λ, dont les deux branches s'inclinent en bas ; au contraire le 5 a cette forme de 7 (voir dans Ea 2 réserve, le calendrier de tête qui lève tous les doutes). Je serais donc fondé à dire, si les dates gravées pouvaient établir une conviction absolue, que ces pièces sont toutes du milieu du siècle. Aucune d'ailleurs ne nous montre d'allemand (voir ci-devant le n° 47 du présent catalogue). L'église Saint-François à Assise possède une fresque de Giotto montrant saint François en extase, qui doit être le modèle d'après lequel a été dessiné notre Saint Bernardin. Je croirais à un original italien copié par un Bourguignon ou un Provençal. On lit *Sanctus Bernardinus* et non *Bernhardinus*.

Taille en teinte, pointillé, criblé, découpage du fond.
Coloriage : jaune, brun, rouge.

87. — *Saint Bénigne.*

C. 446. — S. 1315.

(BOURGOGNE, 1390-1400.) Nous avons longuement parlé de cette pièce capitale dans l'*Introduction*, p. 126. Nous ferons remarquer que Schreiber indique le bassin du Rhin et la date 1400-20. Sur la mitre que porte le saint, voir les remarques au n° 76, ci-devant.

Impression sur papier fin au frotton. Pas de filigrane, encre noire.
Coloriage : jaune et brun clair.
(Voir Schreiber, n° 1315.)
Acquise de M. Hennin en 1839, sous le n° 2900.

88. — *Saint Christophe.*

C. 447. — S. 2598.

(BOURGOGNE OU FRANCHE-COMTÉ, 1440.) Cette pièce vraisemblablement de la main de l'artiste qui grava le *Saint Georges* n° 479 (ci-après cat. n° 102) est également sans fond. Les cheveux sont au burin, les criblés ont été quelquefois mis sur des éraillures, notamment au manteau de l'enfant Jésus. Nimbe à fleur de lis. Traces de clous, d'où l'on peut inférer que l'original était sur métal (voir n° 94 du présent cat.).

Taille de teinte avec burin. Métal évidé à l'entour des figures.
Sans coloriage.
Acquise en 1832 de M. Hennin.

89. — *Saint Christophe.*

C. 448. — S. 1360.

(Suisse, Saint-Gall ? 1460.) L'influence bourguignonne est très sensible dans les éléments de cette pièce brutalement taillée et qui rappelle les plus anciens tarots. Le palmier est de tradition venaissine. Le saint porte une tunique bourguignonne avec bourse à la ceinture. L'enfant a les cheveux coupés comme Louis XI, dans le portrait aux crayons de la Bibliothèque d'Arras. Tailles d'ombre et plis tourmentés. La barbe et les cheveux du saint sont traités en teinte et fort embroussaillés.

Papier épais, sans filigrane, ni transparences. Impression au frotton.
Coloriage : jaune d'or, carmin, vert, etc.
(Voir Schreiber, n° 1360, et notre *Introduction*, n° XVIII.)
Acquise en 1832 de M. Hennin.

90. — *Saint Christophe.*

C. 449. — S. 1374.

(Franche-Comté ou Champagne, vers 1460.) Les rochers, les arbres, l'eau procèdent du système des graveurs du Saint Christophe de 1423. Il s'agit évidemment ici d'une pièce copiée sur un original plus ancien. Tailles d'ombre et plis. Il manque l'ermite ordinairement retrouvé dans le thème général de cette représentation.

Papier léger, sans filigrane. Transparences.
Coloriage : bleu, vert, jaune, cinabre.
(Voir Schreiber, n° 1360 et 1374.)
Acquise en 1832 de M. Hennin.

91. — *Saint Christophe.*

C. 450. — S. 1369. — Renouvier, 43 (21).

(Bourgogne, 1410-15.) M. Schreiber nous a donné une description de la pièce, toutefois il ne remarque ni les concordances de style et de technique avec l'*Homme de douleurs* (ci-après, n° 159 du présent cat.), ni l'ermite dont l'allure est celle des n°ˢ 253, 333, et 357 du catal. de Courboin. Les pieds du saint de dimensions exagérées sont aussi à rapprocher du n° 227 du même catalogue. L'arbre, de forme ronde avec des feuilles distinctes, rappelle ceux du *Jardin des Oliviers* (C. 205. n° 9 du présent cat.). Remarquer également les cheveux de l'enfant taillés en criblé comme aux n°ˢ 5 et 64 du présent catal. (C. 160 et 360). Les rochers sont dans la donnée de ceux du Saint Christophe de 1423. Plis arrondis et souples, taille large

et primitive du *Bois Protat* ou du *Saint Christophe* de Mlle Przibram autrefois à
Weigel.

Impression sur papier épais avec filigrane d'une tête de bœuf? surmontée d'une fleur.
Taille de teinte dans les cheveux de l'enfant et dans les arbres.
Coloriage : jaunâtre et brun.
Acquise en 1832 de M. Hennin.

92. — *Saint Christophe.*
C. 453. — S. 1375.

(France, Jura, 1410.) Petite pièce rappelant par son art le *Saint Christophe* de
1423. Montagnes et arbres suivant la formule italo-bourguignonne. Pas de tailles
d'ombre. Les nuages que M. Schreiber nomme « ogivals » forment un premier
plan.

Impression à l'encre noire sur papier épais, et probablement au frotton.
Coloriage : bleu clair, brun, cinabre, bordure vermillon.
(Voir Schreiber, n° 1375.)

93. — *Saint Christophe.*
C. 456. — S. (néant).

(Liège ou Allemagne rhénane, 1490-1500.) Pièce décrite par Courboin, et
sans aucun intérêt, à cause de sa très basse époque. Plis d'ombres. Certaines
recherches dans le rendu de l'eau indiquent un original assez bien dessiné.

Impression à la presse ? Papier épais.
Coloriage : jaune clair, brun rouge, vert, etc.
Acquise de M. Hennin en 1839.

94. — *Saint Christophe.*
C. 11, 656. — S. 2590. — H. Delaborde, 56.

(Franche-Comté ou Lorraine, vers 1440.) Cette pièce capitale d'un orfèvre
lorrain ou franc-comtois était autrefois exposée au Cabinet des Estampes. On lit
sur les banderoles : [*Hunc qui m*]*ane videt nocturno tempore ridet — Hic fertur
mundus est ne tibi labile pondus.* Le dernier vers n'est pas correct, *mundūs* restant
bref. On devra comparer le style de cette estampe brutale au n° 102 du présent
catalogue ; ce sont les mêmes théories de pratique ; les pointillés, les arbres, les
fleurettes du sol, la forme des rochers et celle des lettres sont indiscutablement de
la même main. Les deux estampes sont gravées sur métal comme on voit par la
trace des clous fixateurs. Le Saint Georges du n° 102 me fait incliner en faveur de
l'origine franc-comtoise. La ville impériale de Besançon renfermait au xve siècle

une quantité d'orfèvres capables de tailler une planche dans ce style que M. Schreiber reconnaît bourguignon (S. 2590) et qui sera celui du maître E. S., toutes proportions gardées. Les figures ont été découpées sur le fond. Le burin et le couteau sont employés conjointement.

Impression en noir.
Sans coloriage.
Acquise de M. Hennin en 1832.

95. — *Saint Claude.* — *La Trinité et les instruments de la Passion.*

C. 457. — S. (néant).

(Franche-Comté, 1420 et 1460.) Cette pièce n'a pas été connue de Schreiber; elle est capitale pour l'histoire de l'imagerie dans le Jura. On peut y remarquer les rapports de style et de pratique avec le *Bois Protat* (voir *Un ancêtre de la gravure sur bois.* Paris, Lévy, 1902, in-8°). La pièce se compose de deux clichés différents réunis sur une même feuille de papier. L'un à droite, représente la *Trinité,* dans la formule adoptée par les peintres du duc de Berry dans les *Heures,* Dieu le Père soutenant la croix. Cette partie de l'estampe est taillée dans la façon du *Bois Protat,* mais avec un considérable retard de date. La robe de Dieu le Père, les longs plis souples, le siège en trône, empruntés à Beauneveu, nous rapprochent sensiblement du commencement du xve siècle. Le Christ porte le tortil, le nimbe crucifère; le Saint-Esprit est sommairement indiqué sur la poitrine de Dieu le Père. Pas de tailles d'ombre.

A gauche, nous sommes en présence d'une œuvre bien postérieure, plus grossièrement ouvrée, où nous apercevons six personnages, dont un chanoine coiffé de l'aumusse, faisant des dévotions devant le reliquaire d'un saint. Les pieds du saint s'aperçoivent et sont baisés par un des personnages coiffé à la Bourguignonne. Ce reliquaire est celui qui fut commandé par Louis XI, alors dauphin de Viennois en 1456, lors de son passage à Saint-Claude; j'imaginerais d'ailleurs assez volontiers que c'est ce prince qui est représenté embrassant les pieds du saint. En haut sur un phylactère on lit : *S. Claude,* en minuscule gothique française. En bas, sur une marge réservée pour l'impression de prières, on lit. S.... puis *aison* (oraison ?) Cette partie de l'image en blanc attendait une lettre manuscrite au gré de l'acheteur. En haut la main divine et les nébules. Tailles d'ombre (ci-devant p. 152).

Impression au frotton à l'encre grise.
Coloriage : jaune, rouge, noisette, brun.
Don de M. Jules Marion en 1876.

96. — *Saint Dominique.*

C. 459. — S. 2606.

(France, Bourgogne, 1450.) Voir ci-devant le n° 82.

97. — *Saint Érasme.*
C. 462. — S. (néant).

(France-Bourgogne, vers 1450.) Cette petite pièce fait partie de la suite signalée ci-devant au n° 58 du présent catalogue. Saint Érasme qu'on se plaît à regarder comme un saint allemand, était fort en honneur en France, témoin la grande planche française de Vérard, autrefois possédée par Weigel (n° 223 de son catal.). Ici la fleur de lis du bourreau ne laisse aucun doute (voir aussi les concordances de style avec les pièces énumérées au n° 7 ci-devant).

Acquise de M. Hennin en 1839.

98. — *Saint Florian.*
C. 469. — S. 1421.

(Suisse, 1490.) La coiffure du saint a été fortement influencée par les Italiens. M. Schreiber pense à l'abbaye de Saint-Florian en Autriche, dont le saint était patron. Je croirais plutôt à un travail suisse originaire d'une des grandes abbayes. Saint Florian s'était noyé à Lorch sur le Rhin. Tailles d'ombre de l'extrème fin du siècle. Au verso une sorte de memento géographique avec figures manuscrites grossières retrouvées sur un Saint Christophe suisse (n° 452 du cat. de la Réserve) dont nous n'avons pas parlé parce qu'il est du xvie siècle allemand ou suisse (Bâle).

Impression à la presse sur papier épais.
Coloriage : jaune clair, bleu de cobalt, rouge, brun foncé.
Acquise avec le Saint Christophe du libraire Tross en 1871, pour le prix de 300 fr.

99. — *Saint François et Léon.*
C. 470. — S. 2631.

(France, Bourgogne, 1450.) Cette petite pièce fait partie de la suite de saints énumérés au n° 345 (ci-devant n° 58) et qui sont de la même main qu'une autre suite décrite au n° 199 (ci-devant n° 7). Ces pièces ont les caractères de l'imagerie bourguignonne française au milieu du xve siècle.

Taille de teinte en criblé.
Sans coloriage.
Acquise en 1832 de M. Hennin.

100. — *Saint François.*
C. 474. — S. 2627.

(Région du Rhône, 1440.) Cette pièce est attribuée au prétendu Bernard Milnet dont le nom ajouté après coup par un des possesseurs du xve siècle a fait beaucoup écrire. Ce Bernard Milnet ou Cuisnet (car je lis aussi bien l'un que l'autre), est un équivalent du *ierg Haspel zu Bibrach*. Ce nom est sur la Vierge n° 60 du présent catalogue. M. Schreiber n'a pas lu les deux banderoles. *Dedi stygmata ut sis confidens... Summe Deus illumina tenebras cordis me*[i]. Bordure en *nébulé* flamand-français à la mode de Beauneveu. (M. Schreiber dit « nuages ogivals ».) Une épreuve de Munich a été publiée par Soldan, *Denkmale*, pl. 102, mais incomplète.

Taille de teinte dans les figures, les mains, et les ailes du Christ, pointillé double. Fonds évidés. La pièce a été entourée de la bordure du Saint Bernardin copiée en sens contraire.
(Voir n° 443 et S. 2627 et 2567.)
Donnée en 1832, par M. Gérente, quai de Béthune.

101. — *Saint François recevant les stigmates.*
(Non décrit.)

(TOURAINE OU ILE-DE-FRANCE, 1490.) Le saint à genoux sur un terrain accidenté est tourné à droite ; il regarde dans le ciel la croix sur laquelle est un chérubin. Dans le fond une ville avec une église gothique et deux franciscains lisant un livre. Cette pièce est, d'origine et d'art, fort semblable à l'*Homme de douleurs* (ci-après n° 157), à une *Annonciation* appartenant à M. Jules Protat ; au *Divin Jardinier* appartenant à M. Herluison d'Orléans ; à une grande *Vie du Christ* récemment acquise par le Dép. des Estampes à M. Sewytz ; au *Saint Érasme* autrefois à Weigel (n° 223 de son catal.). Tailles d'ombre nombreuses. On lit au bas en minuscule gothique sur deux lignes : *Franciscus vir catholicus et totus apostolicus ecclesie teneri fidem Romane docuit, presbiterosque monuit pre cunctis revereri. Ora pro nobis, Beate Francisce.*

Cette pièce fut trouvée à Angers dans un coffre appartenant à M. Girard relieur. Elle fut cédée à la Bibliothèque par M. Jean Masson, qui renonça gracieusement à la garder pour ses collections. Haut. 0, 340 ; larg. 0, 230.

Impression à l'encre noire.
Coloriage : jaune, violet brunâtre, vert-feuille, robe blanc sale, paysage brique.
Acquise en 1902.

102. — *Saint Georges.*
C. 479. — S. 2633. — Passavant, I, 88.

(FRANCHE-COMTÉ OU LORRAINE, vers 1440.) Cette pièce est donnée aux bords du Rhin par M. Schreiber, mais la cuirasse particulière du saint, les épaulières surtout, rencontrées dans les œuvres de la Flandre Bourguignonne ne laissent aucun doute. Les rochers et le château sont aussi bien du Jura que du Rhin. Le Saint Georges est un saint essentiellement comtois alors, il ne deviendra allemand qu'à la création de l'ordre de Saint-Georges par Maximilien à la fin du XV⁰ siècle. Le double pointillé à très petits et à plus gros grains est aussi un indice.

Je lis autrement la légende : *Super aspidem et basilicum ambulabis et c…-In deo meo transgrediar murum.* De même style que le n° 94 du présent catalogue.

Taille de teinte sur métal évidé à l'entour des figures. Traces de clous fixateurs à droite en bas, et en haut à gauche et à droite sur les deux phylactères.
Sans coloriage.
Acquise de M. Hennin en 1832.

103. — *Saint Georges.*

C. 482. — S. 1444.

(BOURGOGNE, COMTÉ vers 1430.) M. Schreiber pense à l'Alsace à cause d'une similitude de coiffure entre la Vierge n° 7 de Soldan, et la jeune fille que le saint vient délivrer. L'allure bourguignonne du chevalier, la façon de traiter les fleurs des champs, le costume de la jeune fille sont de la comté de Bourgogne, où d'ailleurs le saint était patron d'une confrérie célèbre portant comme armes celles que nous voyons sur l'écu. Pas de tailles d'ombre.

Impression au frotton à l'encre noire sur papier épais.
Coloriage : empâtement du fond à la couleur brunâtre, jaune, vert, bleu, rouge.
Cette pièce offre cette particularité d'être découpée et réappliquée sur ce fond empâté. Elle avait dû être encadrée. La bordure est également découpée.
Sans mention d'origine, M. H. Delaborde ayant omis de lui appliquer le chiffre d'acquisition.

104. — *Saint Georges.*

C. 483. — S. 1453.

(BOURGOGNE, 1400-1410.) Cette petite pièce est de même format et de même style que les n°ˢ 5, 27, et 54 du présent catalogue. Le saint y porte la cuirasse dorée des princes bourguignons. Aja est couronnée. Pas de tailles d'ombre.

Impression sur papier mince au frotton.
Coloriage : jaune d'or, rouge, vert.
(Voir Schreiber, n° 1453.)
Acquise en 1839 de M. Hennin.

105. — *Saint Gilles.*

C. 485. — S. 1406.

(FLANDRES ou PICARDIE, vers 1450.) Il nous est tout à fait impossible de voir dans cette pièce l'œuvre d'un Allemand ripuaire comme le dit M. Schreiber. L'élégance de cette figure, la taille des plis, la physionomie, la banderole même nous rapprochent de la Flandre Bourguignonne. La date 1470 est trop basse aussi. Comparez au Saint Léonard, n° 119 du présent catalogue.

Impression au frotton à l'encre noire sur papier, sans filigrane.
Coloriage : noisette, jaune, cramoisi.
(Voir Schreiber, n° 1406.)
Acquise en 1832 de M. Hennin.

· **106**. — *Messe de saint Grégoire.*

C. 488. — S. 1467.

(LORRAINE ou PICARDIE, 1440-50.) Aux constatations de Schreiber nous ajouterons diverses remarques importantes. D'abord les cheveux de l'ange, identiques à ceux des n⁰ˢ 35 et 176 du présent catalogue. La tête des bourreaux est rasée à la mode française (voir n° 18 du présent cat.).

La pièce fut vendue en Allemagne comme indulgentielle ; une tablette avait été ménagée pour l'insinuation d'un texte ; celui-ci écrit en allemand a été imprimé après coup. On s'en rend compte par le foulage de la lettre sensiblement plus appuyé au verso que n'est celui de la figure. En plus on remarque que le point du mot *einem* mord, en noir, sur le filet gris de la bordure primitive. Cette pièce est donc une des plus importantes au point de vue de l'histoire de la gravure. Elle n'est pas sans affinités avec le n° 52 ci-devant.

Impression sur papier rude au frotton. Texte rapporté.
Coloriage : jaune clair ; or aux nimbes et à la mitre, laque rouge.
(Voir Schreiber, n° 1467.)
Acquise en 1832 de M. Hennin.

107. — *Messe de saint Grégoire.*

C. 491. — S. 1468.

(LORRAINE ou CHAMPAGNE vers 1430.) Cette pièce est donnée à la Franconie par M. Schreiber, sans indications. Je ferai remarquer les concordances suivantes entre notre pièce et le manuscrit de la *Vie de saint Clément* dont il a été longuement parlé aux n⁰ˢ 1 et 51, ci-devant). L'autel d'abord est dans la donnée des autels aperçus dans le manuscrit ; le Ponce-Pilate figurant en haut, à gauche, sous les traits d'un homme barbu, coiffé d'un mortier de juge à hermine, se retrouve très exactement dans le manuscrit à divers endroits. Les nébules sur lesquels repose le Christ sont aussi rencontrés dans le manuscrit. Or la date de ce dernier ouvrage est très exactement 1403 et Metz est le lieu d'origine. Quant à la gravure, je ferai remarquer les concordances dans la forme des plis, d'abord avec la Vierge de Bruxelles, dite de 1418, et surtout avec les éditions de la première Apocalypse de

Sotheby. Je signale les analogies de notre estampe avec le *Saint Grégoire*, reproduit dans l'album de Soldan, n° 15, et qui est au Cabinet de Munich, avec texte allemand.

Impression encre noire; papier sans pontuseaux ni filigrane.
Coloriage : jaune d'ocre, vermillon, bleu cobalt, vert, brun rouge ; le tapis de l'autel a des franges tricolores, jaune, bleu, rouge.
(Voir Schreiber, n° 1468.)
Acquise en 1839 de M. Hennin.

108. — *Messe de saint Grégoire.*

C. 492. — S. 1476.

(Lorraine ou Champagne, vers 1430-40.) Cette pièce a beaucoup d'analogie avec les précédentes (n° 107 du présent cat.). La figure du saint, un peu brutale, semble se rapprocher des travaux rencontrés dans les planches des *Neufs Preux*, ci-après mentionnés au n° 184. A remarquer le pavage. Christ avec tortil comme au n° 107 du présent cat.

Impression sur papier sans pontuseaux.
Coloriage : jaune, rouge, vert.
(Voir Schreiber, n° 1476.)
Acquise en 1839 de M. Hennin.

109. — *Messe de saint Grégoire.*

C. 493. — S. 1481.

(Flandre-Picardie, 1420.) M. Schreiber parle de l'Allemagne supérieure à propos de cette pièce, mais tous les caractères en sont flamands ou picards influencés d'art bourguignon. Pas de tailles d'ombre, plis souples.

Impression au frotton à l'encre noire, sur papier sans pontuseaux ni filigrane.
Coloriage : jaune, vert, laque carminée, noisette.
(Voir Schreiber, n° 1481.)
Acquise en 1839 de M. Hennin.

110. — *Messe de saint Grégoire.*

C. 494. — S. 1486.

(Lorraine, vers 1440.) Cette pièce a évidemment été destinée à parodier une miniature ; son fond bleu à la gouache, le jaune de la croix et de la colonne expriment cette intention. La bordure, le calice, le nimbe et la mitre sont dorés en façon d'un manuscrit. C'est le point de départ de ce que feront nos miniaturistes des pièces imprimées par Vérard ou Simon Vostre à la fin du xvᵉ siècle. Pas de tailles d'ombre, plis cassés.

Impression au frotton sur papier très mince, sans pontuseaux ni filigrane.
Coloriage : bleu, jaune, or, brun.
(Voir Schreiber, n° 1486.)
Acquise en 1839 de M. Hennin, n° 2963.

111. — *Saint Grégoire.*

C. 495. — S. 2657.

(France-Bourgogne, 1450.) Voir ci-devant le n° 58.

112. — *Henri II et Cunégonde.*

C. 496. — S. 1498.

(Allemagne rhénane, 1485.) Cette pièce, œuvre essentiellement rhénane, montre la part prise par la Bourgogne à la formation de l'art allemand. Les étoffes damassées, les plis brisés semblent indiquer un travail flamand-liégois. Tailles d'ombre nombreuses (voir ci-devant n° 84).

Impression au frotton sur papier avec pontuseaux.
Coloriage : vert, jaune, bleu, brun clair, bordure vermillon.
(Voir Schreiber, n° 1498.)

113. — *Saint Jacques le Mineur,* ou plutôt *saint Jude.*

C. 502. — S. 1507.

(Lorraine, vers 1440.) Nous assimilerions volontiers cette petite pièce, assez jolie, au Calvaire, n° 40 du présent catalogue. C'est la même formule d'art et de technique. Les plis sont droits et sans tailles, les brisures sont identiques dans la robe des saints et dans le manteau de la Vierge du n° 40. Schreiber d'ailleurs indique la Lorraine, mais sans fournir de raison.

Impression au frotton sur papier.
Coloriage : brun, bleu, jaune, vert.
(Voir Schreiber, n° 1507.)
Acquise en 1839 de M. Hennin.

114. — *Saint Jean à Pathmos.*

C. 518. — S. 1525.

(Lorraine ou région du Nord, vers 1440.) Cette pièce fort particulière et dont il n'existe guère de similaires dans les collections d'Europe, touche par

plus d'un point au *Jugement dernier* (ci-après n° 178 du présent catalogue).
M. Schreiber parle d'Augsbourg, il serait plus juste de comparer la pièce aux
œuvres de Pfenning. La couronne de la Vierge, les plis d'étoffe et surtout la bordure des tuniques procèdent d'un thème flamand-lorrain. L'absence de tailles
d'ombre jointe aux plis fortement brisés fait penser aux peintres de Bruges non
influencés par Van Eyck.

Papier épais, sans transparences ni filigrane. Tailles larges et nettes, renforcées au pin-
ceau. Terrain à herbes grêles (voir Soldan, n° 50).
Coloriage : or, cinabre, jaune clair, jaune vert, rouge.
(Voir Schreiber, n° 1525.)
Acquise de M. Hennin en 1832.

115. — *Saint Jérôme.*
C. 520. — S. 2682.

(NORD DE L'ITALIE OU PROVENCE, 1450-60.) Pièce identique comme dimensions
et comme faire avec le n° 286 ci-devant (n° 48 du présent cat.). Même arcature
gothique, même nimbe radiant et même ciel papelonné.

Taille de teinte et pointillé.
Coloriage nul.
(Voir n° 1555 de Schreiber.)
Acquise en 1832 de M. Hennin.

116. — *Saint Jérôme.*
C. 524. — S. 1549.

(FLANDRES, BRUGES, 1420.) M. Schreiber ne signale pas les plis en 7 très rares de
cette pièce importante. C'est là cependant une caractéristique curieuse, dont il fallait
tenir compte. Je retrouve cette façon d'indiquer les plis dans le tombeau de Wouter
Copman de Bruges, publié par Dehaisnes, III, 154. Le Saint Jérôme que M.
Schreiber donne au Rhin vers 1475, nous paraît devoir être ramené de beaucoup en
arrière. Pas de tailles d'ombre.

Impression au frotton à l'encre noire sur papier avec tête de bœuf d'une marque
génoise.
Coloriage : violet, jaune, vermillon.
(Voir Schreiber, n° 1549.)
Acquise en 1887 de Rosenthal.

117. — *Saint Jérôme.*
C. 526. — S. 1566.

(FLANDRE FRANÇAISE, vers 1450.) Bien que cette pièce offre les caractères anciens
de la gravure des maîtres flamands, quelques plis d'ombre nous la font reporter au

milieu du xve siècle. Les plis à crochets y existent, mais ils n'ont pas la forme très particulière du n° 524 (n° 116 du présent cat.). Voir pour le style, le n° 119 du présent catalogue.

Impression au frotton à l'encre noire sur papier à pontuseaux.
Coloriage : jaune ocre, vert, rouge.
(Voir Schreiber, 1566.)
Acquise en 1839 de M. Hennin.

117 a. — *Saint Jérôme.*
C. 527. — S. 1537.

(FRANCHE-COMTÉ ou LYONNAIS, vers 1450.) Cette pièce qui se trouve à Londres et à Munich est ici imprimée deux fois dans un ouvrage publié à Séville en 1532, par Juan Varela de Salamanque, sous le titre : *Epistolas del glorioso dotor Sant Hieronymo agora nuovamente impresso y emendado.* Une licence de l'empereur Charles-Quint et les ornements du titre nous confirment la date. Cette pièce ayant tous les caractères de la Bourgogne, de la Lorraine ou du Lyonnais, vers 1450, nous supposons donc que le cliché a été colporté à Séville, dans le xvie siècle, en un temps où les Français ne s'en fussent plus accommodés. La même pièce dans le tirage de Munich est insérée dans la bordure nébulée adoptée par les graveurs au criblé pour les images de cette catégorie ; le fait que la nôtre n'en a plus nous montre bien, que, comme nous le disions, ces estampes s'imprimaient dans une bordure passe-partout. Comme le Christ porte le tortil, que les arbres, les terrains, l'architecture même nous laissent entrevoir les travaux habituels, et l'esthétique particulière des Bourguignons, influencés à la fois par les Flandres et l'Italie, nous donnerions cette pièce à la Franche-Comté. En 1532 la Franche-Comté est sous la domination de l'Empereur ; rien de plus explicable que le passage de cette pièce à Séville par les Comtois, sujets de l'Empereur-roi Charles-Quint.

Le travail est un composé de taille, de teinte, de criblé au couteau, avec criblé et fleurettes estampées ou gravées une à une sur les traits éraillés. On remarque des coupes ou des surcoupes au burin dans les cheveux du saint et la crinière du lion. Le ciel a des nébules et il est strié de traits blancs comme dans le n° 48 et le n° 115, mais le style général est différent. Le lion est celui du *Saint Jérôme* dessiné en tête du ms fr. 166 à la Bibl. Nationale.

Impression à la presse.
Sans coloriage.
Acquise en 1881 de M. Claudin.

118. — *Saint Lambert.*
C. 528.

(LIÈGE, vers 1400 ?) Cette pièce non décrite par Schreiber est étudiée dans l'*Introduction*, ch. VII, n° 3. Elle a été donnée à l'École flamande dans le catalogue de la Réserve, bien que les rédacteurs n'aient pas indiqué les armes de La Mark, presque illisibles qui s'y voient.

Taille de teinte à large travail. Impression à la main sur papier épais.
Coloriage : jaune, bleu, brun, rouge.
(Description au n° 528 du cat. de la Réserve.)
Acquise en 1887.

119. — *Saint Léonard.*
C. 533. — S. 1586.

(FRANCE, PICARDIE, vers 1440-50.) Ce saint est revendiqué pour la Bavière par M. Schreiber. Il était surtout vénéré à Liège et à Bruges, et dans la Flandre Française. Le style flamand de la figure est assimilable à celui des n°ˢ 132, 136, 139 du présent catalogue. Les tailles d'ombre sont encore discrètes, et le dessin assez habile. L'édicule n'est pas fort éloigné de celui de la Sainte Barbe n° 132. Comparez aussi aux apôtres n° 77. Ces divers rapprochements nous font pencher en faveur de la Picardie.

Impression sur papier épais, nombreuses mangeures de vers.
Coloriage : jaune, laque carminée, rose, vert.
(Voir Schreiber, n°ˢ 1585 et 1586.)
Acquise en 1871.

120. — *Saint Léonard.*
C. 534.

(LIÈGE, vers 1430-40.) Pièce identique à celles des n°ˢ 439, 528, et 578, et très rapprochée par le travail des n°ˢ 152 et 359 du cat. de la Réserve. Voir chapitre VII, n° 4.

Taille de teinte simplifiée. Impression à la main sur papier épais.
Coloriage : jaune, bleu, noisette.
(Description n° 534, cat. de la Réserve.)
Acquise en 1887.

121. — *Saint Onuphre.*
C. 545. — S. 1642.

(COLOGNE, vers 1500.) Voir le n° 437 (n° 84 du présent catal.). C'est le même art et la pareille façon de barioler.

122. — *Saint Roch et Saint Sébastien.*
C. 565. — S. 1671.

(BAVIÈRE vers 1480.) Planche contre la peste taillée par un artiste de l'Allemagne vers la fin du XVᵉ siècle, d'après un original italien. M. Schreiber dit « dessinée à chic » en 1470.

Impression au frotton à l'encre pâle sur papier sans pontuseaux. Transparence complète.

Coloriage : bleu, brun, vert, jaune or et tendre. Or dans le nimbe de saint Roch, etc.
(Voir Schreiber, n° 1671.)
Acquise en 1839 de M. Hennin, n° 2920.

123. — *Saint Sebald et Saint Laurent.*
C. 11659. — S. 1675. — H. Delaborde, 59.

(NUREMBERG, 1495-1500.) Pièce intéressante qui montre dans le chapeau de saint Sebald la poussée flamande et bourguignonne, attestée d'ailleurs par l'un des blasons à droite. Probablement taillée par un élève des artistes de Colmar.

Impression en noir.
Coloriage : bleu, rouge.
Acquise en 1832 de M. Hennin.

124. — *Saint Sébastien.*
C. 569. — S. 1686.

(BOURGOGNE, vers 1440.) Cette pièce est une copie inférieure du Saint Sébastien de Munich (Soldan n° 103). Les bourreaux sont ceux que les artistes bourguignons ont inventés dès la fin du xive siècle. L'arbre est dans l'esthétique ordinaire des pièces italo-bourguignonnes du commencement du xve siècle. Sur l'exemplaire de Munich provenant de Tegernsee on a ajouté la bordure passe-partout aux armes (voir *Introduction*, p. 29). Pas de tailles d'ombre. Publiée par Heitz, *Pestenblätter*, n° 11.

Impression au frotton sur papier épais. Transparences.
Coloriage brutal : jaune d'or, noisette, vert, brun foncé, cramoisi.
(Voir Scheiber, n° 1686.)
Acquise en 1839 de M. Hennin.

125. — *Martyre de saint Simon de Trente.*
C. 576. — S. 1967.

(ALLEMAGNE, HAUT-RHIN, 1480.) La date 1475 marque le fait et non l'exécution de la gravure. Ces personnages sont du style du *Bon Pasteur* ci-après n° 667 (n° 171 du présent cat.). Les plis en crochets montrent la persistance du type flamand dans les images de l'Allemagne suisse jusque vers la fin du xve siècle. A remarquer la capitale gothique si différente de l'onciale du *Bois Protat*, et de l'*Œdipe* de Saint-Maurice (Valais).

Impression en noir.
Coloriage : vert pâle, violet, brun, minium.
(M. Schreiber qui décrit l'estampe ne sait pas qu'elle est à Paris.)
Acquise de Drugulin.

126. — *Saint Jacques le Majeur* (saint Thomas?)

C. 578.

(Liège, vers 1420-30.) Attribuée à l'École allemande par le cat. de la Réserve. Cette pièce porte l'écu de Liège. Voir ce qui en a été dit ci-devant, ch. VII, nº 2.

Taille de teinte, impression sur papier épais.
Coloriage bleuâtre.
(Description au nº 578 du cat. de la Réserve.)
Acquise en 1887.

127. — *Saint Valentin, saint Étienne, saint Maximilien.*

C. 11660. — S. (?). — H. Delaborde, 60

(Nuremberg, vers 1490.) Pièce sans grand intérêt vu sa très basse époque, sur laquelle on voit les armes de Hapsbourg. Le saint Maximilien indique aussi l'origine de cette pièce qui fut vraisemblablement gravée en Autriche par quelque artiste venu de Colmar ou de Nuremberg.

Impression en noir.
Coloriage au patron : bleu, rouge, jaune.
Origine ?

128. — *Sainte Benoîte (et non sainte Affre).*

C. 583. — S. 1177.

(France, Picardie, 1450.) Cette sainte Benoîte qu'on retrouve en Picardie fut livrée aux flammes du bûcher. Elle est la patronne d'Origny en Laonnois. Cette petite image est de la même façon que la *Sainte Madeleine* et la *Sainte Catherine*, ci-après nᵒˢ 598 et 611. Et si l'on compare ces pièces à la plaque funéraire datée de 1453 provenant de M. de Rothschild et conservée au Louvre, on aura sujet de comprendre quelles raisons nous font donner ces pièces à la Picardie française et non à Augsbourg. Sainte Affre est la patronne d'Augsbourg, mais sainte Benoîte également représentée sur un bûcher est picarde. Pas de tailles d'ombre.

Impression au frotton à la détrempe sur papier fin, sans filigrane.
Coloriage : laque carminée sur le bûcher, jaune pâle, vert.
(Voir Schreiber, 1177, qui en fait une sainte Affre.)
Acquise en 1839 de M. Hennin.

129. — *Sainte Anne avec les deux enfants.*

C. 587. — S. 1198.

(Lorraine ou Haut-Rhin, 1480.) Cette pièce fort bien dessinée nous confirme son origine flamande. La sainte Anne se peut comparer à diverses figures de l'*Ars moriendi* des éditions flamandes. Le trône est inspiré des sièges de Beauneveu dans les manuscrits. Le sol est pavé de carreaux larges. Plis brisés et tailles d'ombre très accentuées dans les voiles et les manteaux. Nimbe de l'enfant fleur-delisé.

Coloriage : jaunâtre et laque carminée.
Acquise en 1832 de M. Hennin.

130. — *Sainte Anne avec les deux enfants.*
C. 588. — S. 1202.

(FLANDRES OU PICARDIE, vers 1460.) M. Schreiber fait une pièce rhénane de cette estampe, il lui donne une date très basse, 1490-1500, sans nous dire quelles raisons le dirigent. Si nous comparons les figures à la tombe gravée, léguée au Louvre par M. Adolphe de Rothschild, et surtout aux Apôtres (n° 77 du présent catalogue), nous sommes frappés des concordances de style, de date, et de l'emploi des tailles d'ombre semblables. Le nimbe de l'enfant Jésus est identique à celui de la tombe gravée citée plus haut. Renouvier, qui était un juge avisé, estime que cette pièce n'est pas sans analogie avec les travaux des Flandres; c'est tout ce qu'il ose, car, de son temps, les théories étaient en faveur de l'Allemagne.

Impression encre noire sur papier épais.
Coloriage : carmin, jaune, rosé, vert.
(Voir Schreiber, n° 1202.)
Acquise en 1839 de M. Hennin, sous le n° 2905.

131. — *Sainte Apolline.*
C. 589. — S. 1235.

(LORRAINE, vers 1430.) Cette sainte que Schreiber donne à Augsbourg, vers 1470, était vénérée à Bollenberg (Haute-Alsace). Le faire du graveur paraît se rapprocher du maître de *Saint Clément de Metz*, ms. 5227 de la Bibl. de l'Arsenal. Le casque singulier de l'un des bourreaux retrouvé dans les figures du *Speculum humanæ salvationis* (voir Schmidt, *Denkmale*, pl. 53), et la calotte de l'autre se voient sur un *portement de croix* en criblé que M. Delaborde reportait à 1406. Cette pièce doit être lorraine, de Verdun peut-être, où les imagiers avaient un grand renom. Quelques tailles d'ombre.

Papier très fin, sans filigrane, transparences, peu de relief au verso, surtout au revers de la lettre qui était donc bien gravée sur le bois et non rapportée.
Coloriage : jaune, laque carminée, le ciel noisette.
(Voir Schreiber, n° 1235.)
Acquise en 1832 de M. Hennin.

132. — *Sainte Barbe.*
C. 592. — S. 1251.

(FRANCE, PICARDIE, vers 1450.) Cette pièce est de même art et de même origine que *Sainte Catherine* et *Sainte Madeleine*, ci-après, n°s 598 et 610. Les tailles sont identiques. Peu de tailles d'ombre. Voir aussi le n° 418 (n° 77 du présent catalogue et le n° 119) et l'*Introduction*, p. 154, n° XXXV.

Papier épais, impression au bistre sépia.
Coloriage : noisette claire, laque rouge, jaune tendre.
(Voir Schreiber, n° 1251.)
Acquise en 1877 de M. Schwabe avec Jésus enfant, et un Christ en croix.

133. — *Sainte Barbe.*
C. 593. — S. 2556.

(FLANDRES, 1460.) Cette pièce dont l'inscription est à l'envers, était destinée à un nielle direct pour ornement de reliure ou de meuble. Couronne fleurdelisée.

Taille de teinte sans criblé, sur métal, trace de clous.
Sans coloriage.
Acquise en 1875 de Clément, pour le prix de 20 fr.

134. — *Sainte Catherine d'Alexandrie.*
C. 11657. — S. 2569. — H. Delaborde, 57.

(BOURGOGNE, 1430 ?) Lire ainsi les caractères du phylactère : *Cum floribus septem mihi carpio Christum ‖ Grammatica, loyca, re[thorica] arit[metica] geo[metria] atque Musica.* Pièce bourguignonne avec terrains fleuris, identique au Saint Christophe, ci-devant n° 94 (du présent catalogue).

Impression en noir.
Acquise de Silvestre en 1811.

135. — *Sainte Catherine décapitée.*
C. 597. — S. 1338.

(SUISSE, SAINT-GALL? vers 1470.) Pièce intéressante quoique de date un peu basse. Procède à la fois de l'art bourguignon et de l'art allemand naissant. L'esthétique des figures est franchement helvétique. Le bois original qui est aujourd'hui à Nüremberg provient, paraît-il, du couvent de Sœfflingen près d'Ulm, mais rien ne semble indiquer que ce bois ait été gravé près d'Ulm. Tailles d'ombre.

Papier épais sans filigrane.
Coloriage : jaune, gomme-gutte, brun clair, vert, etc...
(Voir Schreiber, n° 1338.)
Acquise en 1832 de M. Hennin.

136. — *Sainte Catherine,*

C. 598. — S. 1317.

(FRANCE, PICARDIE, vers 1450.) Cette pièce est analogue au n° 610 (ci-après n° 139), ce sont les mêmes proportions de corps, la même gravure, les mêmes fleurs de lis sur le fond. Le glaive que tient la sainte porte une ancre, marque d'un coutelier. Pavage absolument semblable à celui du n° 610. Pour toutes les remarques, voir le n° 139 du présent catalogue. Le mot *Katherina* au lieu de Kath*a*rina indique la France. Pour le corps, les deux figures sont calquées l'une sur l'autre.

Acquise de M. Hennin en 1832, pour 80 fr.

137. — *Sainte Catherine.*

C. 599. — S. 2581.

(FRANCE, BOURGOGNE, 1450.) Voir ci-devant, n° 82.

138. — *Sainte Dorothée.*

C. 602. — S. 1396.

(COLMAR, vers 1450-60.) Je dois relever ici plusieurs erreurs de M. Schreiber dans la lecture. Il faut lire ainsi l'écriture à la main : *Vincencius Holczhamer* et *S. Thorathea*. M. Schreiber dit *Vincencius A Thorathea Kolghamer* ce qui n'a aucun sens. Holczhamer est le propriétaire, il inscrit son nom et celui de la sainte, et comme il est alsacien il écrit *Thorathea*. La coiffure de la sainte est celle des femmes du Maître bourguignon dit de 1466 et de Martin Schongauer. Sans tailles d'ombre. Plis brisés à la flamande.

Papier épais, quelques transparences.
Coloriage : jaune pâle, laque rouge, noisette, vert de gris.
(Voir Schreiber, n° 1396. Il y a la particularité du *dada*, un bâton à tête de cheval que chevauche l'enfant Jésus et qu'on ne rencontre guère ailleurs.)
Acquise en 1832 de M. Hennin.

139. — *Sainte Marie-Madeleine.*

C. 610. — S. 1594.

(FRANCE, PICARDIE, 1450.) Analogue au n° 598 du catal. de la Réserve (ci-devant n° 136). Il est impossible de conserver cette pièce à Augsbourg. Le turban qu'elle porte est flamand, mais il est aussi de l'école de Jean Fouquet. Le fond à hauteur d'appui est décoré à la française de fleurs de lis. De plus, la sainte est essentiellement vénérée en France. Le corps disproportionné dans sa hauteur est retrouvé dans les statuettes et les bas-reliefs de France au milieu du xvᵉ siècle. M. Schreiber nomme Wolgemut. J'y verrais bien plutôt l'influence des sculpteurs bourguignons du xvᵉ siècle dont l'anthropométrie a des exagérations semblables. Tailles d'ombre.

Papier sans pontuseaux ni filigrane. Tirage au frotton encre sépia. Tailles profondes. Coloriage : laque rouge, noisette, jaune, vert, cinabre.
(Voir Schreiber, nᵒ 1594.)
Acquise en 1832 de Hennin, nᵒ 134, pour 25 fr.

140. — *Sainte Opportune.*
C. 614. — S. 2716.

(FRANCE, PARIS, 1440.) Cette pièce est pour nous d'un très grand intérêt ; elle nous montre d'abord que les représentations de sainte Dorothée sans l'enfant Jésus sont faussement attribuées (voir Munich, Soldan, nᵒ 4), et ensuite que les tailles en teintes ont été produites à Paris ou tout au moins dans la région, à cause du semis de fleurs de lis sur le manteau et du nom de la sainte qui n'était honorée qu'à Paris. En plus, l'esthétique spéciale de la figure, les yeux surtout, les cheveux, les plis, les herbages du terrain nous permettront de rapprocher ce travail de beaucoup d'autres présumés français. Cette pièce qui porte la trace d'un cachet ancien représentant la Vierge entre deux anges, avec lacs de soie dont les traces subsistent, a servi à une vente d'indulgences brevetées. Le nom *S. Opportune* est en écriture minuscule gothique du premier quart du xvᵉ siècle. Pour le costume la sainte se rapproche beaucoup de la Vierge de Bruxelles de 1418, et de la Vierge, nᵒ 145 du présent catalogue.

Impression sur papier anciennement collé sur parchemin, car le timbre adhère également sur les deux.
Pas de coloriage.
(Voir Schreiber, nᵒ 2716.)
Acquise en 1874 de M. Clément.

141. — *Sainte Ursule.*
C. 615. — S. 2733.

(FLANDRE FRANÇAISE, 1460.) Cette pièce identique à celle du nᵒ 616 (ci-après, nᵒ 142 du présent cat.), paraît être plutôt française encore que flamande. Schreiber en fait une œuvre de Cologne, parce que la sainte y avait des attaches ; mais il est certain que le sujet des onze mille vierges occupa tous les artistes français et bourguignons du moyen âge, y compris Fouquet et Bourdichon, avant Memling. L'art de cette pièce et celui du nᵒ 616 (ci-après nᵒ 142 du présent cat.), se rapprochent sensiblement de Bourdichon et de l'art des graveurs français du règne de Charles VII (voir ci-après, n° 142 du présent catalogue).

Taille de teinte et pointillé.
Coloriage jaunâtre.

142. — *Saint Gédéon et sainte Ursule.*
C. 616.

(FLANDRE FRANÇAISE, 1460.) Cette pièce qui ne paraît pas avoir été vue par Schreiber est fort semblable comme travail au n° 615 (ci-devant, n° 141). Les cuirasses, les couronnes, le pavage témoignent essentiellement d'une œuvre franco-bourguignonne de 1460-70 au plus tard. A remarquer le pavage marqué de croix.

Taille de teinte avec criblé. Tirage sur papier épais sans filigrane.
Coloriage jaunâtre.
Acquise en 1885, de Danlos et Delisle moyennant le prix de 500 fr.

143. — *La Véronique.*
C. 618. — S. 1719. — H. Delaborde, p. 27. — Renouvier, 42 (18).

(BOURGOGNE, 1400.) La mention de Malouel taillant un bloc de métal pour empreinture (voir ci-devant p. 50), nous a fait penser que cette figure incontestablement obtenue dans un métal devait avoir une origine semblable. Toutefois il ne serait pas impossible que le travail eût été produit par une morsure d'eau-forte, laissant les saillies des tailles en relief. Cette opinion se confirme en étudiant cette planche extraordinaire, dont les traits un peu tremblés n'ont sûrement été taillés ni au couteau ni au burin. De plus elle a été tirée à l'encre grasse, au *noir de peinture*, comme on s'en rend compte par les auréoles graisseuses aperçues à gauche au-dessus du pied droit de la sainte. Les *Véronique* étaient fort répandues en Bourgogne, et celle-ci dut servir à des semis d'empreintes. M. Schreiber assigne à cette pièce le Bas-Rhin pour origine, il ne nous dit pas pour quelles raisons. Nous y retrouvons surtout dans la tête du Christ, les principes de Van Eyck transformés par les peintres bourguignons de Dijon, et le type de cette tête passera aux maîtres français de la Touraine. Comparez au *Saint Georges à cheval* de Weigel, n° 14, et surtout à la grande *Crucifixion* également provenant de Weigel, n° 31, toutes deux aujourd'hui à M. E. de Rothschild. La technique est la même, les esthétiques aussi.

Impression en noir sur papier filigrané. Encre grasse.
Coloriage pâle : jaune, gris.
Acquise en 1832 de M. Hennin, sous le n° 2912.

144. — *Sainte Véronique.*
C. 619. — S. 2739.

(FRANCE, BOURGOGNE, 1450.) Voir ci-devant, n° 58.

145. — *L'Annonciation à la licorne dite « l'Hortus conclusus »*.

C. 625. — S. 2481.

(France, Artois, 1440.) Le sujet de la Vierge à la Licorne est essentiellement
français. Le cardinal de Bourbon possédait au xve siècle une tapisserie représentant
une jeune femme coiffée d'un hennin, et tenant une licorne, au milieu d'un jardin clos. La présente gravure a été exactement copiée en 1495 pour une reliure
sortie des ateliers de Simon Vostre (cf. Leber, t. I, n° 154). Dans la reliure où
les moindres détails ont été conservés, les figures sont en sens contraire de l'estampe. Il y a d'ailleurs beaucoup d'analogie entre notre pièce et la Vierge de
Bruxelles dite de 1418; quant au style de la gravure, il est celui de la *Sainte
Opportune* (n° 140 du présent catalogue; C. 614; S. 2716), les plis de vêtements sont très brisés. Une partie des légendes est à l'envers, l'autre à l'endroit,
ce qui est fort rare.

Taille de teinte éraillée, sans criblés.
Impression sur papier épais. Pas de coloriage.
Acquise à la vente Liphart en 1890.

146. — *L'enfant Jésus dans le Sacré-Cœur*.

C. (néant). — S. 801.

(Bourgogne, Comté, vers 1460 ?). Cette estampe, imitée de la pièce de Munich
(Soldan, n° 37) ne m'inspire qu'une confiance relative. L'original de Munich
est un pendant au Saint Georges de Comté, n° 482. Notre pièce paraît être la
même que celle de Saint-Gall (cat. XXIV, 31) et qu'une autre de Londres. Celle
de Munich portant une couronne d'épines analogue à celle de la *Pietà* de
Maihingen, montre que la pièce copiée était du commencement du xve siècle.
Schreiber dit 1460 ce qui est possible, et il indique la Haute-Allemagne, ce qui
est plus discutable.

Coloriage : jaunâtre, brun clair.
(Voir Schreiber, 801.)
Acquise de Hugo Helbing en 1901.

147. — *L'enfant Jésus tenant un papegeai* (souhait de bonne année).

C. 627. — S. 784.

(Suisse ou Lorraine, vers 1440.) M. Schreiber considère cette pièce comme la
copie de celle de Munich (n° 64 de Schmidt), ce que contredisent certains détails
plus écrits et plus nets dans la présente épreuve. De plus, l'absence d'accessoires
indique l'antériorité. Le morceau de corail du collier, les pattes du papegeai,
l'herbe et les fleurs du terrain sont sûrement les modèles sur lesquels auront brodé

les graveurs du n° 628 (n° 148, ci-après), et de la pièce de Munich. Je ferai remarquer que le perroquet ou *papegeai* est une caractéristique des Flandres, témoin la *Vierge aux Saints* de Van Eyck, conservée au Musée de Bruges (n° 10 de l'Exposition de 1902). Les ongles sont indiqués.

Papier sans filigrane. Taille très nette, dessin qui rappelle la Vierge n° 357 (n° 61 du présent catal.).
Coloriage : jaune clair, vert, cinabre.
(Voir Schreiber, n° 784.)
Acquise en 1832 de M. Hennin

148. — *L'enfant Jésus tenant un papegeai.*

C. 628. — S. 785.)

(ALLEMAGNE RHÉNANE, SUISSE? 1470.) Aux observations de Schreiber, nous ajouterons que l'enfant est tourné à droite comme est celui de Munich (Schmidt, n° 64). Il présente cependant avec celui-ci de notables différences. Certain moulin à vent aperçu sur ce dernier dans une circonférence, derrière l'enfant, indique une copie faite dans la Flandre ; les lapins sont sensiblement inférieurs comme allure générale et les oiseaux aussi ; le *fil god iar* est du dialecte voisin du flamand. Au contraire notre épreuve est plus soignée et mieux gravée. Elle paraît être également une copie amplifiée du n° 627 de Courboin et 784 de Schreiber, le *vil guter iaur* est plutôt suisse. Les ongles sont indiqués. Nulle taille d'ombre.

Le papier assez rude ne fournit aucun filigrane. La taille est nette sur le tapis.
Coloriage : jaune pâle, laque rouge, cinabre.
(Voir Schreiber, 785.)
Acquise en 1832 de M. Hennin.

149. — *Jesus à la botte et la religieuse.*

C. 629. — S. 824.
C. 630. — S. 825.

(FRANCE, PARIS, vers 1480-90.) La première de ces deux pièces paraît la plus ancienne, mais la seconde est plus fermement taillée. L'une est la copie littérale de l'autre. M. Schreiber ne donne aucune attribution de pays. Ce sont là des pièces d'imagerie parisienne. La religieuse a changé de couleur d'habit dans la deuxième. Cet habit est noisette au lieu qu'il est noir dans la première. Celle-ci avait été collée dans un manuscrit dont les lettres se sont imprimées au verso et sur la marge.

Impression au frotton pour la première, à la presse pour la seconde.
Coloriage : voir Schreiber, n°s 824-25.
Acquises en 1832 de M. Hennin.

150. — *Jésus à la cruche.*

C. 631. S. 826.

(COLMAR, VERS 1450.) Petite pièce curieuse que la légende allemande fait attribuer à Ratisbonne par M. Schreiber. Les nébulés ne nous laissent aucun doute (voir *Introduct.*, ch. IV). Comme l'inscription est sur une banderole, et que le travail ne peut être allemand, nous pensons au Bas-Rhin ou bien à Bâle. Sans tailles d'ombre.

Impression au frotton sur papier épais, sans filigrane.
Coloriage : laque carminée, jaune, vert, noisette. Le fond est jaune, ce qui est assez rare.
Acquise en ? (le n° d'acquisition a été omis).

150 a. — *L'enfant Jésus tenant la croix.*

C. 632. — S. 2450.

(COLMAR, 1450.) Cette pièce, par le nimbe de l'enfant et l'allemand de la banderole, indique le Haut-Rhin, ou le comté de Montbéliard. Le « *vil guter iair* » montre bien que nous n'avons pas affaire à un artiste originaire de l'Allemagne. Pièce sur métal.

Taille de teinte et pointillé.
Coloriage nul.

151. — *L'enfant Jésus à la pomme.*

C. 633. — S. (néant).

(COLMAR, 1480.) Cette pièce n'est pas mentionnée par Schreiber. Elle me paraît être du pays où travaillait Martin Schongauer, car les fleurs de lis du nimbe ne permettent guère d'en faire une œuvre absolument allemande. Cependant le mythe légendaire de *l'Enfant Jésus à la pomme* est des Flandres, comme le montre le triptyque appartenant à MM. Colnaghi de Londres, montrant l'Enfant Jésus recevant une pomme des mains de la Vierge (n° 130 de l'Exposition de Bruges 1902). Tailles d'ombre.

Impression à la presse en noir. Filigrane tête de bœuf avec tige, qui est une marque génoise.
Sans coloriage.
Acquise en 1839 de M. Hennin, n° 2918.

152. — *L'enfant Jésus avec la Sainte face.*

C. 635. — S. 815.

(FLANDRE OU PICARDIE, 1410-20.) Cette pièce a été taillée par un des xylographistes des plus anciens incunables picards. La figure et les cheveux sont iden-

tiques à ceux de certaines éditions de l'Apocalypse. Les plis d'ombre sous le bras
de l'enfant nous font reporter à 1420 l'exécution de cette curieuse pièce, qui a de
grands rapports avec la Vierge de Bruxelles.

Impression légère et peu lisible, au frotton à l'encre pâle sur papier non filigrané.
Coloriage : brun, jaune pâle, bordure rouge, vert clair, etc.
(Voir Schreiber, n° 815.)
Acquise en 1839 de M. Hennin, n° 2918.

153. — *La Sainte face.*

C. 636. — S. 767.

(Colmar, 1470.) Pièce intéressante constatant le passage de l'art bourguignon à
ce qu'on va tantôt appeler l'art allemand des graveurs du xvie siècle. Tailles
d'ombre, Christ sans moustaches.

Impression au frotton à l'encre grise.
Coloriage : brun pâle et noisette.
(Voir Schreiber, n° 767.)
Acquise en 1739 de M. Hennin, n° 2923.

154. — *La Sainte face.*

C. 637. — S. 2442. — H. Delaborde 47.

(Bourgogne-flamande, 1440.) Cette pièce avec celle du n° 28 ci-devant, était
reportée au commencement du xve siècle par M. Henri Delaborde, qui avait été
trompé par une indication de manuscrit. Voir ce qui a été dit au n° 28 de ces
pièces. On a donné ici l'image avec la partie manuscrite du livre.

Taille de teinte éraillée et criblé.
Coloriage : jaune et rouge.
Acquise en 1868.

155. — *La Sainte face dans un encadrement à quatre lobes.*

C. 638. — S. 757.

(Franche-Comté, Besançon? vers 1440.) M. Schreiber donne cette pièce à
Besançon, ce qui signifie le Jura dans son opinion. Une raison m'incite à le suivre
c'est la tête du Christ, l'auréole qui est de l'art Montbéliardais, et aussi le quadri-
lobe enfermant la tête. Pour la barbe, voir le Saint Christophe de Weigel, n° 12.
L'inscription qu'il n'a pu déchiffrer doit se lire ainsi : *Sancta facies Christi. Respiciens
munera Christi plus quam Cristofori vel alterius sanctificatur.* Ce qui signifie que la
grâce attachée à la vue de cette face est supérieure à celle attachée à saint Chris-

tophe. Cette pièce paraît donc indulgentielle et préservatrice. Comparez la tête du
Christ au n° 143 du présent catalogue.

Papier très fin, transparences d'encre à la détrempe.
Coloriage : jaune pâle, minium, gris noir.
(Voir Schreiber, n° 757.)
Acquise en 1832 de M. Hennin.

156. — *La Sainte face avec clés et armoiries.*
C. 639. — S. 2016.

(Allemagne, Wurtemberg ? vers 1480.) Schreiber note les armes de Wurtem-
berg-Montbéliard qu'il écrit *Montpellier* par suite d'un lapsus. Cette pièce, qui peut
avoir été taillée à Montbéliard sous le comte Eberhard, vers 1480, est inspirée d'une
pièce de Munich (Schmidt n° 14) datée de 1473. Les clés pontificales font allusion
à quelque indulgence. 1482 est la date de la fondation de l'Université de Tubingen. Eberhard avait épousé une Gonzague qui contribua à favoriser les arts dans le
Wurtemberg. Eu égard aux ouvriers d'art de Montbéliard, je pencherais à voir ici
une œuvre de cette partie de la Franche-Comté. Tailles d'ombre.

Papier épais, sans filigrane. Impression brutale à la presse.
Coloriage : brun, laque rouge, jaune d'or.
(Voir Schreiber, n° 2016 en tenant compte de la faute *Montpellier* pour Montbéliard.)
Acquise en 1832 de M. Hennin.

157. — *L'homme de douleurs en pied.*
C. 643. — S. 880.

(Touraine ou Ile-de-France, 1490.) Pièce française analogue au Saint François
ci-devant décrit au n° 101. Le corps couvert de plaies est une invention bourguignonne qui passera aux Flamands et de ceux-ci aux Espagnols dans le xvie siècle.
D'où les Christs monstrueux de l'Espagne.

Impression à la presse.
Coloriage brutal : brun, violet, bleu gris, etc.
(Voir Schreiber, n° 880.)
Acquise en 1871 de Clément, pour le prix de 40 fr.

158. — *L'homme de douleurs.*
C. 645. — S. 882.

(Allemagne rhénane, vers 1490.) Pièce qui n'est plus à proprement dire un
incunable. L'église qui est figurée sur la pièce doit être celle du cloître où fut
taillée cette image sans intérêt, imitée du n° 162 ci-après.

(Voir Schreiber.)
Acquise en 1832 de M. Hennin.

159. — *L'homme de douleurs et les instruments de la Passion.*

C. 646. — S. 891.

(Bourgogne, 1410-15.) M. Schreiber donne cette estampe à l'Allemagne. Il ne remarque pas les concordances de dimensions et de procédés avec le *Saint Christophe* n° 1369 de son catalogue (n° 91 du nôtre). Comme le *Saint Christophe*, l'*Homme de douleurs* est un produit de l'art bourguignon influencé par les Flandres et les Italiens. Elle devait faire partie d'une suite dont était aussi le *Saint Christophe*. L'art italien a ici une part, mais il nous serait impossible de faire un rapprochement plus serré avec les œuvres trouvées à Ravenne. Les trente deniers, qui sont derrière le Christ, sont français. Le sépulcre est de Beauneveu. Le nimbe se compare d'assez près à celui de l'enfant Jésus dans le *Saint Christophe* (n° 91). La technique est la même pour les deux estampes; taille large primitive, sans ombres portées, avec une assez belle liberté de dessin.

Impression au frotton sur papier léger sans filigrane.
Coloriage : jaune pâle, brun rouge, vert pâle, violet gris.
(Voir Schreiber, n° 891 et *Introduct.*, n° XX.)
Acquise en 1839 de M. Hennin sous le n° 2902. (Le n° 2900 était le Saint Bénigne.)

160. — *L'homme de douleurs tenant sa tunique.*

C. 647. — S. 894.

(Bas-Rhin ou Cologne? 1480.) Pièce curieuse, dont le parquet à triangles note l'origine bourguignonne. Le corps couvert de sang montre que cette pièce a été coloriée en pays français. Tailles d'ombre. N'est pas sans analogie avec le n° 14 du présent catalogue.

Impression sur papier dur, au frotton.
Coloriage : brun, jaune, rouge, bleu.
(Voir Schreiber, n° 894.)
Acquise en ?

161. — *Ecce homo.*

C. 648. — S. 908.

(Allemagne rhénane, vers 1500.) Les recherches de dessin de cette pièce, les paysages réfléchis dans l'eau d'un fleuve, les montagnes à crêtes aiguës indiquent un pays d'origine voisin du Rhin. Bâle ? Tailles nombreuses.

Impression à la presse en noir.
Coloriage : bleu-acier, jaunâtre, gris jaunâtre, etc.
(Voir Schreiber, n° 908.)
Acquise en 1839 de M. Hennin.

162. — *L'homme de douleurs et Catherine de Sienne?* (ou sainte Brigitte).
C. 649. — S. 914.

(Suisse ou Bas-Rhin ? vers 1480.) Rien à dire de cette pièce où l'allemand mord sur la bordure et ne présente pas les caractères d'une sophistication quelconque. Les fleurs de lis du nimbe et les taches de sang indiquent un original bourguignon d'après lequel aurait été copiée cette pièce curieuse. Les nuages qu'on remarque sont ceux de la France dès le commencement du xive siècle. Voir comment Martin Schongauer accommode ces nuages dans ses gravures, à l'époque présumée de notre pièce. Ils passent aux Allemands bien plus tard. Traits d'ombre nombreux.

Papier rude, sans filigrane, impression à la presse.
Coloriage : brun clair, bleu, rouge et cinabre.
(Voir Schreiber, 914.)
Acquise en 1832 de M. Hennin.

163. — *Homme de douleurs entouré d'anges.*
C. 650. — S. 2461.

(Comté ou Colmar, vers 1460.) Cette pièce est de même art et de même style que le n° 181 du présent catalogue. La teinte éraillée s'y mêle au criblé. Les diverses formules employées sont celles de l'école des Flandres bourguignonnes. On voit dans cette pièce l'influence du maître E. S. ; on pourrait tout aussi bien dire que ce maître et le graveur de notre pièce sont de même origine graphique, et qu'ils ont les mêmes modèles sous les yeux. Comme l'image n'a pas de tablette, il n'y a pas d'allemand. Les pointillés sur la teinte éraillée sont de provenance bourguignonne. Cette pièce se peut comparer comme esthétique générale au *Moïse* publié par Soldan (*Denkmale*, Nürenberg n° 68).

Coloriage : jaune pâle, rouge brun.
Acquise de M. Hennin en 1839.

164. — *L'homme de douleurs assis sur la croix.*
C. 652.

(Gand, 1480.) Cette pièce est collée dans un petit ms Ea 9 en langue flamande. Il est de basse époque, ce que nous indiquent les ombres portées. Les dimensions qui ont été omises dans le catalogue Courboin sont 0,079 de haut sur 0,052 de large (non reproduit dans notre album de planches).

Impression à l'encre noire.
Coloriage : bleu, jaune clair et jaune d'or, rouge, or au nimbe.
Acquise en 1864, de Rouan, pour 180 fr. avec neuf pièces au burin également contenues dans le recueil et signées S.

165. — *L'homme de douleurs avec le calice.*

C. 656. — S. 848.

(ALLEMAGNE ou SUISSE, 1480.) Cette pièce curieuse est obtenue par un procédé de clichage, en coulant un métal sur une ardoise gravée en creux. M. Schreiber ne comprenait pas ce moyen qui déroute ses recherches. Il note cependant une chose intéressante et qui donne une singulière consistance à notre théorie des images préparées pour recevoir une lettre ultérieure; c'est la tablette restée blanche au bas de cette pièce. Les fleurs de lis du nimbe indiquent encore l'Alsace ou son voisinage. Pas de traits d'ombre.

Impression en noir sur papier à pontuseaux.
Coloriage : bleu, brun, jaune.
(Voir Schreiber, n° 848.)
Acquise en 1839 de M. Hennin.

166. — *L'homme de douleurs avec le calice.*

C. 657. — S. (néant).

(SUISSE, vers 1490.) Pièce curieuse non mentionnée dans Schreiber, très rapprochée de la précédente. Peut-être un travail champlevé tiré avant l'émail ? Tailles d'ombre.

Impression sur papier épais à l'encre noire.
Coloriage (néant).
Acquise en 1839 de M. Hennin.

167. — *Christ de douleurs à genoux devant le sépulcre.*

C. 659.

(FLANDRE, BOURGOGNE, vers 1440.) Schreiber ne paraît pas avoit signalé cette estampe que le disque bombé du nimbe désigne comme une pièce flamande-bourguignonne. Le sujet est d'ailleurs exclusivement de la Flandre méridionale ou mieux de la Picardie ou de l'Artois. Le sol carrelé confirme cette présomption. Pas de tailles d'ombre. Pièce à demi détruite.

Impression au frotton sur papier épais.
Coloriage : brun clair, jaune pâle.

168. — *Christ bénissant.*

C. 663. — S. (néant).

(LORRAINE, vers 1440.) Cette petite pièce a été publiée par M. Delaborde. Elle est tirée sur une feuille à larges marges, et entourée de notes manuscrites en latin d'une écriture française du xve siècle. Quelques analogies avec les n°s 40 et 113 du présent catalogue.

Impression à l'encre noire, à la presse. Papier sans filigrane.
(Rien Schreiber.)
Acquise en mai 1874, 30 fr.

169. — *Le Sauveur du monde.*
C. 665. — S. 833.

(ALSACE, COLMAR, vers 1490.) Cette pièce qu'on pourrait croire plus ancienne d'après les ambiguïtés de la rédaction de Schreiber, est de l'école des Alsaciens de Colmar. Le texte gravé sur le bord n'est pas sûrement attaché à la planche. La fleur de lis du nimbe est formellement du pays d'Alsace touchant à la Bourgogne par Montbéliard. Les arabesques du fond sont identiques à celles du manteau de Jésus au numéro précédent.

Impression au frotton à l'encre noire.
Coloriage : brun clair, vert, jaune, cinabre.
(Voir Schreiber, n° 833.)
Acquise de M. Hennin en 1839, 50 fr.

170. — *Bon Pasteur.*
C. 666. — S. (néant).

(FRANCE, BOURGOGNE, vers 1450.) Voir le n° 82.

171. — *Le Bon Pasteur.*
C. 667. — S. 839.

(HAUT-RHIN ou MONTBÉLIARD ? vers 1460.) La langue allemande de cette pièce ne préjuge rien en faveur de son attribution, bien que les caractères en paraissent formellement allemands. D'ailleurs cette langue se parlait à Montbéliard sous Eberhard de Würtemberg.

L'impression d'une Trinité allemande, au revers, a glissé, et nous montre que la lettre tenait au cliché, ce qui devait être pour le Bon Pasteur du recto. Pas de tailles d'ombre (voir n° 243 du cat. de la Réserve, n° 23 du présent cat.).

Papier épais. Tailles profondes, tirage à l'encre noire. Filigrane : une grappe de raisin.
(Voir Schreiber, n°s 839 et 737.)
Acquise à la vente Weigel en 1872, pour 250 fr. (W. et Z., n° 103.)

172. — *La Trinité.*
C. (néant). — S. 737.

(COLMAR, vers 1470-75.) Cette pièce provenant de la vente Weigel est tirée au verso du Bon Pasteur (n° 171 du présent cat.). Comme elle est posté-

rieure en date, et certainement gravée par un autre artiste dans un style fort
différent, nous acquérons la preuve absolue d'un tirage relativement récent, peut-
être 1480, et nous surprenons un éditeur allemand publiant des œuvres acquises
par lui à d'autres ateliers. L'épreuve a été *tremblée*, elle s'est reproduite trois fois
en maculature; ceci nous prouve que la lettre tenait au cliché contrairement à
ce que nous avons pu constater plusieurs fois ci-devant. Cette lettre, en minuscule
gothique très anguleuse, est suisse ou alsacienne. Le type de la *Trinité* est de
l'école de Beauneveu dans les *Heures* du duc de Berry, mais l'artiste d'Empire a
ajouté à Dieu le Père la couronne impériale que ne porte pas celui de Saint-
Claude (ci-devant n° 95 du présent cat.). Les tailles d'ombre assez nombreuses
montrent que l'époque est relativement basse. A remarquer la draperie du
fond suspendue par des lacs à une tringle et que nous retrouvons dans les deux
saintes Catherine et Madeleine (n°⁵ 136 et 139 du présent cat.). Voir aussi, pour
les arabesques de la draperie, le n° 169 de même style.

Impression à la presse.
Sans coloriage.
Acquise de Weigel en 1872.

173. — *Les dix commandements, les cinq sens et les sept péchés.*

C. 670. — S. 1849.

(Bavière? 1490.) M. Schreiber n'a pas remarqué que l'écriture de cette pièce
est imprimée postérieurement aux figures, avec une encre différente, puisque, au
verso, les figures transparaissent et non les lettres. De plus, ces lettres mordent en
couleur grise sur certaines parties noires de la gravure. Je n'hésite pas à voir là
un de ces truquages dont l'abbaye de Tegernsee avait le secret. Les armes de
l'abbaye y figurent.

Impression au frotton à la détrempe, encre noire pour la gravure, grise pour les lettres.
Coloriage : jaune, brun, vert, etc.
Cette pièce qu'on dit provenir de Tegernsee a été acquise en 1839 de M. Hennin. Elle
avait été signalée par Arétin (voir Schreiber, n° 1849).

174. — *Vie du Christ et prières en allemand.*

Sotheby, *Principia*, II, 142-43.

(Bale, vers 1480.) Cette suite de petites figures est gravée assez rudement
d'après les thèmes flamands et bourguignons du xvᵉ siècle. A remarquer la *Nativité*, l'*Adoration des Mages*, la *Pentecôte*, qui sont inspirées de primitifs bourguignons.
Le texte allemand, mis en regard, est indépendant des figures et tiré avec une
encre grasse et transparente au verso tandis que celle des figures ne transparaît
pas. Cependant le papier est le même pour les figures et le texte; les filigranes

s'aboutent complètement. A remarquer la vouge suisse du petit garde dans la *Résurrection* du Christ ; le tortil au Christ enseveli ; etc.

Impression en noir.
(Voir Schreiber, 1848, mais ce n'est pas identiquement le même.)
Au Département des Imprimés. Inventaire D. 2770. Exposition n° 27. Vitrine IX.

175. — *La mort.*
C. 671. — S. 1891.

(LYON ? 1470-80.) Pièce sans intérêt à cause de sa date très basse.

Impression à la presse ?
Coloriage : jaune vert, bleu.
(Voir Schreiber.)
Acquise en 1839 de M. Hennin.

176. — *Jésus au Purgatoire.*
C. 672. — S. 698.

(FLANDRE-BOURGUIGNONNE, vers 1450-60.) Les plis cassés de cette pièce reportent à 1420-30 l'exécution de deux autres identiques (n°s 230 et 315). Les cheveux de la femme sont en teinte criblée et les flammes en teinte également, c'est-à-dire en allant du noir au blanc. Le Purgatoire est figuré ici par un édicule ; ce n'est pas l'Enfer ordinaire, représenté par une gueule d'animal fantastique.

Mêmes remarques qu'aux n°s 230 et 315 (n°s 18 et 53 du présent cat.). Voir aussi 417 (n° 76 du présent catal.).

177. — *Le Jugement dernier.*
C. 673. — S. 2407. — Passav., I, 93.

(FRANCE, ARTOIS, 1445.) Cette pièce est d'un art essentiellement rapproché des n°s 400 et 625, ci-devant (n°s 74 et 145 du présent catalogue). Les *nébulés* qu'on y remarque, la coupe bourguignonne des chevelures (voir le portrait de Louis XI à la Bibl. d'Arras), la Vierge flamande, la gueule d'enfer, les nez larges et épatés rappelant les tapisseries d'Arras nous font donner cette pièce capitale à l'Artois. Le style est celui de Jean de Bruges, un peu déformé par le graveur. Les bordures des habits sont en faveur de l'influence flamande qui a pénétré jusqu'à Fouquet et à Bourdichon. Les lettres à l'envers indiquent un travail destiné à une décoration directe, et non à un tirage. M. Schreiber ne donne aucune indication d'origine, parce que rien dans l'art allemand ne se peut rapprocher de cette pièce ; il dit seulement qu'elle est « grandiose ». Le prétendu ♭ sur un cœur, qu'on regarde comme une signature est un ♌ retourné.

Taille de teinte sans pointillé sauf sur les bordures, métal, traces de clous.
Sans coloriage.
Acquise en 1832?

178. — *Jugement dernier avec les apôtres.*
C. 674. — S. 604.

(LORRAINE, vers 1440.) Cette pièce fort importante est de la main du graveur du *Symbolum apostolicum* de la Bibliothèque de Munich, dont un feuillet a été publié par Schreiber (t. VIII, pl. 86). Dans sa première édition, le *Symbolum* n'avait pas de légende allemande, c'est seulement à la troisième, qu'on en a ajouté une (voir Schreiber, t. VII, pl. 66). On n'a pas manqué d'attribuer à l'Allemagne la pièce qui nous occupe, dont l'esthétique procède du Maître de la *Vie de saint Clément*, ms. 5227 de la Bibl. de l'Arsenal. L'esprit de la composition rappelle celui des miniatures de cet artiste humoriste ; les corps gros, gras et courts, une certaine attitude dans la marche trahissent d'étroites affinités. Si l'on se reporte au fol. 5 du manuscrit, on apercevra un mur d'enceinte crénelé qui est de concordance absolue avec celui de l'estampe, et rappelle ceux des estampes coupées, insérées dans les *Meditationi* de Venise (voir ci-devant, n° 51). Les bordures des habits, les cheveux, les nébules ajoutent à ces conformités. Le Christ, dans sa gloire, est semblable au canon graphique adopté dans certaines apocalypses d'origine française. Les nus sont très rapprochés aussi de ceux de la *Passion* décrite ci-devant, au n° 24 de notre catalogue.

Impression à la détrempe, encre grisâtre.
Papier à filigrane : *un raisin au-dessus d'une coupe.*
Coloriage : rose, jaune, gris, brun, cinabre.
Acquise de M. Hennin en 1839.

179. — *Jugement dernier.*
C. 675. — S. 612.

(FLANDRES, vers 1460.) Cette pièce rappelle les compositions des Flamands sur ce sujet. La gueule d'enfer indique la France ou les Flandres. Cependant la forme des nimbes pourrait faire penser à quelque travail d'un voisinage de l'Alsace (?). Tailles d'ombre.

Impression au frotton, très appuyée, lourde saillie au revers. Papier avec filigrane : une tête de bœuf sans yeux.
Coloriage : bleu, vert jaune, or aux nimbes, jaune, brun jaune, rose, cramoisi.
(Voir Schreiber, n° 612.)
Acquise de M. Hennin en 1839.

180. — *Le monogramme Jhésus.*

C. 692. — S. 1817.

(MONTBÉLIARD, vers 1500.) M. Schreiber a décrit comme étant à Paris une pièce de Munich et réciproquement. C'est donc le n° 1817 et non le 1818 qu'il faut consulter au sujet de notre bois. Pièce de date trop basse pour intéresser.

(Voir Schreiber, 1817.)
Acquise de M. Hennin en 1839.

181. — *L'écu chargé des instruments de la Passion.*

C. 696. — S. 2764.

(COMTÉ ou COLMAR, vers 1460.) Je ne crois pas que cette pièce soit copiée sur le Maître E. S. comme dit mon très savant ami, Max Lehrs, mais elle est inspirée d'un même original bourguignon que les deux graveurs ont connu. L'inscription en langue allemande est certainement d'un scribe habitant les confins d'Allemagne. C'est une lettre d'indulgence. Il y est parlé du concile de Lyon. Les herbages du sol indiquent la Franche-Comté ou le comté de Montbéliard, peut-être le Haut-Rhin.

Taille de teinte, fonds évidés.
Sans coloriage.
Voir n° 650, ci-devant (n° 163 du prés. cat.).
Le texte est ajouté et on a fait un raccord avec la queue du lion de saint Marc sur la planchette restée vierge avant la gravure de lettres.
Acquise de M. Hennin en 1832.

182. — *Le divin semeur.*

C. et S. (néant).

(NÉERLANDE, 1460.) Fragment de planche xylographique représentant trois personnages dont l'un sème, l'autre herse et le troisième tient une cruche. Au bas on lit en cinq lignes :
1° Ic saey goet saet suner eñ rene Jhesus Christus Nasarene
2° die es dit saet dat ic mene et valt in dorne distelen eñ (*ende*)
3° in stene. Oft aen yemant mocht beclinen die Waerheit
4° moet die Warheit bliuen daer dit saet an blyft verlo-
5° ren wee hem dat hi noyt was gheboren.

Impression au frotton sur papier. Double bordure.
Coloriage : jaune clair, brun, rouge, vert, etc.
(Sans date d'entrée.)

183. — *Banquet de malades à Nuremberg, 1493.*

C. 699. — S. 1928.

(ALLEMAGNE, 1493.) Le style de cette pièce nous montre les essentielles différences d'entre l'art allemand et l'art français ; mais l'influence de la Bourgogne y est sensible dans les costumes. A cette époque les Français n'ont plus les poulaines. C'est en somme une des plus anciennes que l'Allemagne puisse authentiquement revendiquer, car les autres ont subi trop d'interpolations pour qu'on en ose rien tirer de précis.

Impression à la presse en noir.
Acquise en 1869 du libraire Tross, pour 200 fr.

184. — *Les neuf Preux.*

S. 1945. — Reproduction Pilinski.

(PICARDIE, vers 1465.) Ces trois feuilles qui appartiennent au Dépar^t des Manuscrits de la Bibliothèque nationale, sont les trois documents les plus importants de la série. Ils montrent la persistance des romans de chevalerie dans le XVe siècle, leur influence sur la littérature et l'iconographie françaises, et ils consacrent l'opinion que nous avons toujours défendue, à savoir que l'Allemagne a reçu des Flamands, des Lorrains, des Bourguignons et des Italiens les secrets de la taille sur bois. En effet le thème des *Neuf Preux* ne se retrouvera sur les bords du Rhin, que bien postérieurement à la date des trois images dont nous parlons, lesquelles procèdent d'autres plus anciennes (exécutées vers 1430) aujourd'hui conservées à la Bibliothèque de Metz, et qui sont sûrement œuvres lorraines, tant par les armoiries que par leur légende française.

M. Schreiber a indiqué une bibliographie sommaire de tous les ouvrages écrits sur les *Neuf Preux*, nous n'y reviendrons pas. Nous dirons seulement que ces neuf personnages sont *Josué, David, Judas Macchabée — Hector, Alexandre, Jules César — Arthur, Charlemagne* et *Godefroy de Bouillon*. C'est une série ternaire dans le genre de celle que nous montre la toile de M. d'Odet de Saint-Maurice (Valais), où figurent une *Histoire d'Œdipe*, un *Combat de Croisés contre les Sarrasins* et une *Farandole moderne* (1350). Remarquons que plusieurs de ces preux admis par le moyen âge ont passé aux cartes à jouer modernes : *David, Hector, Alexandre, César, Charles* ; et nous surprenons ce passage de l'imagerie à la carte à jouer dans un jeu, possédé aujourd'hui par M. Vithal-Berthin de Lyon, et découvert dans le milieu du XIXe siècle. Ces cartes à jouer, au nombre de vingt, nous montrent les neuf preux, et les neuf preuses, plus deux nègres, portant la signature *Jacques*, qui est celle d'un cartier lyonnais. Ces nègres, par une curieuse coïncidence, rappellent les Maures de la tapisserie de M. d'Odet dont nous parlions, et leurs armoiries portent le scorpion, signe des infidèles dans les miniatures du *Saint-Esprit* de Louis de Tarente, en 1353 (Bibl. nat., ms. n° 4274). Je cite ces faits curieux pour faire mieux saisir la descendance italo-française de ces thèmes, et montrer combien leur ancienneté est plus ataviquement prouvée que ne l'est la prétendue priorité allemande.

Bien des erreurs ont d'ailleurs été accréditées, au sujet de ces trois pièces célèbres, par les auteurs qui les ont décrites. On les a dites de 1458 et gravées dans l'Ile-de-France ; Charles le Téméraire, figurant sous les traits d'Hector, nous indique une date antérieure à 1477, et un lieu d'origine différent ; mais le dialecte des sixains français placés au bas de chaque figure est picard, les formes *che* pour *ce*, l'*aumachour* pour l'*aumassour*, *Escoche* pour *Écosse*, etc., ne nous peuvent laisser de doutes. Tout en conservant les termes des sixains de Metz (antérieurs d'au moins vingt ou trente ans), nos images ont transformé l'orthographe et changé certaines expressions. Dans celles de Metz, c'est le dialecte comtois lorrain qui domine. Les formes d'armures, l'anthropométrie des personnages nous ramènent dans les Vosges ou les environs de Verdun. Godefroy de Bouillon porte les armes de Lorraine, jointes à celles de Jérusalem, qui seront, dès 1420, celles de René, duc de Lorraine et roi de Sicile et de Jérusalem. Or, si nous admettons la date de 1430 que certains détails d'armures rendent certaine, nous sommes, avec les preux de Metz, en présence d'une œuvre française, portant une légende en français, avant la date 1437 du *Saint Sébastien* de Vienne. De plus les *Neuf Preux*, comme nous l'avons dit et comme le reconnaît Schreiber, sont un mythe essentiellement français d'origine, que les Allemands parodieront plus tard.

Notre publication servira à relever quelques erreurs de lecture de M. Schreiber (n° 1945) ; on pourra d'ailleurs comparer le texte à celui qu'en fournissent Pilinski (*Les Neuf Preux*) et Schreiber, n° 1947. Le thème de cette imagerie restera en Picardie ; on retrouve les mêmes personnages dans un livre imprimé à Abbeville en 1487 (voir Pilinski, *Les Neuf Preux*, notice de M. Pawlowski).

La technique et le dessin de ces estampes nous permettent les comparaisons avec d'autres réputées allemandes, telles le *Saint Étienne* et le *Saint Émeric* de Munich, publiés chez Soldan sous le n° 16. Les *Neuf Preux* ont donc une importance capitale dans l'histoire iconographique de la France, et ils ont l'avantage d'avoir été collés et coloriés par le héraut Berry (Gilles le Bouvier), attaché à la cour du roi Charles VII. Cette circonstance leur établit une authenticité particulière ; il serait improbable que le héraut officiel fût allé chercher en Allemagne une image pour ses travaux. Lui-même dessinait et peignait dans le style des figures dont nous parlons. D'ailleurs la précaution qu'a eue le graveur de donner les aigles d'Empire à Jules César « roi des Romains » nous fournit la preuve que nous avons bien affaire à un graveur étranger à l'Allemagne.

Toutefois ces pièces n'ont pas été tirées sur le papier du manuscrit dessiné et enluminé par Gilles le Bouvier. Le manuscrit a la fleur de lis comme filigrane du papier, et les *neuf Preux* une ancre de cette forme.

Impression au frotton à l'encre grise.

Coloriage brutal : rouge, jaune, vert, brun.

Dépt des manuscrits, fonds français, 4985. Exposée dans la galerie Mazarine sous le n° 325.

185. — *Planétaire* (fragment).

(Colmar ? en 1480.) Cette pièce a été retrouvée par nous dans les anciens recueils du Cabinet. C'est une suite des Planètes. Les figures sont enfermées dans une décoration en branchages. On y voit *Sol, Mars, Jupiter, Saturnus, Luna, Mercurius, Venus.* Originairement ces figures devaient encadrer une composition, elles sont découpées.

Haut. 0,165. Larg. 0,042.
Impression à l'encre noire à la presse.

186. — *Feuillet de l'Apocalypse* (3ᵉ édit., X).
C. 685.

(Flandres, 1400 ?) Ce feuillet n'est donné ici que pour fournir un élément de comparaison ; c'est un fragment de la soi-disant IIIᵉ édition de Sotheby. A remarquer les plis à crochets et le caractère des figures, et rapprocher de la Vierge de Berlin (Schreiber, n° 1108, Holtrop, n° 13).

Impression au frotton sur papier sans filigrane.
Un exemplaire complet au Dépᵗ des Imprimés. Exposition.

187. — *La ballade des hauts bonnets.*
Dutuit, I, 298. — S. 1973.

(Paris, 1460-1470.) Cette pièce ne peut guère être antérieure à 1460, époque à laquelle les hauts bonnets apparaissent en France. Elle est d'époque basse et n'a pas un gros intérêt iconographique.

Impression à l'encre grise au frotton.
Donnée par les héritiers Didot. Dépᵗ des Imprimés. Exposition n° 25.

188. — *Satire contre les débauchés* (les bordes).
Dutuit, I, p. 299. — Sch. 1972.

(France, vers 1470.) M. Schreiber copie Dutuit, il n'a pas vu la pièce. C'est un petit in-folio à deux colonnes. Dans la première colonne, en tête, une image représente un fou, habillé à la française, poursuivant un autre personnage par malheur très déchiré et abîmé. Le texte en vers et en sept couplets accompagne cette figure taillée à gros traits par un cartier.

Impression au frotton, encre grise.
Coloriage : rouge.
Donnée par M. Didot à la Bibl. Nat., Dépᵗ des Imprimés. Exposée sans n°, Rés. Ye 188.
Xylographes n° 50.

189. — *Sainte Bathilde.*

C. 596. — S. 2564.

(FRANCE, vers 1490.) Cette pièce, donnée à la France par M. Schreiber, est un champlevé sur métal, comme l'indiquent les marques de clous et les érosions de la planche en haut à droite, sous l'influence de la rouille.

Épreuve moderne sur parchemin exécutée en 1834.
Donnée par M. de Longpérier.

190. — *Fragment de la truie des Juifs.*

C. 697. — S. 1850.

(ALSACE, vers 1450.) M. Schreiber avait cru apercevoir une plume et le TRÈS HAUT dans cette représentation d'un des Juifs de la célèbre pièce intitulée la *Truie des Juifs*. Il a d'ailleurs reconnu son erreur dans une lettre qu'il m'a bien voulu écrire. Le dos de la truie figure en effet assez bien une plume. Il pense que les mots allemands de la légende sont de l'Allemagne centrale (?). *Wir saln des nit vorg [essen]* au lieu de *des sollen wir nit vergessen* de la planche publiée par Derschau et dont il ne paraît pas exister d'épreuve ancienne. Le fragment de pièce du cabinet des Estampes serait donc le seul document original de ce genre parvenu jusqu'à nous. Il rappelle par son travail les œuvres du Haut-Rhin ou de la Suisse. La pièce est en sens contraire de la copie publiée par Derschau (voir Schreiber, n° 1961).

Impression au frotton.
Coloriage : brun pâle, jaune d'or, laque rouge, etc.
Sans mention d'entrée.

191. — *La Passion du Christ.*

(Non décrit).

(PARIS, vers 1490-1500.) Cette estampe, de dimension exceptionnelle, se présente sous cette forme : tous les actes de la Passion, qui se sont déroulés dans l'enceinte de Jérusalem, ont été groupés et enfermés par le dessinateur dans les limites d'une fortification crénelée (voir ci-devant, n° 178 du présent cat.). Ces épisodes portant chacun une lettre en minuscule gothique sont dans l'ordre : *La Cène — Dieu devant Anne — Dieu devant Pilate — Dieu devant Cayphe — L'Ecce homo — Le Batement* (la Flagellation) *— Le couronnement d'espines.*
Les scènes qui se sont passées hors des murs de Jérusalem sont ainsi présentées : à gauche, en bas de la planche, *l'Entrée à Jhérusalem* ; — à gauche, en haut : *la Prinse* (l'Arrestation de Jésus) avec le Jardin des Oliviers. — A droite, en bas : *Dieu porte la crois.* — En haut : *le Sépulcre.* Dans la partie du haut de la planche,

au milieu d'un paysage rappelant celui des pièces n°ˢ 101 et 107 du présent catalogue, *le Calvaire* est représenté sans lettre. On y voit les deux larrons, les saintes
femmes, le centurion et ses acolytes.

Cette composition, inspirée de la représentation ordinaire des Mystères, est de
la main du dessinateur ordinaire de Philippe Pigouchet, de Vostre et de Antoine
Vérard, qu'on suppose être un élève de Bourdichon ; la taille est de l'un des
praticiens ordinaires des grands éditeurs parisiens, à la fin du xvᵉ et au commencement du xvɪᵉ. L'estampe est la plus importante des xylographies qui nous sont
parvenues. Le coloriage en est fort soigné ; il rappelle celui des exemplaires de
luxe sortis de l'atelier de Vérard. Les rehauts d'or, dans les costumes, continuent
la tradition française des miniaturistes de l'école tourangelle. 215 personnages
figurent dans la composition.

   Haut. 0 ᵐ 490. Larg. 0 ᵐ 353.
   Impression à l'encre noire.
   Coloriage : jaune clair, jaune foncé, bleu, orange, vert, rouge ; nimbes dorés sans les
ornements habituels.
   Acquise en septembre 1902 de M. Sewytz.

(Notre ouvrage était terminé lorsque les pièces n°ˢ 192-196 furent acquises par le
Département des Estampes ; elles ne figurent pas dans les reproductions de l'album.)

192. — *La Cène.*
(Non décrit.)

(Pᴀʀɪs, vers 1490-1500.) Cette pièce incontestablement dessinée et gravée par les
artistes d'Antoine Vérard, nous montre le Christ assis à une table dans une salle
gothique dont les fenêtres sont à carreaux losangés. Sur le devant, Judas tient une
bourse. Les autres apôtres sont au nombre de cinq à gauche, et de six à droite.
L'inscription du bas a été masquée par le collage ; on lit : ...*nt biduum pascha fuit...*
Tailles d'ombre.

   Haut. 0 ᵐ 220. Larg. 0 ᵐ 155.
   Impression à la presse.
   Coloriage : Rouge, vert, jaune, gris.
   Acquis de M. H. Leclerc en 1903. Cette pièce est collée dans une boîte de voyage.

193. — *Le Calvaire.*
(Non décrit.)

(Pᴀʀɪs, vers 1495.) Le Christ portant le tortil et le nimbe lobé est en croix
entre la Vierge à gauche et saint Jean à droite. Le jupon descend à mi-cuisses. Les
nimbes de saint Jean et de la Vierge sont à bordure endentée. Au fond, un
paysage avec tours carrées. Au bas de la croix, à gauche, la tête du squelette d'Adam.

L'écriteau INRI est en capitales romaines. Traces à la partie supérieure d'un arceau décoratif à fleurons tombants. La légende a disparu. Nombreuses tailles d'ombre.

Haut. 0 m 154. Larg. 0 m 105.
Impression à la presse à l'encre noire.
Coloriage : jaune d'or, rouge, gris, vert.
Cette pièce est collée dans une boîte de voyage. Elle provient de M. Marcou, en 1902.

194. — *L'Ascension.*

(Non décrit.)

(FLANDRES, vers 1480.) Le Christ disparaît dans un nuage nébulé; ses deux pieds se sont empreints dans un rocher criblé. Sur le devant, la Vierge et saint Jean agenouillés. Derrière saint Jean, à droite, six apôtres; derrière la Vierge, cinq. Bordure nébulée. Rapprocher cette petite pièce du n° 55 ci-devant.

Haut. 0 m 062. Larg. 0 m 051.
Impression à la presse à l'encre noire.

195. — *La mort de la Vierge.*

(Non décrit.)

(LORRAINE? vers 1470.) La Vierge, de figure très jeune, est couchée sur un lit bas, la tête appuyée sur un coussin. Près d'elle, saint Jean et neuf apôtres; sur le premier plan, deux apôtres agenouillés. Les nimbes de la Vierge et des apôtres sont festonnés en bordure. A l'angle supérieur de droite, au milieu de nébules, le Christ recevant l'âme de sa mère sous la forme du corps d'un enfant. Tailles d'ombre. A rapprocher du n° 176 et du n° 714 de Schreiber.

Haut. 0 m 153. Larg. 0 m 098.
Impression au frotton. Papier à filigrane illisible.
Coloriage : jaunâtre, rouge, vert.
Acquise de M. Lucq en 1903.

196. — *La Vierge couronnée avec quatre anges.*

(Non décrit.)

(PARIS, vers 1490.) La Vierge est debout, couronnée par deux anges. La couronne est celle de France avec fleurs de lis. L'enfant nu est sur le bras droit. La Vierge est sur un coussin de brocart, et sous un dais dont la partie supérieure a disparu. A droite et à gauche, à ses pieds, deux anges dont l'un, à droite, joue du basson, et l'autre, à gauche, de la guitare. En arrière, une ville avec tours rondes. Cette pièce est dans le style des œuvres gravées dans les ateliers de Vérard ou de Simon Vostre, on lit au bas : *Assumpta est Maria in celum, gaudent angeli laudantes benedicunt Dominum. In omnibus requiem quesivi et in hereditate donum... abor tunc precepit et dicit michi creator omnium et qui creavit...*

Haut. 0 m 340. Larg. 0 m 220.
Impression à l'encre noire à la presse.
Coloriage : jaune, rouge, cramoisi, violet, gris.

Cette pièce capitale est collée dans un coffret de voyage. Elle a été acquise de M. Henri Leclerc en 1903. Conservée dans sa boîte.

Le cabinet des Estampes conserve plusieurs xylographes du XVe siècle découpés dans des livres ; le catalogue de la Réserve en donne l'énumération ; nous n'en avons pas fait état. Nous avons très strictement limité notre travail aux planches séparées — à l'imagerie — sauf lorsque ces images sont rencontrées, à la fois isolées et insérées dans des ouvrages, tel le n° 117 a par exemple, que nous avons étudié, bien que tiré d'un livre.

ERRATA

N° 51. Un nouvel examen des épreuves de cette suite par M. Gérard a fait reconnaître que c'était bien un des clichés des *Meditationi*. Ce qui a causé l'erreur c'est que le Christ est amené devant Pilate et devant Caïphe et que les deux scènes sont fort semblables, mais en sens contraire.

Page 240, n° 143, ligne 2 *au lieu de* (voir ci-devant p. 50, *lire* page 53).

MACON, PROTAT FRÈRES, IMPRIMEURS.